三天学会广告投放

如何破解抖音、快手、微信流量密码

宁阿姨 ◎ 著

人民邮电出版社

北　京

图书在版编目（CIP）数据

三天学会广告投放：如何破解抖音、快手、微信流量密码 / 宁阿姨著. -- 北京：人民邮电出版社，2022.11
（图灵原创）
ISBN 978-7-115-60199-5

Ⅰ．①三… Ⅱ．①宁… Ⅲ．①网络营销 Ⅳ．①F713.365.2

中国版本图书馆CIP数据核字(2022)第184562号

内 容 提 要

在这个"流量为王"的时代，市场营销纷纷转战各大媒体平台。广告投放做得好不好，对产品销量乃至企业利润的影响日益凸显，所有企业都无法置身事外，只能更加积极地参与流量竞争。

本书基于作者多年的行业经验，系统梳理广告投放的底层原理、完整流程、关键要素、常见问题、操作策略、常见误区等，着重介绍抖音、腾讯、快手媒体平台上的广告投放操作，并探讨了广告投放人员的能力培养和职业发展，可作为广告投放新人和老手的操作宝典和避坑指南。

本书内容通俗易懂，适合零基础新人阅读，也可作为从业人员建立系统方法的实战手册。零基础的读者建议结合《信息流广告入门》一起阅读。

◆ 著　　　　宁阿姨

　　责任编辑　王军花
　　责任印制　彭志环

◆ 人民邮电出版社出版发行　　北京市丰台区成寿寺路 11 号
　　邮编　100164　　电子邮件　315@ptpress.com.cn
　　网址　https://www.ptpress.com.cn
　　固安县铭成印刷有限公司印刷

◆ 开本：800×1000　1/16
　　印张：15.75　　　　　　　　　2022 年 11 月第 1 版
　　字数：352 千字　　　　　　　2025 年 10 月河北第 6 次印刷

定价：99.80元

读者服务热线：(010)84084456-6009　印装质量热线：(010)81055316
反盗版热线：(010)81055315

序 言

跟上一线，从学习数字营销开始

2016 年，我从央视广告部调任中国传媒大学（下文简称中传）广告学院，身份的变化促使我思考一个问题：如何能够在教学的同时读懂一线市场，紧跟行业发展前沿，并将这种与时代共存的意识和来自一线市场的认知带给学生。我所坚持的做法是：始终与一线保持频繁的接触与学习，随时了解当下的广告和营销以什么样的方式影响着品牌与销售。2017 年，新媒体营销新风正盛，我在中传开设了面向全校同学的"新媒体创业与创新"课程，并邀请多位一线的行业大咖作为这门网络直播公开课的嘉宾。这门课程不仅受到了中传同学们的喜爱，也借助互联网视频吸引了社会上这一领域的众多从业者。今天，依托于互联网流量及技术的发展而愈发兴盛的"全民数字营销"，已经成为这个行业从业者最为关注的焦点。各行各业的品牌主，无论体量大小，都是数字经济的参与者，都想通过数字营销提升自身的营销效果和效率。整个市场的发展可谓日新月异，信息流广告、电商直播、达人营销、私域运营等颠覆了传统广告业的链路，深刻影响和改变了广告传播的规则、效力及最终的商业价值。面对行业的变化和不确定性，很多广告主做不到持空杯心态，不能坚持学习，仅靠过往的经验做出判断和决策，结果在市场上遭受了挫折。

作为一名大学教授，我对于这些新知识、新规则抱有十二分的好奇心和求知欲。而对于那些有营销需求的品牌主、企业家们来说，持续关注市场前沿，通过善用这些新工具，在市场营销的过程中做到事半功倍也成为必需。"如何让投入的每一分钱都有所值"是当下品牌主们的长期课题。这个课题有两大前提：第一，一款产品的成功，或者说其追求的"终极效果"，从来都是整个营销战略的成功，包括产品设计、销售渠道、价格策略、各类型广告营销等在内的多种因素共同影响了结果；第二，这种成功需要从一个足够长的时间维度去看，某一次或某一时段广告营销的成功只能看作阶段性的胜利。树立可被市场信任的品牌形象，同时借助广告的曝光来保持与消费者的长期沟通，才能让一款产品、一个品牌真正成为战略性的赢家。所以，身处数字营销时代，每个人都要做好打"持久战""整合战"的心理准备，操之过急、营销心切之下的"跟风营销"很可能会走弯路。在整合实操中如有任何短板，都可能会马失前蹄。那么，当企业为自己的品牌和产品制定营销策略，并为之努力练兵的时候，应当从哪里入手呢？

我认为，在最初的阶段，我们需要回溯本源，去思考手上的一款产品、一个品牌得以立足市场的底气到底在哪里。比如我们讲产品，就要对产品特点、竞争优势有充分的认知，并懂得如何用产品帮助消费者解决问题；比如我们讲品牌营销，表面上看是为了提升知名度，但最终目标是为了建立品牌的"护城河"。企业有了完备的"护城"基础设施，才能确保拿下并守住未来的每一城、每一池。

20 世纪麦克卢汉提出的"媒介即讯息"，在今天看来依然有效。广告是一种与社会沟通的媒介，是产品和品牌与消费者建立连接的桥梁。当广告的形态和传播方式发生翻天覆地的变化，传递给消费者的内容、速度、效果也随之发生巨大的改变。20 多年前的广告营销，在形态上较为固定，在流程上历经前期准备到创意、制作、发布等步骤后，还需要长达几个月甚至近一年的时间才能得到效果反馈。而现在，广告内容的范围大大拓宽了，产品本身、内容创意、意见领袖等都可能成为广告。广告的有效性也大大提升，新技术使得广告投放更加精准，理论上可以做到弹无虚发，传播范围更广，让连通至消费者的桥梁更加四通八达。深度掌握、有效利用数字营销的相关技术，正在成为当下营销人、广告人全面稳定地提升营销效果的重要底牌。

现在，我们比过去任何一个时期都更能快速、及时、准确地验证广告创意的效果：上午确定创意脚本，下午拍摄并剪辑，晚上投放，在系统后台实时监控投放数据，已成为广告人的常态工作流程。从这个意义上说，原先只在理论中存在的"创意、销售以及公关的一体化"，如今已然能够通过技术落实，并实现迅速验证、实时反馈。借助互联网媒体、电商平台以及各种监测工具，广告的发起者很快便能知悉广告投放的趋势，做出实时的判断，审时度势地调整方向，并根据沉淀的数据为下一次的广告投放积累经验。一条投放者主观上很看好的广告素材，如果在实际投放过程中无数次被消费者无情"叉掉"，那么基于客观上的数据，它就得被淘汰。相反，主观上可能不被认可的广告素材，如果数据非常理想，就应该加大投放。通过这样的流程，形成一种正向循环，再加上恰当的品牌建设，企业就可以走上一条可持续的营销之路。

我在几次行业活动中与姝婷（宁阿姨）讨论起关于企业效果营销的话题，向她了解品牌主们目前的诉求和困境。她的一句话让我印象尤为深刻："我坚信广告投放一定是科学，而不是玄学。"在我看来，这是一个非常好的消息——既然是一门"科学"，那么我们就一定可以通过自身的认知与反省，通过持续不断的学习，磨炼出可以征战沙场的真本领。

在技术提供了诸多便利的当下，广告人可以更好地保持对消费者需求变化的关注、对产业变化的关注，从需求方和供给方两个角度思考问题。相比过去只做某个局部的广告营销，今天的广告人手握更多的资源和平台，有更广阔的发挥空间，能够做更多的整合工作。这些都是技术带来的利好，我们应当持积极乐观的态度。而面对愈发激烈的竞争，想要长久地立于不败之地，则需要广告人的热情与初心、终身学习的态度，把自己浸泡于互联网的大课堂中，充实自己，学习有价值的技术、技能，培养自己甄别信息、慎思笃行的能力与习惯。

效果广告营销就像是数字营销世界中的一门通用语言，如果你不能通过"说话"而只能通过"打手势"和消费者沟通，当然无法将品牌和产品的信息顺利高效地传播出去。所以这门"语言"是值得每一个广告人，尤其是只熟悉品牌营销、缺少效果营销经验的人们学习的技能。你手中的这本书，正是一份关于在数字营销时代"如何说话"的系统性学习资料，既有理论阐释，也有实践指引。相信它能让你在前行的道路上有方向，有工具，有样板。

不用担心你的起点在哪里，每一个身处这个快速发展时代的人，都是在行动中摸索，在学习中不断打破思维的边界。重要的是，开始学习，并勇往直前。秋天是收获的季节，祝愿每一位有理想、有行动力、热爱学习的广告人，都能收获累累硕果。

何海明

中国传媒大学国家广告研究院副院长，教授

2022 年秋

前　言

広告投放做得好一周赚 30 万元，做得差 3 个月亏 100 万元

　　你是否留意到，现在抖音上很多视频挂了购物车，卖的多是生活用品，比如各种调料包和小器具。那么，他们能赚多少钱呢？

　　我了解之后很惊讶，有人一个月可以赚几十万元。我有一个朋友做购物的抖音号，只有 2 万粉丝，但每月收入几十万元。货由厂家发，他只赚佣金，很省心。我问他："能赚钱是不是因为内容做得很好？"他说："不是，内容都是厂家提供的，我就是再剪辑一下，难度不大，核心是投放广告。"广告投放做得越好，利润越高。他卖一款杯子，定价 218 元，佣金率是 40%。一般广告的投资回报率（ROI）能达到 250% 就很好了，他能达到 400% 以上，一周赚了 30 万元的佣金，直接冲到礼物榜第一。

　　那是不是谁都能通过投放广告赚到钱呢？

　　我身边有个大哥想做直播带货，看抖音上那些讲师好像讲得挺厉害："击穿抖音算法、霸屏狙击流量、提升账号权重、矩阵打法……"，就花了几万元学了一下，结果自己操作下来 3 个月亏了 100 多万元。

　　他们的差别在哪儿？在能力吗？在执行力吗？都不是。在这些方面，个人是拼不过公司的，差别在于方法。

　　广告投放是一个放大器，掌握正确的方法可以赚很多钱，使用错误的方法则会亏很多钱。

　　市面上有很多花里胡哨、让人眼花缭乱的说法，听起来很厉害，但大部分是错的。

　　这就像减肥，今年我第一次尝试减肥，发现减肥的方式五花八门：甩脂机、减肥仪、7 天断食、生食减肥法（不吃任何熟食，只吃生的水果蔬菜）、酵素、减肥药……看起来新奇、有效，让人跃跃欲试。

　　但我们回归常识，怎么才能正确减肥？少吃多动。正确的道路只有这一条。我用这个办法 1 个月瘦了 10 斤，而有多少人被那些"速成"的方法搞坏了身体？

但问题是,对于减肥我们还有一些常识,但在广告投放领域,外行没有足够的分辨能力,难以从纷繁的信息中识别出正确的方法。而一旦走上错误的道路,结局就是费时费力、不赚反亏。

我做了 7 年效果广告投放,尤其在写公众号文章之后,见到了太多老板因为不懂广告投放而亏钱,所以想写本书,把广告投放的内核总结出来。

我总结的这些方法,已经过 10 亿元广告费的验证,你照着操作就能有效果。

广告投放没有秘密,只有一些朴素的规律。本书通过原理、方法和案例这三大部分,教大家如何零基础三天学会广告投放。

正确的道路只有一条,错误的道路有许多条

第一天,弄懂底层原理。

第 1 章通过几个案例介绍广告投放的重要性。做好广告投放能够迅速拓展市场,做不好则会被市场淘汰。

第 2 章介绍买流量的时候大家最想了解的媒体算法,以及新账户没流量怎么办。

第二天,系统学会方法。

在这一部分,我会将广告投放的 4 个关键要素——创意、定向、竞价、数据分析及对应策略——逐一展开,它们分别对应第 3 章、第 4 章、第 5 章和第 6 章的内容。

第三天,将方法应用到实战。

第 7 章至第 10 章包含 4 个案例,分别对应巨量引擎(抖音集团商业化投放平台名称)、巨量千川(抖音电商广告投放平台名称)、腾讯广告(微信、QQ 等腾讯产品的商业化平台名称)和磁力金牛(快手的商业化平台名称)4 个投放平台,说明前面介绍的方法和原理应该怎样应用。

此外,我为本书建了共读群,加我的微信(ningayi666)就能免费入群。每月一期,跟本书作者以及众多读者一起来读这本书。群里还有本书的配套工具包及部分章节的视频。

实际操作中会有千百个问题,如果你遇到问题,欢迎找我咨询。

目　录

第三天：将方法应用到实战

第一天：弄懂底层原理

首先我们需要弄懂广告投放的底层原理。

我们先通过几个案例说明广告投放的重要性，再来了解买流量的时候大家最想了解的算法，以及新账户没流量怎么办。

第 1 章

数字经济时代的核心竞争力——广告投放能力

在供小于求的年代，好的产品不需要做广告就可以销售一空；但在消费品普遍供大于求的如今，广告投放已经成为企业的核心竞争力。

在本章中，我们会通过分析案例来了解广告投放的重要性——有些企业利用广告投放在创立的第一年就收入千万，而有些企业因为没投放广告，其市场份额被竞争对手远远甩在后面。

1.1　为什么要做广告投放

投放广告需要花钱，没有企业喜欢花钱，除非没有办法。

一些面向 B 端的企业可以不投放广告，比如钢铁制造企业，因为他们的关键客户数量很少，可以一对一交流。但对于面向 C 端的企业，广告是与目标用户沟通最高效的方式。尽管投放广告需要付出不低的成本，但它依然是促进用户购买性价比最高的方式。

1.1.1　靠广告投放获客，做成了年收入 4000 万元的房产中介公司

我有一个学员，是海南一家房产中介公司的老板。某年元旦期间我去三亚出差，他执意要请我吃饭，想跟我学习广告投放。我问他为什么要找我，他说他们公司 90% 以上的用户来自广告投放，但当地信息比较闭塞，觉得跟我聊聊可能会有一些收获。详细聊过之后我发现，他们公司其实做得不错，成立的第一年就赚了 4000 万元佣金。而他们之所以业绩增长这么快，部分原因是广告投放做得好。

对房产中介来说，用户线索是生存之本。以前中介只能靠发传单、打电话获客，容易招人烦且效率低，规模也无法扩大。在网络发达的今天，搜索、信息流等网络渠道的获客效率更高，

用户也更精准。这位学员下定决心学广告投放，并且因此打开了销路。他说来他们公司的销售人员都说"这家公司的资源太好了"。所谓的资源好就是客户意愿高，别的竞争对手 10 组带看有 1 组成交，而他们 5 组带看就能有 1 组成交。

"资源好"的秘诀还是在广告投放上。他们做了一些很精准的优化，比如有的定向成交转化率能比通投（不设人群限制，放开定向）高出一倍；有的词的成交效果非常好，就出大价钱来买；在素材上怎么标房价也很有讲究，不同标价对成交有很大的影响……在获客方式上领先对手，利润和市场规模都会迅速扩大。

这是一个典型的利用信息差获得成功的案例。在我看来，他们的广告投放还有很多地方可以优化：素材比较初级，账户操作也有一些基础性问题（详见 5.2.3 节），但已经超过竞争对手很多了。从他们公司出去做广告投放的人，就算工资翻倍，竞争对手都抢着要。

1.1.2　因为没做广告投放，眼看着竞争对手规模扩大 10 倍

2020 年，一个做淘宝运营培训的老板找我咨询，说他想投放一些广告，问我怎么操作。他做培训已经 10 年了，内容做得很好，但一直没有投放广告，获客就靠内容营销、老学员推荐等自然流量，学员数量很不稳定，而且规模很难扩大。反观竞争对手，课程内容做得并没有多好，但一年花几千万元投放广告，两年间市场规模就扩大了 10 倍，将他远远甩在后面。

发现问题之后，他下决心也做广告投放，所以找我咨询，我也给了一些建议。2022 年我们再交流，他的公司年收入已近 5000 万元。我问他为什么增长得这么快，他说根本原因是调整了自己的工作重心。以前他认为课程内容最重要，就花时间和精力做课程；后来发现流量入口也很重要，就开始大力建设广告投放团队。广告投放做好了，流量自然就增长了。

广告投放真的是企业发展的命脉。利用好这种获客渠道，生意就能够实现显著增长。

1.2　广告投放能力影响企业的利润

我们先来看几组财报数据：

- 互联网金融平台水滴（股票代码 WDH）2021 年的营销费用为 31.05 亿元，占公司整体营业费用 40.14 亿元的约 77%；
- 美妆品牌完美日记的母公司逸仙电商，2021 年的营销费用为 40.06 亿元，占公司整体营业费用 55.23 亿元的约 73%；
- 电商平台拼多多 2021 年的营销费用为 448.02 亿元，占公司整体营业费用 553.35 亿元的约 81%。

在这个"酒香也怕巷子深"的年代，这几家名噪一时的企业 70% 以上的营业费用花在了营销上。少则几十亿元，多则几百亿元的广告费，哪怕投放效果有 1% 的波动，影响的也是几千万元甚至上亿元的费用。

广告投放能力影响企业的利润。

不仅是大企业，对千千万万的中小企业来说也是这样。经常有客户找我咨询，说同样是直播卖沐浴露，为什么别人的 ROI 能达到 200%，而自己只能达到 80%？

当然是因为广告投放能力不行。投放能力往往是用钱砸出来的。没花过钱、踩过坑，就很难获得高 ROI。我见过太多老板在广告投放上亏了几十万元甚至上百万元，还是找不到合适的投放方法，而我能接的咨询很有限，所以写了这本书。在当今社会，能静下心看一本书而不是埋头刷短视频，说明你已经非常优秀了。看完这本书，你就能明白广告投放到底是怎么一回事，重点在哪儿，容易亏钱的地方在哪儿，应该朝哪儿使劲。

第 2 章

揭秘媒体流量分配算法

在本章中，我们从广告系统流量分配的底层原理出发，解释广告投放的常见问题、背后的原因及解决办法。比如，为什么大部分广告计划不花钱？[①] 不花钱怎么办？大家常说的"质量度"到底受什么影响？等等。

最后，我们会介绍广告投放的"皇冠模型"（如图 2-1 所示），它能为杂乱的广告投放操作提供系统化的思路，它是我在账户不起量、很挠头的时候梳理问题的"定海神针"，我相信也会对你有帮助。

图 2-1 广告投放的"皇冠模型"

量、起量、跑量、爆量、放量都是什么意思

广告投放是为了获得流量，简称"量"。"有量"是指投放有一定效果、获得了一些流量；"起量、跑量"都是指流量提升，是非常好的事情；"爆量"是指短时间流量快速提升，是更好的事情；"放量"是指希望获得更多流量，常见的操作是提升预算、多做素材、提高出价等，跟"控量"相对。

2.1 媒体分配流量的底层原理

算法是什么？

简单来说，算法用来决定"把流量分给谁"。两个人都来买我的广告位，我卖给谁？"谁给的钱多卖给谁"就是一种算法。

---

① 一般指广告花费，也叫消耗或消费。

算法好像很神秘，媒体一向对此秘而不宣。而了解它对广大广告主来说很有好处，以便顺应规则、顺利投放。

当我们站在媒体的角度，就更容易理解流量分配的底层原理。我们每天想的是，我明明出价了，怎么没有流量？媒体想的是，这么多人出价，那该把流量给谁？

接下来我们就从媒体的角度来思考流量分配的 3 个底层问题。

注意

　　各媒体在具体规则上会有差异，但底层规则是相通的。除非特殊说明，本书默认以巨量引擎为例来讲解。

2.1.1　媒体卖的是什么

用户在媒体上消费内容，媒体就有机会在内容中间插入广告，广告展示的位置如果是固定的，那么这个位置就被称作"广告位"。

媒体卖的是什么？广告位。

广告位的数量由什么决定？可以理解为 PV（Page View，页面浏览量）× 系数。

产品的用户越多，PV 就越高；系数代表平台广告的密集程度。如果用户打开 App，满屏都是广告，那系数就是 1；如果平台广告密度很低，比如朋友圈，一个用户一天只能看到 3~4 条广告，这个系数就会很小。媒体的具体广告策略非常复杂，粗略估计巨量引擎广告加载率为 20%~30%。

2.1.2　媒体怎么选择卖给谁

当然是能从谁那儿拿到的钱多卖给谁。

由于用户看到广告才可能点击乃至产生转化（实际的点击率和转化率），而媒体需要在用户看到广告之前就决定在这个广告位展示什么内容，所以需要预估点击率和转化率，并据此预估收益，进而根据预估收益排名分配流量。

媒体怎么选择把广告位卖给谁？根据 eCPM。

eCPM（千次展示潜在收益，衡量广告曝光单价的指标）的计算公式如下：

$$eCPM= 转化出价^{①} \times 预估点击率 \times 预估转化率 \times 1000$$

我们有时会觉得媒体有很多"暗箱操作"——要不然为什么我的投放效果不好而别人的投放效果好，这其实是由算法决定的。举个例子。媒体一般是矩阵模式，会互相导量。怎么导呢？一样是通过广告系统投放，竞价规则都是一致的，只是内部会有结算折扣，比如4~8折。

再来看钱这个指标。钱分为两个部分：一部分是直接的广告收入，另一部分来自用户体验，也就是未来的钱，如图2-2所示。（其实还有一部分：通过扩大用户规模来赚资本市场的钱，本书主要讨论广告相关内容，对此就不展开了。）只有用户体验好了，用户愿意使用App，媒体才能持续地赚钱。

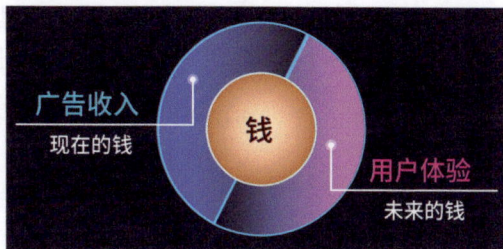

所以，媒体在分配流量的时候，除了现金收入以外，用户体验也是很重要的考量因素。从用户行为来看，用户体验可以分成3个部分。

图 2-2　钱分为两个部分

- □ **互动行为**：赞、顶、评论、喜欢、分享等。
- □ **观看行为**：点击、阅读百分比、读完、视频播放时长、有效播放率、完播率等。
- □ **投诉行为**：不喜欢、举报等。

如果用户的正面反馈（正面评论、看的时间比较长等）比较多，媒体就会增加广告的流量分配；如果用户产生负面反馈，媒体则会对广告进行"打压"。

有人会问："广告被投诉，会影响流量分配吗？"会的，算法里投诉率、累计投诉次数都有权重。

广告系统预估采用的算法，粗略理解就是：收到一条素材后，系统猜它的CTR（点击率，通过"点击数÷展示数"可以得出）、CVR（转化率，通过"转化数÷点击数"可以得出，具体什么是转化，由广告主自己定义）表现如何，结合竞争情况，得出eCPM排名，然后按照预估收益分配流量。

2.1.3　如何解决广告主效果考核的需求

广告主要求的指标越靠前端（展示、点击），媒体越好达成。但广告主花钱投放广告，最终目的是赚钱——希望后端（注册、下单）效果好。所以媒体提供了按转化出价的方式，以使转化成本可控。

---

① 一般可简称出价。

广告主按转化出价，媒体肯定不能按转化出价对广告排序。媒体希望每一次广告曝光的收益都有保证，所以需要计算展示到转化的比率。预估展示到转化比率的过程应用的就是算法，通过算法将"转化出价"换算为相应的曝光价格，也就是 CPM。

2.1.4　一种可能的算法

为了便于大家直观地理解"算法"，这里举一个简单的例子。有这样一种算法：每一项有不同的权重，从各个维度给广告打分，然后算出一个总分，示例如下。

视频时长	0.003 分
音乐热度	0.03 分
视频模特颜值	0.02 分
封面颜色	0.001 分
创意历史表现	0.2 分
落地页加载时长	0.04 分
落地页图片数量	0.01 分
落地页页面长度	0.01 分

最后按照总分排名分配流量。算法越聪明，预估的结果就会越接近实际数据。所以，**算法就是根据广告和用户的一些特征来预估转化概率的方法（这个概率最终可换算成 eCPM）**。

总结一下。

- ❑ 媒体卖的是什么？广告位。
- ❑ 媒体怎么选择把广告位卖给谁？根据 eCPM——千次展示潜在收益。
- ❑ 如何解决广告主对效果考核的需求？按转化出价。

2.2　广告投放完整流程

了解了媒体分配流量的底层原理，接下来我们更进一步，了解广告投放的完整流程，并简单了解提升用户体验、应对预算余额限流、提高竞争胜出率的办法。

2.2.1　一条广告展现之前的流程

一条广告想要出现在用户的手机里，需要经历重重考验。这里我们以抖音为例进行说明。当一个用户打开抖音时，广告系统就会收到请求：这里有一个用户在刷抖音，快要刷到第 4 条了（一般第 4 条抖音视频为广告视频），这里可以插一条广告！快给我一条广告！这时候广告系统就会找出一条符合要求的广告，那怎么找呢？具体流程如图 2-3 所示。

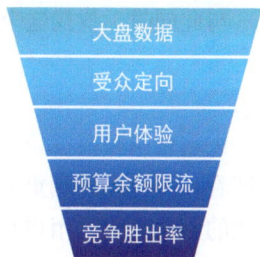

图 2-3　广告展现之前需要经过的流程

- **受众定向**。硬性过滤，不考虑转化率。即如果这个用户是男性，但广告 A 只定向了女性，那么这条广告就会被过滤掉，换下一条满足要求的广告展示。所以，定向过窄，计划就难以放量，因为在定向阶段就被过滤掉了。第 4 章将详细阐述定向。
- **用户体验**。也是硬性过滤，即如果一条广告的用户体验差，那么媒体会降低它的展现频率。用户体验差包括用户点击"不喜欢"、用户举报、内容重复等。
- **预算余额限流**。这个很好理解，比如余额快花完了，系统需要提前控制消耗速度，不然容易导致广告展示出去了，但账户里没钱可扣。
- **竞争胜出率**。指 eCPM 的竞争。在实时竞争中胜出的广告，才能出现在用户的手机里。

接下来我们分别讲解提升用户体验、应对预算余额限流、提高竞争胜出率的办法。

2.2.2　用户体验

2.1.2 节介绍过，如果用户的正面反馈（正面评论、看的时间比较长等）比较多，媒体就会增加广告的流量分配；如果用户产生负面反馈，媒体则会对广告进行"打压"。2.2.4 节中讨论了正面反馈，本节仅讨论因为负面反馈被过滤掉的情况。

出于保证用户体验的考虑，媒体对广告的过滤可以简单分成两种。

- **过滤掉用户不喜欢的广告**：用户点了"不喜欢"（"×"）、举报等。
- **去重（频控）**：涉及广告主、安装包、落地页链接、账户、来源、组、计划、创意等维度。

1. 过滤掉用户不喜欢的广告

过滤掉用户不喜欢的广告可能的策略是：如果用户点了"不喜欢"某条广告，那么不只是这条广告，与之相关的行业、产品、来源、落地页、广告组等也不向该用户展现。

如果真的因为被用户点了太多次"不喜欢"而减少展示量，该怎么办呢？我有一些广告，之前一天能花几十万元，突然有一天消耗量呈断崖式下降，找媒体排查，反馈说用户投诉太多了。这是一个跑量的素材，还得继续投放，只能等等看，可能过两天展示量又增长了。此外，再用这个素材新建两条计划。

与此同时，找找这个素材被用户投诉的原因，修改后再产出一版并进行投放。

2. 去重

去重也叫频控（频率控制），是各媒体的基本策略（包括小型的 DSP 平台）。从广告效果的角度看，用户总看到重复的广告，转化的可能性会比较低，所以要控制广告对同一个用户重复展现的频次。而且用户在不同 App 中点击"×"时，无论是内容还是广告，媒体一般会提供一个理由选项——内容重复，如图 2-4 所示。

图 2-4　用户点击"×"之后各媒体提供的理由选项，都包含内容重复这一条

去重有以下几个维度：

- ❏ 广告主
- ❏ 安装包
- ❏ 落地页链接
- ❏ 账户
- ❏ 来源
- ❏ 组
- ❏ 计划
- ❏ 创意
- ❏ ……

同一个账户、同一个组之间真的有竞争吗

答案是"有的"。所有广告之间本来就是竞争关系，又因为系统对账户、组层级有频控，对一个用户、一个账户或者一个组可能只展现一条广告，所以竞争会更明显。

那我们应该怎么办？答案是"增加多样性"，比如多主体开户、多个安装包、多个落地页链接、多个创意等。

同时，不同媒体的侧重点不同，比如有的媒体严格控制重复的创意，有的媒体对此就没那么严格，甚至一些初创的媒体可能没有频控。

2.2.3 预算余额限流

"限流"这个词对广告主来说非常熟悉，它是指流量被限制，即展示量被限制、**消耗速度降低**。"预算余额限流"是指因为预算余额不足而被限流。比如预算快花完了，系统得提前控制消耗速度，以免超出预算。**应对限流的核心就是"提前留好量"**。

这个道理其实在生活中很常见。比如驾车，到终点之前要提前降速，这样才能平稳地停车；又比如往杯子里倒水，快倒满的时候得慢点倒，要不容易溢出来。

我们把"往杯子里倒水"和"投放广告限流"进行对比，如图 2-5 所示。

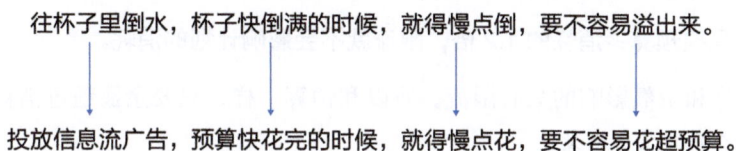

往杯子里倒水，杯子快倒满的时候，就得慢点倒，要不容易溢出来。

投放信息流广告，预算快花完的时候，就得慢点花，要不容易花超预算。

图 2-5 "往杯子里倒水"与"投放广告限流"对比

按照这个类比，要进一步了解限流是怎么回事，可以提取出两个关键因素：

❑ 杯子——可用预算；
❑ 快满的时候——预算快花完了。

接下来分别讨论这两个因素。

1. 可用预算

一条计划预算设置成 9 999 999.99 元，组预算设置成 10 000 元，账户预算设置成 1000 元，最后这条计划会花多少钱呢？最多 1000 元，**取最小值**。这是广告系统的基本逻辑。

如果账户余额是 100 元呢？那最多只能花 100 元。

所以，在广告投放中实际可用的预算是：账户预算、组预算、计划预算、账户余额取最小值。同样的道理，限流的时候也以四者的最小值作为标准。这是"可用预算"的概念。

$$可用预算 = \min(\,账户预算\,,\,组预算\,,\,计划预算\,,\,账户余额\,)$$

2. 预算快花完了

如果要给"预算快花完了"设置一个量化标准，设置成多少合适呢？以倒水的例子来类比。50%？不至于吧，犯不上倒到一半就慢点倒；95%？那可能有点来不及，有一下子倒多了、水溢出来的风险。

更细致的标准也不太好猜，就粗略地假设是 **70%~80%** 吧。**可以设置消耗达到预算的 80% 触发限流，如果再谨慎一点，可以设置为 70%。**

我们以 80% 为标准举几个例子。

- ❏ 预算 1 万元，消耗了 8000 元会触发限流。
- ❏ 预算 5 万元，消耗了 4 万元会触发限流。
- ❏ 预算 10 万元，消耗了 8 万元会触发限流。

所以，如果计划一天能花 2 万元，那预算设置成 5 万元还是 900 万元没有差别，因为都不会触发限流，一直都在以最大速度投放，不会降速。

总结一下：**只要预算≥消耗的 1.2 倍，限流就不会影响计划的消耗。**

因此，受预算和余额影响的只有限流。所以和预算一样，只要余额超过消耗的 1.2 倍就不会有影响。余额多了也没有意义。

而且我们知道，钱在账户里闲着是很大的浪费。

有的公司要求"账户余额要够 5 天消耗"，这其实没有必要，一般够 2 天消耗就行了。当然，赶上周末没法打款的话，可以多充一点。

2.2.4　竞争胜出率

竞争胜出率主要指 eCPM。eCPM 高，也就是常说的计划"质量度"高。那 eCPM 由什么决定呢？它的公式是：eCPM= 转化出价 × 预估点击率 × 预估转化率 ×1000。

从公式可以看到，eCPM 由转化出价、预估点击率和预估转化率三个因素决定，所以关键就在于预估点击率和预估转化率。那具体的预估规则是什么样的呢？什么样的广告点击率和转化率能被预估得高一些？

各媒体预估点击率和预估转化率的规则肯定不同，但基础逻辑是相通的。就像学生的学习方法各不相同，但都要课前预习、上课听讲、课后复习、做作业，这些基本的逻辑是共性的。

我搜集了巨量引擎、腾讯广告、快手的公开资料，整理出一些可能影响预估点击率和预估转化率的因素。

先来看一下各媒体对质量度影响因素的说明，如图 2-6 所示。

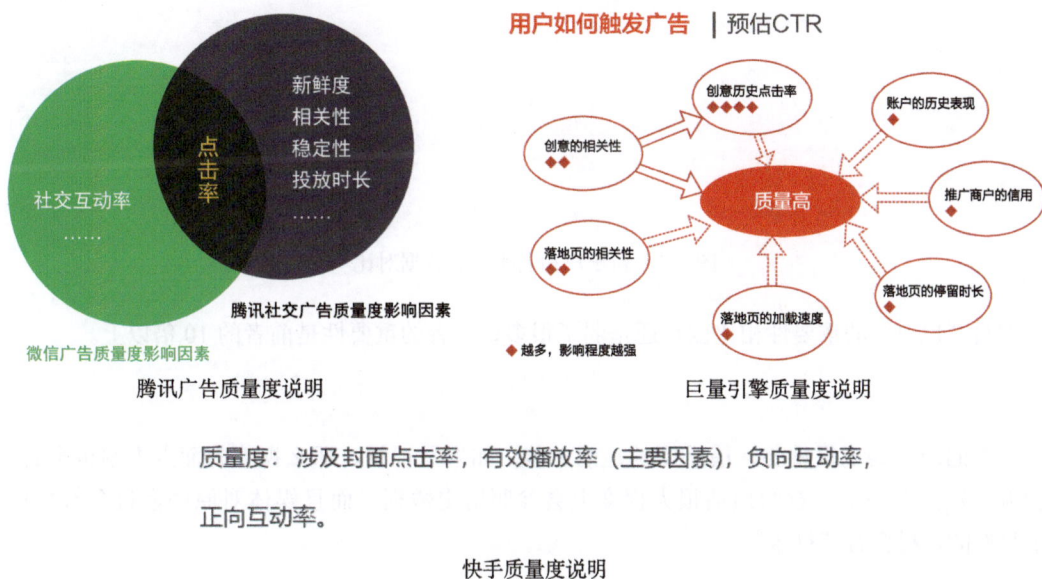

腾讯广告质量度说明

巨量引擎质量度说明

质量度：涉及封面点击率，有效播放率（主要因素），负向互动率，

正向互动率。

快手质量度说明

图 2-6 各媒体对质量度影响因素的说明

影响因素可以归为以下几类。

- 户口：账户的历史表现、推广商户的信用。
- 创意：广告点击率、封面点击率、有效播放率（主要）、创意历史点击率（主要）、新鲜度。
- 落地页：加载速度、停留时长、相关性。
- 定向：相关性。

下面我们逐一来看。

1. 户口

流量分配一定要先考虑"户口"，看昨天消费了多少，有没有被投诉过等。

账户有权重吗？一定是有的。账户历史表现好，对新计划的测试是有影响的。

比如图 2-7 所示的案例，老账户每天花费近 10 万元，新账户每天花费不到 3 万元，老账户的 ROI 也比新账户高出约 30%。

老账户　　　　　　　　　　　　　　　　　　　**新账户**

日期范围	消耗(元) ⇕	直接支付ROI ⇕	日期范围	消耗(元) ⇕	直接支付ROI ⇕
2022-01-27	81,511.90	3.23	2022-01-27	2,889.75	2.75
2022-01-28	120,766.60	3.31	2022-01-28	11,190.79	2.40
2022-01-29	88,092.56	3.31	2022-01-29	29,227.27	2.49
2022-01-30	44,847.02	2.97	2022-01-30	15,161.95	2.89
2022-01-31	0.00	0.00	2022-01-31	0.00	0.00
2022-02-01	94,346.93	2.91	2022-02-01	69,125.94	3.01

图 2-7　新账户和老账户的数据对比

但是"户口"的重要性相比创意还是弱了很多，后者的重要性是前者的 10 倍以上。

2. 创意

创意的历史表现很重要，最重要的是前 3 秒。如果是视频，那么视频封面点击率也会有一定影响。媒体对一条创意的预估很大程度上会参照历史数据。而且媒体对原创素材会有扶持，对重复性的素材会有"打压"。

3. 落地页

如图 2-8 所示，腾讯广告没有提到落地页的部分，但它关于落地页优化的说明涉及打开速度和创意呼应等因素。

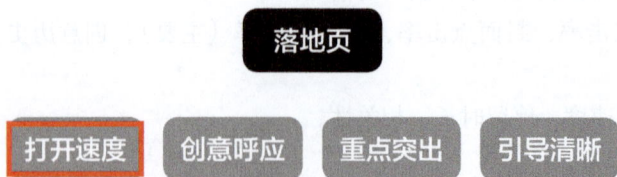

落地页

打开速度　创意呼应　重点突出　引导清晰

图 2-8　腾讯广告落地页优化说明

对于落地页和定向，巨量引擎有一个版本的计划诊断里有更细致的说明，如图 2-9 所示。

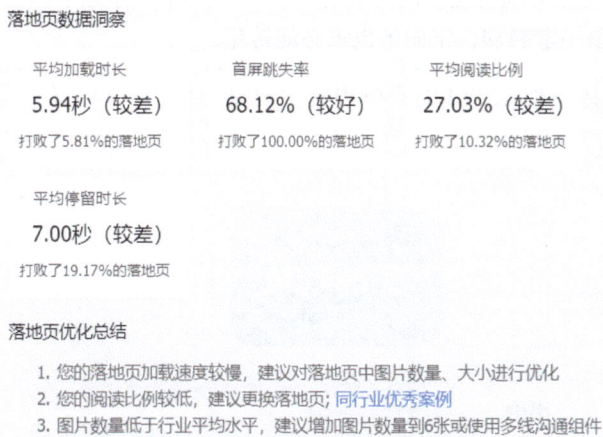

落地页数据洞察

平均加载时长	首屏跳失率	平均阅读比例
5.94秒（较差）	**68.12%**（较好）	**27.03%**（较差）
打败了5.81%的落地页	打败了100.00%的落地页	打败了10.32%的落地页

平均停留时长

7.00秒（较差）

打败了19.17%的落地页

落地页优化总结

1. 您的落地页加载速度较慢，建议对落地页中图片数量、大小进行优化
2. 您的阅读比例较低，建议更换落地页；同行业优秀案例
3. 图片数量低于行业平均水平，建议增加图片数量到6张或使用多线沟通组件

图 2-9 巨量引擎落地页优化说明

可以看到，平均加载时长、首屏跳失率、平均阅读比例和平均停留时长都是评估落地页效果的指标。实践中最常出现的问题只有一个：内容太多了。内容一多，加载就慢，阅读比例也低，所以落地页要精简，要"少、小"——少放点儿内容，网页小一点儿。

4. 定向

定向可以细分成覆盖度、精准度和蓝海度，如图 2-10 所示，它们分别指覆盖的人群范围、定向的精准程度和该定向人群中竞争的激烈程度（腾讯广告的"相关性"指的就是定向的精准程度）。

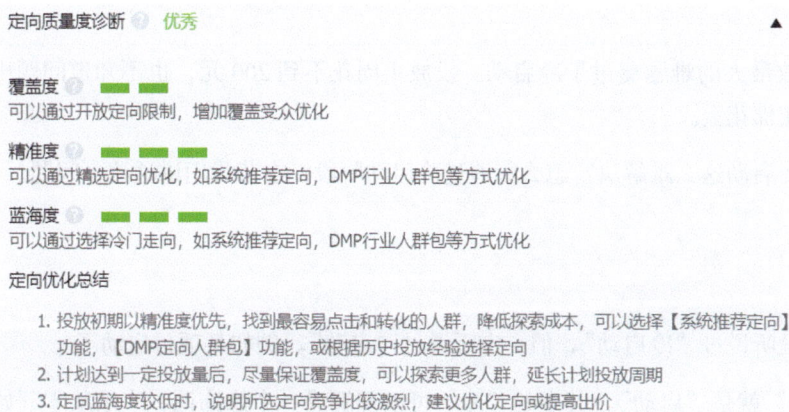

定向质量度诊断 ⑦ **优秀** ▲

覆盖度 ⑦ ■■■□□
可以通过开放定向限制，增加覆盖受众优化

精准度 ⑦ ■■■□□
可以通过精选定向优化，如系统推荐定向，DMP行业人群包等方式优化

蓝海度 ⑦ ■■■□□
可以通过选择冷门走向，如系统推荐定向，DMP行业人群包等方式优化

定向优化总结

1. 投放初期以精准度优先，找到最容易点击和转化的人群，降低探索成本，可以选择【系统推荐定向】功能，【DMP定向人群包】功能，或根据历史投放经验选择定向
2. 计划达到一定投放量后，尽量保证覆盖度，可以探索更多人群，延长计划投放周期
3. 定向蓝海度较低时，说明所选定向竞争比较激烈，建议优化定向或提高出价

图 2-10 巨量引擎定向优化说明

很好理解，找到目标用户量 = 人群范围 × 转化率，这两项分别对应覆盖度和精准度。但是找到这些人并不代表就能实现转化，因为还有别的广告主在跟你竞争。比如，大家都用某个行业的人群包，那么竞争一定激烈，定向了也未必能转化。

总结一下：各媒体预估 eCPM 的影响因素主要是出价、户口、创意、落地页和定向，如图 2-11 所示。

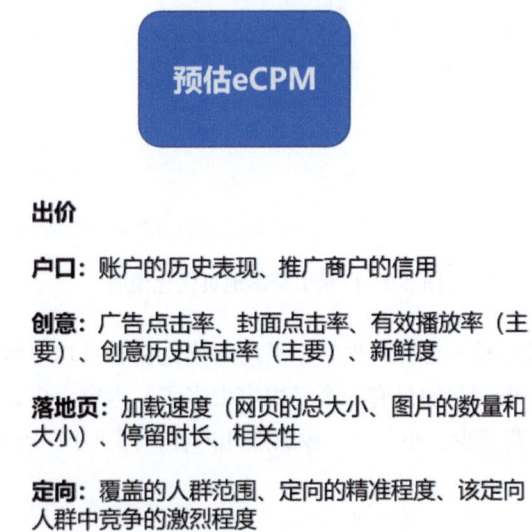

预估 eCPM

出价

户口： 账户的历史表现、推广商户的信用

创意： 广告点击率、封面点击率、有效播放率（主要）、创意历史点击率（主要）、新鲜度

落地页： 加载速度（网页的总大小、图片的数量和大小）、停留时长、相关性

定向： 覆盖的人群范围、定向的精准程度、该定向人群中竞争的激烈程度

图 2-11　各媒体预估 eCPM 的主要因素

2.3　一招解决：怎样度过广告投放冷启动阶段

广告投放最大的难题莫过于冷启动。投放 1 周花不到 200 元，也不知道问题出在哪儿，简直像重拳打在棉花上。

为什么冷启动这么难解决？怎么能通过冷启动阶段？本节我们讲透这个问题。

2.3.1　"冷启动"是什么

你可能没听说过"冷启动"，但一定听说过"启动"，例如某项目启动了。

"冷启动"就是"启动"，其中的"冷"可以理解成一个修饰词，表示从零开始。大家总说"冷启动难通过"，当然难了，跟从头开始创业似的，能不难吗？

比如一个商场有很多家餐厅，各家餐厅基本都有自己的顾客群。这时候新开了一家餐厅，叫"虾天下"。新店要想办法吸引第一波顾客来就餐，这个过程就是"冷启动"。

如果开的餐厅叫 KFC，就可以理解成"热启动"了——开始之前已经有一定的底子了。

总结："冷启动"是一种启动方式，表示从零开始，相对应的"热启动"就是在一定基础之上开始。在广告领域，"冷启动"是指数据还没有累积充分的初始阶段。

2.3.2 无法通过冷启动阶段的根本原因

实际中，大部分计划无法通过冷启动阶段，通过率达到 30% 已经算优秀了。下面我们仔细分析原因。

餐厅开张的冷启动阶段和一条新计划刚开始投放的过程很像，都是指获得第一批顾客的过程。

那么问题来了，你觉得对一条广告来说，它的"顾客"是谁？是媒体的广告系统还是用户？

长期来看，广告是给用户看的，肯定要能让用户接受，这里"顾客"就是用户。

但是在冷启动阶段，广告获得的流量受系统预估的影响很大，媒体如果认为你的广告不行，它就没有机会出现在用户面前。所以**在冷启动阶段，一条广告的"顾客"很大程度上是广告系统，我们需要迎合媒体的判断逻辑**。如图 2-12 所示，媒体相当于报纸的编辑，用户看到的是编辑筛选之后的内容。

媒体判断"你的这条广告怎么样，要不要把流量分给你"的过程就是我们常说的系统预估。如图 2-13 所示，一条广告进入系统，系统会进行初始判断，如果预估结果很差，广告就不会获得曝光；如果预估结果还可以，就能获得向一部分用户展示的机会。第二轮预估，系统会结合实际的用户数据来分配流量，然后再进行第三轮、第四轮……

图 2-12 编辑决定了用户能看到什么内容

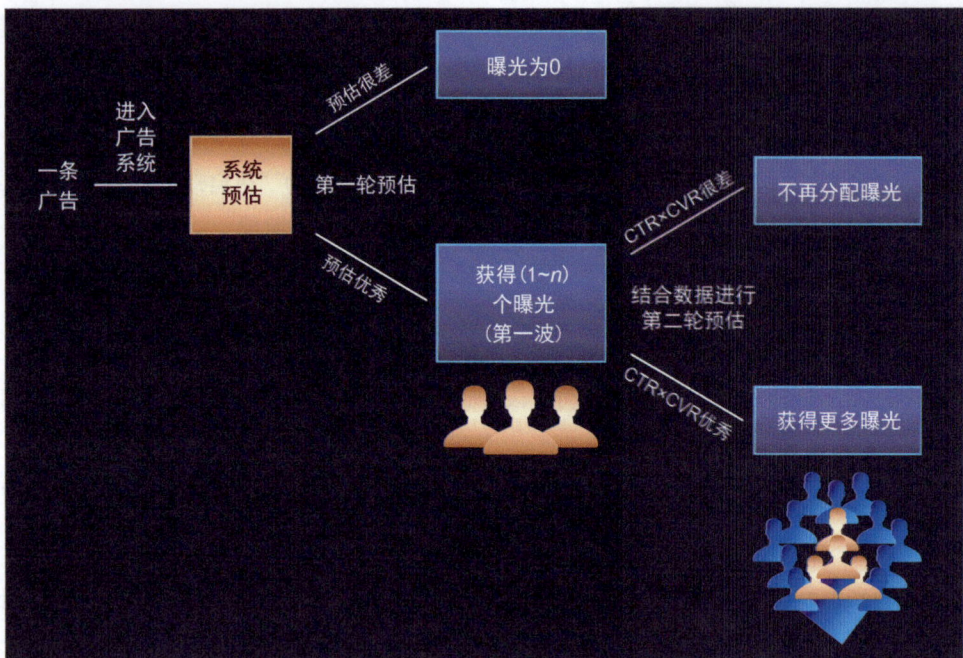

图 2-13　系统预估简要示意图

在基础的逻辑上，媒体对一条新广告的流量分配过程，跟你决定要不要去一家新开的餐厅就餐很相似，不信往下看。

先看判断的标准，你决定去哪家店的依据主要是菜品和价钱；

媒体决定把流量分给谁的依据是预估收益（eCPM）。

你去一家新店，不知道菜品好不好吃，有可能不合胃口，因此不会随意尝试；

一条新的广告，媒体不知道它的效果怎么样，可能用户不喜欢，因此会比较谨慎。

你去一家熟悉的店，基本上能知道菜做得怎么样；

媒体把流量分给一条老计划，基本上能推测出 CTR、CVR 怎么样。

你不可能永远只去同一家店，新店可能会有惊喜；

媒体不会把流量都分给老计划，万一新计划的效果更好呢（岂不是赚得更多）。

你会从装修、店名来推测一家店的类型，既然叫"虾天下"，那可能跟"虾吃虾涮"差不多；

媒体会从广告素材、产品所属行业来预判用户会不会接受这条广告，叫"妙妙音乐"，那大体就跟 QQ 音乐差不多。

新店开业有活动，全场 8 折优惠，你心想都打折了，虽然没吃过，不妨去看看；

新广告出价略高一点，媒体觉得这条广告的 CTR 虽然不确定，但是出价还不错，算下来 eCPM 也还可以，分点流量看看。

一条广告在实际投放（获取到第一个曝光）之前会经过系统预估，系统根据你的产品、产品所在行业、创意、定向等预估 eCPM，然后根据 eCPM 排名决定流量分配。

这个阶段预估的风险比较大，因为很可能 CTR 预估得不准，媒体的收益没有保障，所以媒体对新广告的流量分配会比较谨慎；但也不能不尝试，因为老计划的效益会衰退，而新计划可能会创造更高的收益。

2.3.3 快速通过冷启动阶段的方法

计划没通过冷启动阶段的表现是不花钱，这在一定程度上其实是好事。

以前转化出价还有"一阶段"，一款产品要求广告计划成本控制在 10 元，很多广告计划"一阶段"的成本是 200 元。但你在投放之前并不知道它的成本是多少，所以需要实际花一些钱之后再关掉计划。现在这样高成本的广告不存在了吗？所有广告都能满足成本要求吗？当然不是，投手还是那些投手，只是**相当于媒体的算法帮你承担了部分测试费用**。以前需要花钱才能知道效果，现在不花钱说明媒体认为这条广告以这个成本找不到用户，投放了效果也不会好。

怎么才能让计划花钱？计划不花钱真的是因为 eCPM 排名不行，如图 2-14 所示。

图 2-14　eCPM 分析

eCPM 问题可以分成两种：一种是"e"有问题，也就是预估有问题；另一种是你的 CPM 没有竞争力，此时只能放弃这个素材或者换个方向。

"e"不行怎么办？这说明你的计划被系统低估了，得帮助它认清你的真正实力。下面给出几种思路。

1. 出高价是绕不开的核心思路

关于出高价，有以下几种操作。

- ❑ 新建一条计划，小预算出高价，看数据表现如何，好的话可以再复制一条计划，出价低一点，以大预算投放。
- ❑ 新建一条计划，小预算并使用无出价产品（自动出价 / 放量投放 / 最大转化投放），看数据表现如何，好的话可以再复制一条计划正常出价，以大预算投放。
- ❑ 使用相对浅一些的转化目标，比如直播用 ROI 出价（终极转化目标）不花钱，就先用"下单"测试素材。我还用过"付费"作为投放目标，先投放"注册"以小预算测试素材。发现跑量素材了，再用深度转化目标投放，钱就能花出去了。

归根结底就是得出高价。即使你不分两条计划出高价，只投放一条计划，如果用的是新素材，也要出高价。可以参考老计划出价提高 10%~20%，操作详情见 5.1.3 节。

2. 控制变量做新素材

假如你是系统，最近抖音上有一首音乐特别火，很多新视频采用了，你会不会为此多分一点流量？

我们可以通过控制变量产出新素材。比如你有曾经表现很好的素材，那么上新素材时用它的外层文案 / 落地页 / 音乐 / 图片内文案 / 模特 / 台词等一定是有帮助的，系统预估会好一点。

3. 效果好的计划要立即复制 5 条相似的

效果好的计划要立即复制 5 条相似的，关停，然后一个小时开启一条。

测试出一条计划非常不容易，一旦发现就要多复制几条。复制的计划略作修改（定向、文案等），几条计划一起跑比单独一条计划跑的量更多。

复制完之后要先关停，等审核通过之后，一个小时开启一条。

为什么要先关停？一是同时投放会产生内部竞争，二是不同时间投放，大盘竞争情况不同，赶上流量高峰期可能就跑出去了。

总结：

- ❑ 出高价是绕不开的核心思路；
- ❑ 通过控制变量产出新素材；
- ❑ 效果好的计划要立即复制 5 条相似的。

度过冷启动阶段的核心思路是迎合系统的预估逻辑，系统认为你的广告不行，它就没有机会曝光给用户。

把流量分给新计划，收益是不确定的（预估 CTR、预估 CVR 都会有风险），因此媒体对新计划的流量分配会比较谨慎，所以计划很可能不花钱。另外，计划不花钱相当于媒体的算法帮你承担了部分测试费用，说明媒体认为这条广告以这个成本找不到用户。

通过冷启动阶段的方法就是提高出价。

2.4 决定广告效果的"皇冠模型"

广告系统的规则极其复杂，但解决广告投放问题很简单，只要看后台操作就行了，毕竟任谁也越不过后台。

我把后台决定广告效果的因素总结成了"皇冠模型"，如图 2-1 所示。其中包含三大要素：创意、定向和竞价。此外，还有隐性的优化思路。这里我加上数据分析及策略作为底层支撑。

接下来我会逐一讲解广告投放"皇冠模型"的这四大影响因素。掌握了这个模型，就有了系统的思考方法。无论你做广告投放 1 个月还是 10 年，都可以用这套方法。

第二天：系统学会方法

接下来我们系统学习广告投放的方法。

我会将广告投放的 4 个关键要素——创意、定向、竞价、数据分析及对应策略——逐一展开。

第 3 章

工业化产出爆款素材的方法论

为什么有的人拍一条视频就能卖出 2 万件 T 恤，而有的人拍了几十条视频，连 100 元广告费都花不出去？

差距到底在哪儿？怎么才能做出爆款素材？

我做过单条卖出 300 万件文具的视频，也做过点赞量过百万的爆款广告，还分析过累积消耗超过 10 亿元的广告素材，最终总结出了一套方法论，我会毫无保留地分享给大家。大家看完本章之后，就能掌握做广告视频的核心规律，做出并且能持续做出爆款素材。

3.1 素材的力量：一条视频带来了 4000 万元的游戏充值

素材是广告投放的第一生产力，是最应该重视的环节。

3.1.1 素材的重要性

一条小小的视频能有多大的力量？

- □ 电商行业，单价 258 元的杯子，一条视频卖出 3111 个，销售额 802 638 元。
- □ 网服行业，一条视频当天消耗过百万，带来过万的 App 新增激活。
- □ 游戏行业，一条视频带来 4000 万元的游戏充值。

为什么会这样？

因为现在日活过亿的大媒体，信息传递的效率极高。一个视频火了，当天就能被推送到数亿用户的手机里。

因此，素材影响企业的利润，也影响企业的市场规模。

流量分配的规则是媒体定的，我们从媒体的视角来看一下。

对媒体来说，广告是通过牺牲用户体验来变现的。但如果广告做得好，甚至跟原生内容一样好，就不用牺牲用户体验也能变现了。而决定用户体验的关键就是广告素材。

所以，素材做得好，可以省下很多广告费，产品还能成为爆款。如果素材不好，就只能多花钱才能把产品推广出去。

反映到公式里，就是 eCPM= 转化出价 × 预估点击率 × 预估转化率 ×1000。

eCPM 是媒体分配流量的指标，素材好，"预估点击率 × 预估转化率"就高，就算转化出价低也能有流量；素材不好，"预估点击率 × 预估转化率"就低，需要提高转化出价才能有流量。而转化出价高意味着多花钱，产品利润就低，甚至可能亏损。

从广告主的视角来看也是一样的。

广告投放的操作繁多，但可以简单分成两步：找人，转化。

我们可以通过定向、竞价让自己的广告出现在用户的手机里，但最终用户是否产生购买产品、下载 App 等转化行为，靠的是广告创意。创意才是转化的关键，并且它对广告投放效果的影响会越来越大。在 2022 年，创意对广告投放效果影响的权重约为 70%，以后有可能达到 90%。创意一定是以后竞争的决胜点所在。

3.1.2 素材行业的现状：大浪淘沙

爆款素材能带来巨大收益，但很难做出来。在广告素材里，二八定律体现得更为极端：2% 的素材带来了 98% 的用户量。某短视频平台，广告月消耗 3000 万元左右，每月产出近 2000 条素材，其中消耗大于 5000 元的素材每个月不到 100 条，占比约 6%。也就是说，94% 的素材花不到 5000 元。

这已经是头部广告主的数据表现了，投放量级大，KPI 放得宽，更多广告主对成本的考核更严格，这个比率会更极端。我粗略估算，对 80% 以上的广告主来说，80% 的素材花不到 100 元。不花钱就代表效果不好，但一旦出了爆款素材，就能带来几千单销量、上万的 App 下载量。素材不花钱的问题我们在 3.4 节中详细讨论。

所以广告投放非常依赖爆款素材，那怎么才能做出爆款素材呢？

当然有方法可循，在 3.2 节中我会详细介绍。但无论什么方法，都是一个大浪淘沙的过程，"堆量"必不可少。

相比之下，电视上的品牌广告一年出的片子数量可能比效果广告一天出的还少。

举几个例子，大家感受一下数量对比。

某小说 App，广告日消耗超过 100 万元，每天产出 50 条纯剪辑素材，大盘量级才能稳定在这个水平。

某直播电商商家，日销售额 3 万元，每天产出 20 条原创拍摄素材，一个月后日销售额提升至 50 万元。

你想没想过，为什么效果广告素材需要这么大的量？为什么不走精品路线？

我分析了至少 1000 条爆款视频，发现了一个不算规律的规律：爆款素材有的很复杂，有的很简单。

有的是 PPT 式轮播类型的视频；也有请明星，像拍电影一样拍摄的高质量素材。示例如图 3-1 所示。

图 3-1　不同类型的视频截图

关键不在于素材形式，而在于素材方向。

素材方向选对了，花 50 元做出来的纯剪辑视频，也能成为爆款；方向不对，花 1 万元做出来的视频也没量。

那怎么才能找到跑量的素材方向呢？

这需要系统的方法，下面展开讲。

3.2　做出爆款素材的必杀技："创意树"模型

我总结了一个口诀：**从多到一，再从一到多**，可以用"创意树"模型加以说明，如图 3-2 所示。

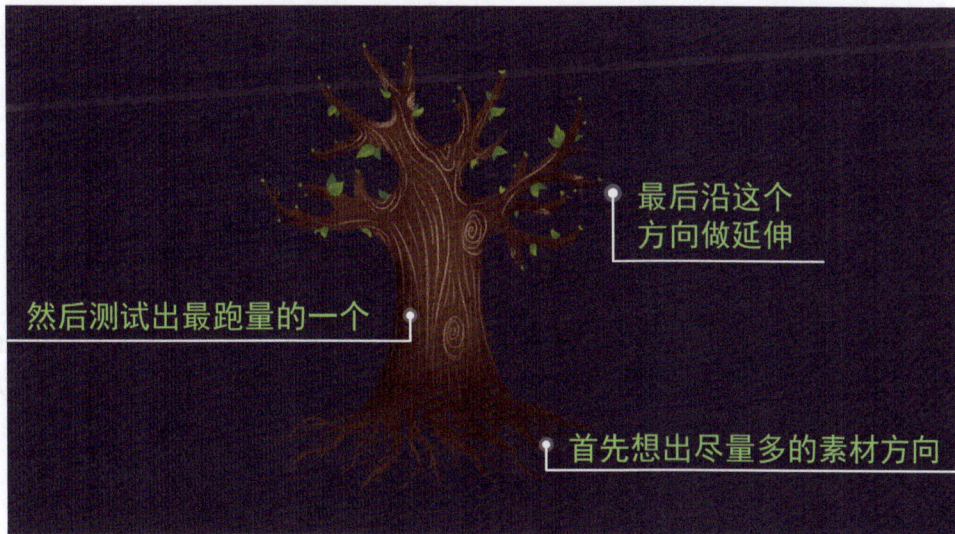

图 3-2　"创意树"模型

我给很多广告主讲过这个口诀，他们用了之后都说很好用，下面分享给大家。

"从多到一"指的是什么呢？当你接到一款新产品的时候，要尽量多地找素材方向，把能够想到的方向都列出来，然后在每个方向上起码产出一两个素材，看哪个方向上的素材跑量最多。这就是"从多到一"，从多个方向到一个方向。

那么"从一到多"是什么意思呢？当我们测试出一个爆款素材之后，就想接着多测试出一些跑量素材。这时候把这个爆款素材的元素做拆分，让其中一些元素保持不变，对另一些元素做变换，就是持续产出跑量素材最常用的办法。这就是"从一到多"，从做出一个爆款素材到产出多个素材。

总结成一句话就是：**测爆款，做微调。**

这么说有点抽象，下面看一个小说产品的案例。我们按照"从多到一，再从一到多"这个口诀来模拟一下素材测试的过程（这个案例是我看了许多素材后结合自己做小说产品的经验构想的，素材都不是我做的）。

首先要多想一些素材方向。先写下 4 个关键词，分别是"海量""小说""免费""看"，如图 3-3 所示。

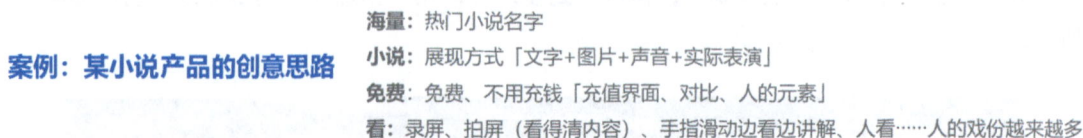

案例：某小说产品的创意思路

海量： 热门小说名字

小说： 展现方式「文字+图片+声音+实际表演」

免费： 免费、不用充钱「充值界面、对比、人的元素」

看： 录屏、拍屏（看得清内容）、手指滑动边看边讲解、人看……人的戏份越来越多

图 3-3 某小说产品的创意思路

"海量"是一个吸引人的点，表示小说特别多，其中会有你想看的。

"小说"本身对用户也有一些吸引力，看小说是很多人的爱好。

"免费"也是一个切入点，不管这个东西有没有用，反正免费就容易取悦用户。

最后一个点是"看"。"看"在素材表现形式上会有一些差异，既可以只出现小说的内容，也可以出现人。人出现的方式可以是只出现一个手指在滑动屏幕，也可以出现真人，所以也可以作为素材的变量。

做素材的时候加上这些点，成品的画风大概如图 3-4 所示。

(a)   (b)

图 3-4 不同创意下的素材

(c)

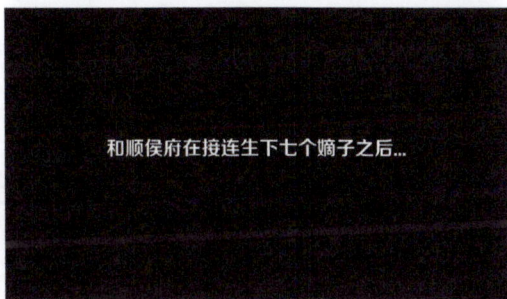

和顺侯府在接连生下七个嫡子之后…

(d)

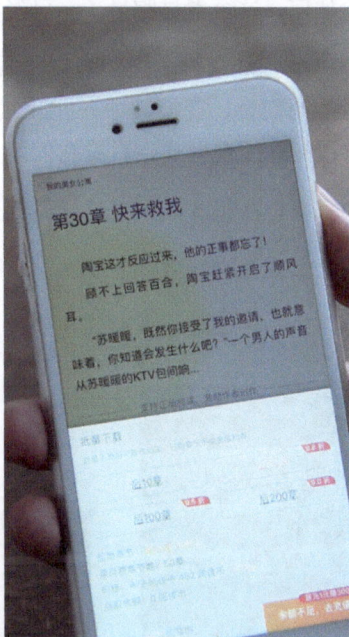

(e)

图 3-4 （续）

图 3-4a 所示的素材表示小说很多；图 3-4b 所示的素材用卡通人物对话的方式表示小说内容有趣；图 3-4c 所示的素材像微电影；图 3-4d 所示的素材也是卡通人物对话形式，但是做成了视频；图 3-4e 所示的素材突出免费这一点。

测试了这么多方向之后，发现有一个素材跑量了，如图 3-5 所示。

看到这个素材我真的惊呆了，它居然能跑量，画面都不动，就是一张图配一首歌！

后来想想，这段文案写得挺好，在网上搜了一下，发现这是一个小说的宣传文案，是原作者写的，很有吸引力。另外，歌也不错，是古风的爱情歌曲，意境和文案比较搭配；背景图也挺好看，也是古风的。

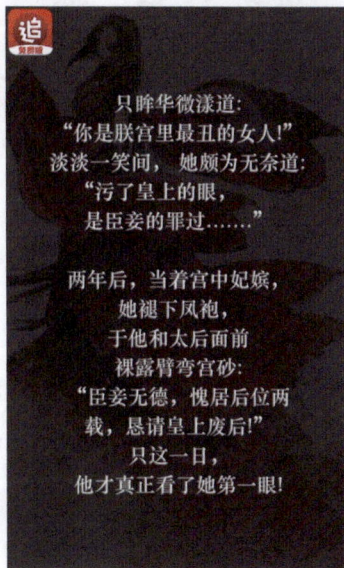

图 3-5 跑量素材

无论如何，这个素材跑量了。已经实现了"从多到一"，接下来该怎么办呢？

有了一个跑量素材，接下来要实现"再从一到多"，重点测试这个类型，把它的元素做拆分，然后控制变量，变换其中一些元素，另一些保持不动。这里主要的元素是文案、歌曲、背景图还有视频的表现形式，看看它们怎么变换。

先换首歌，换张背景图，这样就诞生了一个新素材，如图 3-6 所示。

还能怎么变？当然可以继续换歌，有很多歌可以换……

也可以换一种视频表现形式，如图 3-7 所示。这种形式确实超出了我的预期。

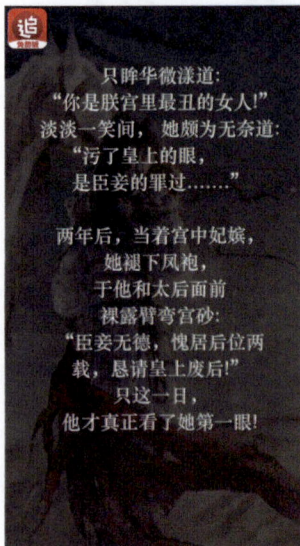

图 3-6　变换元素之后的新素材

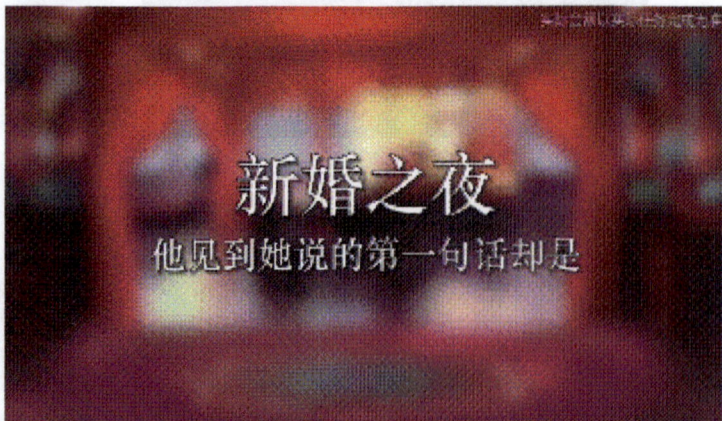

图 3-7　另一种视频表现形式

我们再看一个案例，如图 3-8 所示。

图 3-8　一个案例

这是我早期投放的一个素材，一个女生戴上头套，做出不高兴、思考、高兴三个表情。我最开始对这个广告的期待不是特别高，结果效果特别好。

这个素材跑量成功之后，我请设计师做了几个相似的，如图 3-9 所示。

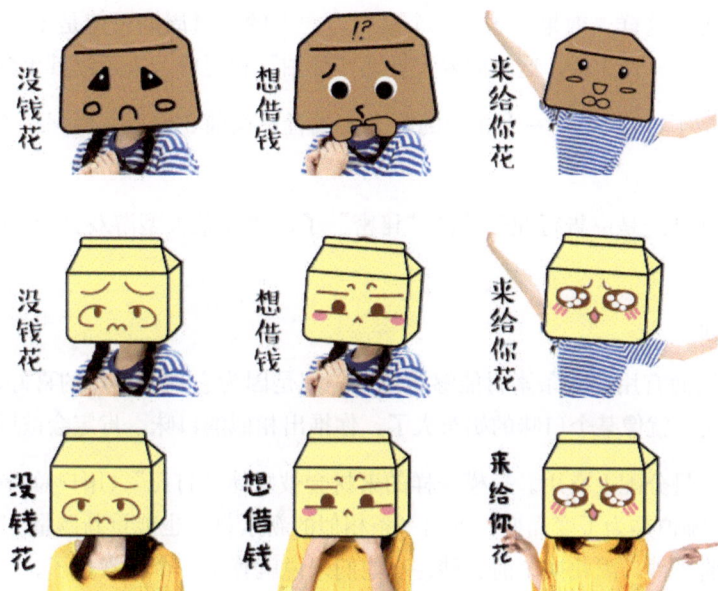

图 3-9 相似的素材

先是换了一个头套，然后又换了一个模特，接着又换了表情，就这样又出了几套素材，还都能跑一些量。

这个类型的素材后来在很多产品上也有使用，这是我对接的设计师原创的。

"从多到一，再从一到多"是我总结出的测试素材方向时一个非常好用的口诀，希望对大家有帮助。

3.3 跑量素材总断档？学会"创意乐高"，做出 1 万条爆款素材

做出一条爆款素材之后，能够暂时缓一口气。但不消多久，就会遇到下一个问题：跑量素材效果衰退了，新素材跟不上，量级大跌，成本大涨。

怎么才能避免青黄不接，持续产出爆款素材呢？

这是更难的问题，但是也有方法，我把它叫作"创意乐高"。

3.3.1　持续产出爆款的关键："翻拍"爆款＋混剪爆款

广告创意这一行，很多东西是旧元素的新组合。即使是纯原创的素材，也往往有所参考。

做效果广告更是这样。效果广告在一个素材方向上的跑量周期可能是 1 年，但是一条跑量视频的生命周期可能只有 3 天，这就需要大量地"翻拍"和混剪，来延续其生命周期。

一个素材没量了，"翻拍"一个相似的版本，或者只换前 3 秒，后面保持不变，做成混剪，真的有用吗？

真的有用。这已经是广告行业公开的"秘密"了。比如某大型游戏公司，60% 以上的素材是混剪出来的。

原因有两方面。

一是在用户层面有用。一条素材能够跑量，一定是因为它契合用户的喜好，你做出跟它类似的，当然容易火。就像某个口味的奶茶火了，你推出相似的口味，肯定会被用户喜欢。

二是在媒体流量分配上有用。一模一样的素材会被媒体"打压"（用户总看到一样的广告会感到厌烦），所以哪怕是为了变而变，推出一条相似的新素材，也能重新跑量。而且用户对于大部分素材只会看前 3 秒，因此换了前 3 秒，对他们来说就算是一个新素材了。

> **重复性的素材被媒体"打压"是怎么回事**
>
> 媒体会计算素材重复度，这在技术上已经很成熟了。我举个简单的例子来说明其原理。
>
> 比如系统随机截取不同素材相同时间的两帧，看重复度是多少。如果重复，倒也不会一点量都没有，媒体会给其乘一个系数，比如 eCPM×0.8，这样素材的竞争力就减弱了，起到了"打压"的效果。

二次"翻拍"的跑量概率比纯原创的跑量概率高 10 倍以上。

那怎么"翻拍"呢？上一节说到，"把爆款素材的元素做拆分，让一些元素保持不变，对另一些元素做变换，就是持续产出跑量素材最常用的办法"。你可能会想：哪些元素保持不变，哪些元素做变换呢？如果要做 1 万条素材，哪有那么多元素可变？

这就是"创意乐高"发挥作用的时候了。

首先，视频在你眼里不再是一体的，而是像"乐高"一样，是可以拆开的，如图 3-10 所示。

图 3-10 创意乐高

比如，一个 30 秒的视频，我们把它拆成：

- 场景
- 演员
- 前 3 秒
- 套路
- BGM（背景音乐）
- 产品转化引导
- 产品介绍
- ……

把多条视频拆开，你就得到了一大堆"积木"：

- 场景库
- 演员库
- 前 3 秒库
- 套路库
- BGM 库
- 产品转化引导库
- 产品介绍库
- ……

这些库里的内容，就是"翻拍"视频的时候可以自由替换的。

假设一个 30 秒的视频，我们把它拆成 20 个板块，每个板块有 50 种替换方式，这样就有了 1000 条视频。有 10 个视频模板，就有了 10 000 种组合方式。

之后你再做视频，就可以将流程分成制作视频模板和找视频片段进行替换，而不是每一次都不加区分地做"新素材"。这种工业化的制作方式能极大地提高效率，降低视频制作成本。

可以看到，创意乐高成功的关键是"素材库"。那素材库具体要怎么构建呢？

3.3.2　组装素材的一个关键：素材库

"素材库"是持续产出爆款素材的必杀器。

有了素材库，就可以像拼乐高积木一样，沿着用创意树测试出来的素材方向替换素材元素了。

它能解决两个问题。

（1）素材重复利用。把历史素材存储在一起，其中有一些可以重复利用。

感受一下差距。一家是没有素材积累的公司，每天能用的素材是新产出的（可能还是 18 点才制作完成的）；另外一家公司把素材库构建得很好，每天都可以从中找历史素材，挑出好的重新测试，视频制作人员也不用所有镜头都重新拍，可以把一些通用镜头专门收集在一个文件夹里，方便重复使用。

比如红包是信息流广告里很常用的元素，就可以创建一个红包素材库，需要时直接取用，不用每次都重新找。还有 BGM，也可以分门别类储备好。再比如电商产品，产品特写、产品生产过程等一定会用到的镜头，可以创建一个公共文件夹存放，方便混剪使用。

这些就是公司的资产。

（2）方便素材整理。可以给历史素材打上标签，标签的粒度可粗可细，比如：产品名、消耗、素材分类（单人口播、多人情景剧、实物拍摄）、素材卖点（赚钱、打折、好看）、素材场景（豪车、工地、农村、路边）、素材视角（内部员工、老板、用户）、BGM、演员、首帧、编导、拍摄人员、剪辑人员……可以根据具体的行业分得更细一点。打上标签之后，一方面方便查找历史素材，另一方面方便做数据分析，从而找到一些规律。比如哪个类型的首帧做得好，或者哪个演员容易起量。

那具体怎么做呢？

其实市面上的素材网站都是大的素材库。像热云，它相当于储存了全网的素材，你可以从中搜索自己想要的素材。

再讲讲我见过的素材库。为了适应不同团队的情况，我分成了帐篷版、经济适用版和豪宅版 3 个版本。

1. 帐篷版：做个跑量素材总结 PPT

帐篷版是最初级的，就是把跑量素材（文案、图片、视频）复制粘贴到 PPT 里，这样大家也会觉得很有用——起码接手一款新产品的时候，不用从头想了，如图 3-11 所示。

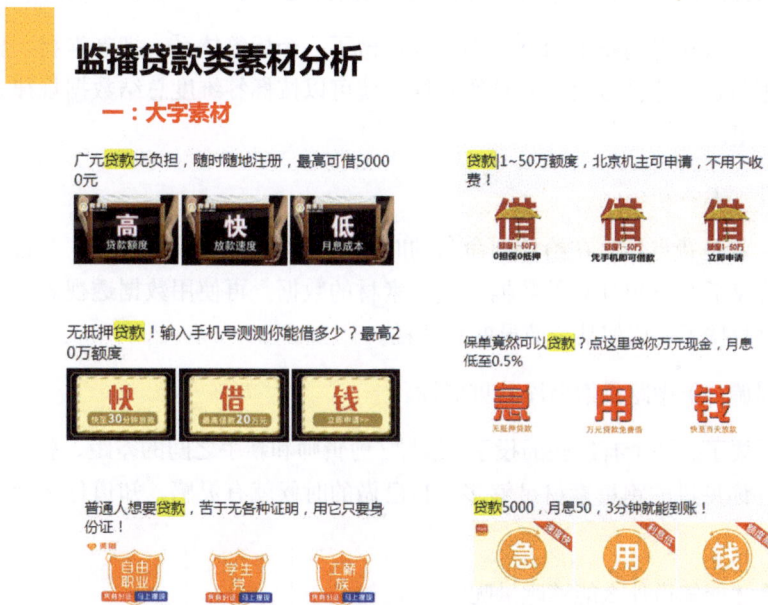

图 3-11　跑量素材总结 PPT

2. 经济适用版：做个跑量素材汇总文件夹

经济适用版本的核心是跑量素材库，包含两个部分：

- 自己做的跑量素材；
- 别人做的跑量素材。

要做到这一点，首先得把历史素材存到一个文件夹里。如果你是老板，需要保证这个文件夹是可共享的（最简单的办法是用云盘或者本地共享磁盘），不然一旦视频制作人员 / 投手离职，素材库就不存在了。

发现一条跑量素材就不要放过它，无论是自己做的还是刷到的，都放到素材库里，定期组织大家一起研究。相信我，这是对团队来说最有价值的事情之一。只要把自己的跑量素材和别人的跑量素材对比一遍，找出值得借鉴的点"翻拍"，一般 3 天之内就会有效果。

3. 豪宅版：建立素材标签体系，系统管理素材

想做得更好一点，首先需要建立一套标签。如果你对此完全没有概念，可以参考下面这些：**产品名**、**消耗**、**素材分类**、**素材卖点**、**素材场景**、**素材视角**、**BGM**、**演员**、**首帧**、**编导**、**拍摄人员**、**剪辑人员**……

此外，有条件的话可以借助系统，把素材跟数据打通，可以看到每一个标签对应的消耗。

一家知名游戏公司专门找了懂行的创意人员做了一个标签体系，把老素材、新素材都打上标签并且跟数据打通，这样做投放复盘的时候，就可以按标签维度总结数据规律，大大提升了素材测试的成功率。

要是没条件，怎么办？

那也可以，就是费点劲。在给计划命名的时候，写上素材的关键信息，并且一条计划只放一个视频，这样从后台导出计划的数据就代表素材的数据。再使用数据透视表，就可以找出各个标签下的素材数据了，比如某个演员的总消耗。

我还想再强调一下做跑量素材库的重要性。

这实在太重要了。一个有经验的投手／编导／剪辑师和新手之间的差距，就在于见过多少条历史跑量素材。你见过的跑量素材足够多，自己做的时候就有灵感，知道什么套路可以用，应该模仿什么。

那新人怎么才能知道什么能够跑量呢？

当然要靠研究。公司把历史跑量素材放在一起，视频、运营人员定期一起研究，新人来了可以直接过一遍，对产出素材一定是很有帮助的。

我也在做这样的事情，我的跑量素材盘点可以说是全行业的跑量素材库。大家可以加入本书的共读群，群公告里有我们公司做的跑量素材合集。

3.3.3　组装素材的另一个关键："翻拍"速度

信息流广告行业里有一条默认的规则："翻拍"得越快越好。一个素材起量了，能当晚"翻拍"就当晚"翻拍"，能 24 小时内"翻拍"，就不要拖到 48 小时内。像追热点一样，速度是成败的关键！

　　下面看一个"翻拍"速度快到极致的案例。设计进化论是一家素材供应商，他们曾经在 48 小时内"翻拍"出 4 条爆量视频（每条点赞量都过万）。案例讲述人是设计进化论的运营负责人池老师。书上没办法放视频，因此我把本节对应的视频放在了本书共读群的群公告里，大家可以加群观看。

1. 接到别家视频爆量的通知

　　一天晚上 10 点，我刚下班回家，就收到合作代理商的一条消息："别家有条视频爆量了，3 小时就有 2.4 万的点赞量，快点开看看！"我当时脑袋嗡得一响，马上点开了视频。

　　视频说的是某个教育品牌在发布会上公布了一款产品，主持人对着台下的家长介绍产品的卖点和优惠，拍摄地点应该是一家电影院，如图 3-12 所示。

　　第一眼看到这个视频，直觉就告诉我：一定要尽快"翻拍"出来。发布会类型的视频很多，但这个视频的场景太真实了。

　　这种发布会的形式一下子就能把家长代入到视频中。而且**剧情的发展也很有冲击点**，视频开头就通知降价：价值 899 元的特训班现在只需要 30 元就可以加入，还加赠 22 件套的教辅资料。

　　但台下观众没有表现出开心，反而情绪激烈地提出质疑："我们缺的是书吗？我们缺的是老师！30 块钱能请到什么老师？"发布会后续以问答的形式介绍产品卖点，**真实又容易接受**。我觉得这个视频一定要尽快"翻拍"，只要拍得快，非常有可能起量。

图 3-12　教育品牌发布会

　　于是，当客户问我"明天能不能'翻拍'出来"的时候，我直接回复："能，我去协调。"

2. "复刻"的速度

　　我们就像上战场一样，争分夺秒地往前赶，希望尽快把视频"翻拍"出来。

　　我立马跑回公司，并在文案群里发消息问："这会儿还有人能出剧本吗？"

　　有两个同事回复"能"。10 分钟后，他们便往公司赶了。

　　接着，我又在统筹群发了条信息："今晚需要协调发布会的拍摄，哪个城市能拍？预计要拍 3 条。"没过多久，大家就回复说郑州、西安、南昌可以拍。

然后，负责统筹的同事立马开始联系各个电影院，接连碰壁后，终于确定郑州的某家电影院可以拍，拍摄时间定在晚上 11 点 40 分之后。

确定了场地后，演员统筹随即给合适的演员挨个打电话，在半小时内召集了 20 位群演。演员看剧本也很快，平常需要一个小时，那天晚上 10 分钟就搞定了。

设计人员也匆匆忙忙赶回公司，反反复复修改发布会的背景海报，最终赶在电影院机房下班之前敲定了。

0 点 10 分，近 30 人聚集在电影院，摄像、摄助、统筹、道具组全部待命，电影一散场，第一时间就冲了进去。因为租用电影院真的太贵了，所以大家都想速战速决。

0 点 25 分，摄像跟我说已经开拍了，此时我心里的石头终于落地。在回家的路上，我心想以今天这样的响应速度，明天不爆量都不可能。

结果和我们预想的一样，当天晚上加急拍摄的 3 个视频，有 2 个点赞量过万，另外一个点赞量也过千了。

发现一条爆量视频，复刻出一个就结束了吗？当然不是。

爆量视频是会衰退的，我们要赶在衰退期到来之前做出新的爆量视频进行迭代。

那怎么迭代呢？我们又开始了新一轮的头脑风暴。

3. 迭代"翻拍"的思路

我们用自己的创意迭代方法论，分析了原始的爆量素材为什么火爆，以及我们可以借用其中的哪些特点来进行迭代。

(1) 思考视频定位，确定其核心特点

原视频是产品发布会现场，而且场面很大。我们用"官方""场面""情绪"这 3 个关键词来总结原视频的特点。

- ❑ **官方**：原视频通过电影院的背景、主持人正式的着装以及用词表现官方，的确有很强的表现力。
- ❑ **场面**：台上开阔的背景、台下 20~30 个观众共同构成了一个"大场面"。
- ❑ **情绪**：无论是台上的主持人还是台下的观众，情绪都非常饱满、激动。

(2) 围绕定位构想人 / 物 / 场景，匹配最符合调性的细枝末节

我们想沿用原视频的核心特点，因此迭代的创意还要以电影院为场景，人物的着装、讲话正式一些，要有充沛的情绪，场景一定要热起来。

但用什么情节呢？还是这种线下的发布会吗？

我们回忆前段时间的跑量视频，发现"主播"这个角色经常出现。原因可能是现在看直播的人越来越多，教育产品直播的投放量越来越大，大家对直播已经比较熟悉了。

同时，直播类的素材仍相对小众，用户对此有一定的新鲜感。于是我们想：让主播在电影院直播怎么样？这不就把老的爆量点和新的创意点结合到一起了嘛！

(3) 思考产品如何引入

好的产品引入能够让剧情过渡自然，用户容易接受。如果是很突兀地引入，就会造成大量用户流失。

怎么才能自然地引入产品，前面的铺垫又不至于太长、节奏过慢？我们灵机一动：不如不做铺垫，直接打广告吧。

平时我们看到的购物直播就是推荐低价好物，好的产品被抢购一空。我们也这么干吧。

所以这次，我们把视频定位成官方的一场直播秀，做出了两条视频，如图 3-13 所示。

图 3-13 两条视频

视频一

（配乐高亢、正式。）

众人齐声喊：爆啦爆啦！

女 1：真的爆单啦！

旁白：你们怎么这么高兴啊？

女 2：作业帮直播课，寒假语数双科重难点集训班价值 599 元，现在只要 49 元。全套的教辅礼盒都包邮赠送啦！

男 1：只要孩子全程上完课，就赠送这套四大名著实体书。

女 1：价值 49 元的四大名著实体书，能让孩子充分利用空闲时间接受文学熏陶，高效利用假期时间来学习。

旁白：送这么多有什么用？家长们在意的是课程质量。

男 2：放心好啦。课程依旧聘请了清北毕业的名师带队教学。课程质量依旧不变，33 节课就能看到孩子的转变。

女 2：课上老师为孩子们总结了 20 个数学思维训练方法，186 个计算、几何应用题技巧，36 个语文阅读、写作技巧。让孩子计算不出错、解题有技巧、写作有方法！

旁白：快告诉家长们怎么报名吧！

众人齐声喊：寒假是弥补差距的关键期，快点击下方查看详情，为孩子报名吧！

这条视频的开头，我们用"爆啦爆啦"这样的描述来吸引用户的注意，同时引入产品。通过直播间的情绪、礼花、主播及工作人员的状态把观看者的情绪调动起来。

接着用"你们怎么这么高兴啊？"引出解释——原来是因为有这么好的产品，导致太多人报名，所以大家很开心。用户自然而然就代入到这个情绪当中，更容易下单。

视频二

众人齐声喊：8000，5000，300，卖完了！耶！

女 1：停停停停！还没买到课程的家长们，紧急通知，猿辅导价值 899 元的寒假语数双科特训班现在只要 30 元，再增加 1 万份。

众人齐声喊：太好了！Nice！

女 1：而且今天重磅福利再升级。除了包邮赠送的教辅礼盒以外，再额外赠送价值 49 元的小猿时间管家。

女 2：肖总，这个小猿时间管家是什么呀？我之前怎么没见过呀？

女 1：它可以通过搭配火爆全网的番茄时间管理法，帮助孩子树立时间观念，快速完成作业。之前很多家长想买都买不到，现在免费送。

男 1：这么低的价格，还送这么多，质量还有保障吗？

女 1：放心，人家猿辅导依然聘请了清华北大毕业的名师带队这次课程，100% 重点院校毕业，平均教龄 8 年。老师们总结了 35 类阅读、写作核心技巧，69 个必备计算应用大招。让孩子阅读有技巧、写作有方法、计算不出错。

男 1：那还等什么？赶快告诉家长们怎么报名吧！

女 1：点击视频下方链接就可以报名了！

第二个引入方式是“用数据”。我们发现大主播经常用“xx 件”“没有了”“下架了”这种类似于饥饿营销的方式来宣传产品有多好，因为卖得快本身就是产品受欢迎的佐证。所以我们也用“8000、5000、300、卖完了”来开头，节奏很快，并且有看点。

除了开头之外，**台词的设计也非常关键**。那种堆积卖点的台词，就像我们平时接触的电话销售一样，一开口就让人想挂掉。

主播会说什么话？观众想的是什么？家长在意的是什么？要尽量真实、自然地说出家长的疑虑，介绍产品的卖点。

这两条视频是第三天做出来的。第一条视频的点赞量是 2.5 万，第二条是 1.8 万，效果很理想了。

这是我们比较成功的案例，很高兴跟“三里屯信息流”合作把它分享给大家，这真的是毫无保留地分享了我们真实的制作过程。

总结起来一共有 3 个关键点。

- ❑ **跟得紧**：很多视频爆量的消息是代理商通知我们的。代理商和广告主的伙伴越密切观察竞品，越早将爆量素材的消息同步给素材团队，做出爆量视频的概率越高。
- ❑ **翻得快**：接到视频爆量的通知之后，要争分夺秒迅速“翻拍”，我们 22:00 接到别家视频爆量的消息，0:25 开拍，如果不是在电影院这种复杂的场景，还可以更快。
- ❑ **会迭代**：分析原爆量素材成功的原因，然后**抓住爆量的点**，就能持续产出爆量素材。

3.4 素材不跑量？可能是测试方法有问题

经常有老板跟我诉苦："我们的素材做出来后总是不花钱，也不知道素材是好是坏，就这么放着不投放还舍不得，做素材花的钱比投放花的钱都多。"也有人问我快速测试素材的方法。

我非常理解大家的心情，的确，辛辛苦苦做出来的素材，愣是不花钱，真的很让人心痛。测试素材的确有方法可循，本节我们就来讲一讲。

3.4.1 判断一条素材好坏的标准

好素材的标准很简单：量大、成本低（ROI 高）。

量大，但是后端效果不好，是好素材吗？

当然不是。必须同时满足这两个要求才行。

有的老板听到我这么说之后，无法接受："我们 90% 的素材不花钱，难道这些素材都不是好素材吗？"

这的确是个让人头疼的问题。下面我们详细分析。

关于判断素材好坏，大家最常问的三个问题是：

- ❏ 别人的素材也不花钱吗？
- ❏ 为什么那么多素材都不花钱？
- ❏ 是不是不花钱就不是好素材？

我们逐一来回答。

(1) 别人的素材也不花钱吗？

是的，大家都一样。随便看两个品牌的抖音账号，如图 3-14 所示，大部分视频的点赞量不到 50，这种投放肯定也花不了多少钱。

粗略估计，60% 以上的素材花不到 100 元，这是非常正常的。 在 3.1.2 节中提到过一个案例："某短视频平台，广告月消耗 3000 万元左右，每月产出近 2000 条素材，其中消耗大于 5000 元的素材每个月不到 100 条，占比约 6%。也就是说，94% 的素材花不到 5000 元。"

(2) 为什么那么多素材都不花钱？

不花钱说明媒体认为你的这条素材找不到这个成本的用户，就算投放了数据表现也不会好，不如不投放。**相当于媒体的算法帮你承担了部分测试费用。**

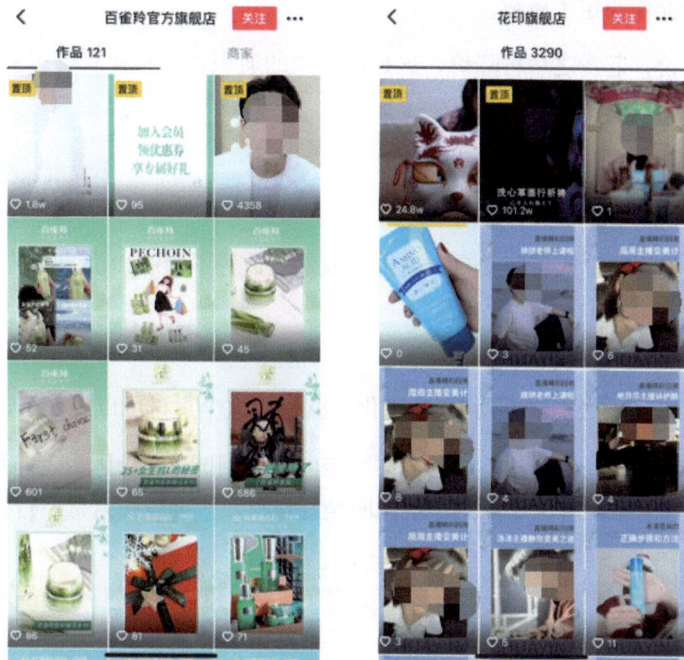

图 3-14　抖音账号截图

(3) 是不是不花钱就不是好素材？

约 70% 的时候是的，还有约 30% 的时候是被系统"误伤"了。

2.3 节介绍冷启动的时候讲过这个问题。简单来说，70% 的可能是素材真的不行，直接修改素材即可；30% 的可能是系统预估错误，需要我们提高出价、更换定向、多创建几条计划、多花几天来尝试。

接下来我们着重讲讲这 30% 的问题怎么解决。

3.4.2　怎样提升素材测试成功率，避免素材被"埋没"

我曾经投放过一个工具类 App，考核成本至少 3 元。这种成本很低的小工具，最大的问题就是投放不花钱。当时真的是各种素材都做了，就是不花钱，最终还是投放失败了。

但我很不甘心。机缘巧合，我跟另外一个做得很好的投手交流，他们的量很大，我问他是怎么做起来的。他说就是"出高价"，然后让我看了他的账户。真的就是这样，没有什么秘密，他们会把出价提到 10 元，有量之后再降低出价。

就是这么一个操作决定了成败。

新素材要出高价，起量之后再降价，这是行业内的通识。

那具体怎么做呢？

- ☐ 搭配至少 3 组定向；
- ☐ 搭配至少 3 条文案；
- ☐ 出价提高 10%~30% 或者使用自动出价、放量投放等不限制出价的产品；
- ☐ 创建至少 5 条计划；
- ☐ 投放时间超过 3 天。

如果这样操作下来还是积累不到 10 个转化，就说明这个素材可以放弃了。

核心就是多测试和出高价。用不同的文案、定向搭配测试，避免因为定向和文案的问题导致素材跑不出去；出高价之后降价还能跑，就说明是好素材，否则说明素材不行。详情见 5.1.3 节。

3.5 案例：一款沐浴露怎样持续产出爆款素材，销售额超 7000 万元

本节我们来看一个案例：利用爆款短视频打造销售额超 7000 万元的爆款沐浴露。

这个品牌叫"仙妃格"，图 3-15 所示的是它的矩阵账号，采用的是短视频带货和直播带货结合的方式。蝉妈妈上的数据显示，短视频销售额超 4000 万元，直播销售额超 3000 万元，合计超 7000 万元，如图 3-16 所示。

图 3-15 仙妃格的矩阵账号

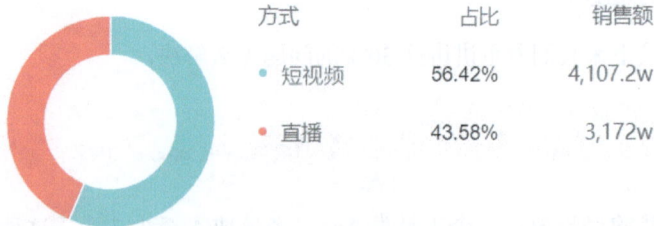

图 3-16 仙妃格销售数据

直播带货也分成两种方式：直投直播间画面和短视频给直播间引流。可以说，这款产品能达到这个销售额，非常依赖持续产出爆款短视频。而且这款产品主要的营销套路只有一个：素材混剪。这种"经济适用"的方法非常适合推广。我仔细研究过这个案例，下面详细分析。

仙妃格采取的是单品付费（主推一款产品，主要靠付费投放广告卖货）模式，主推的这款产品是持久留香沐浴露，如图 3-17 所示。

它的创意树是什么样的呢？

我们可以写出很多卖点，图 3-18 所示的是树根的部分。

图 3-17 主推的一款产品

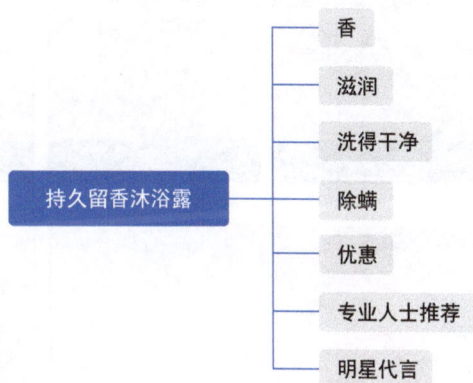

图 3-18 创意树

部分宣传视频的截图如图 3-19 所示。

(a) 优惠   (b) 专业人士推荐   (c) 香

图 3-19 宣传视频截图

接下来开始测试，发现效果最好的是"香"，有 8.7 万个点赞。视频脚本如图 3-20 所示。

图 3-20　视频脚本

爆款视频有了，已经完成了"从多到一"的步骤。接下来要实现"从一到多"，从这个点发散出去。"测爆款，做微调"，把爆款素材的元素拆开，做一些微调。

怎么调呢？

首先最简单的是同一个演员换套衣服。这个演员能起量，不一定是因为她特别美，可能是因为用户刚好喜欢，所以让她换套衣服再拍，同时更换文案。如图 3-21 所示，爆量了，2.9 万个点赞。点赞量过千就是爆款了，过万的话肯定卖爆了。

然后，可以换演员。找另一个符合条件的女性，穿同样的衣服，用同样的场景，配同样的音，再拍一版。

如图 3-22 所示，爆量了，4.4 万个点赞。

还能怎么微调呢？

如果演员形象普通一些，更能让大众用户有代入感。于是找一个形象比较居家、不打扮、身材普通的演员，从浴室场景换成居家场景拍了一版，如图 3-23 所示，还是很跑量，2 万个点赞。

图 3-21　演员换套衣服　　　　图 3-22　更换演员　　　　图 3-23　换形象更居家的演员

换演员、换场景是始终可行的思路，但都得真实拍摄，成本比较高。有没有成本更低的方式呢？

做混剪吧，修改前 3 秒。

案例如下：

❑ 去掉开头的"你好香啊，宝贝"，直接介绍产品；

❑ 前 3 秒加上优惠活动；

❑ 前 3 秒加上专业人士推荐；

❑ ……

第一版的流量最高，1.4 万个点赞，如图 3-24 所示。

图 3-24 不同混剪的流量对比

这组文案堪称"神文案"，上千个视频用过，屡屡出爆款。单个视频的宣传效果很容易衰退，通过创意乐高的方式做微调，就能一直火下去。

总结一下操作要点。

☐ **从多到一**：先做产品和竞品分析，找出尽量多的卖点。

☐ **大量测试**：找出爆款素材。

☐ **从一到多**：出现爆款素材之后，迅速"翻拍"。用创意乐高的方式，换服装、换演员、换场景、换前 3 秒，延长素材的生命周期。

可以说脚本撑起了千万销售额。

第 4 章

关于定向，你想知道的都在这里

定向是广告投放的必备功能。关于每一个功能的具体用法，我的上一本书《信息流广告入门》做过详细介绍。本章我们讨论定向的本质和使用过程中抽象出来的规律，帮助大家建立定向使用的体系化思路。

4.1 定向有用吗

很多人说通投效果就很好，那么还要不要加定向？加定向有用吗？

4.1.1 定向的本质

定向的本质是找人。

我们会通过样貌、穿着判断一个人的性别，媒体也会通过用户行为推断用户特征。

媒体可以通过用户的登录信息、手机上安装的 App、搜索记录、浏览记录及转化记录等一系列信息，确定用户的喜好、特征并展现在广告后台，如图 4-1 所示。让广告主能够找到目标用户，这个过程称为"定向"。

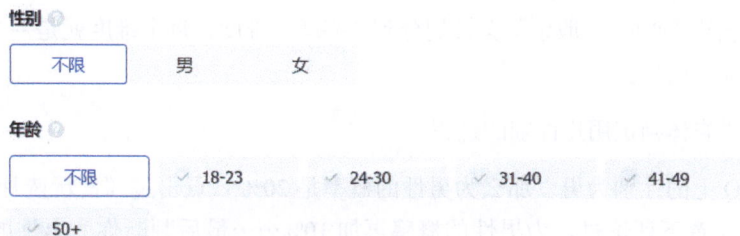

图 4-1　定向选择

比如你选择以微博账号登录今日头条，那今日头条会识别你在微博上的性别、年龄，作为用户画像的参考维度，如图 4-2 所示。

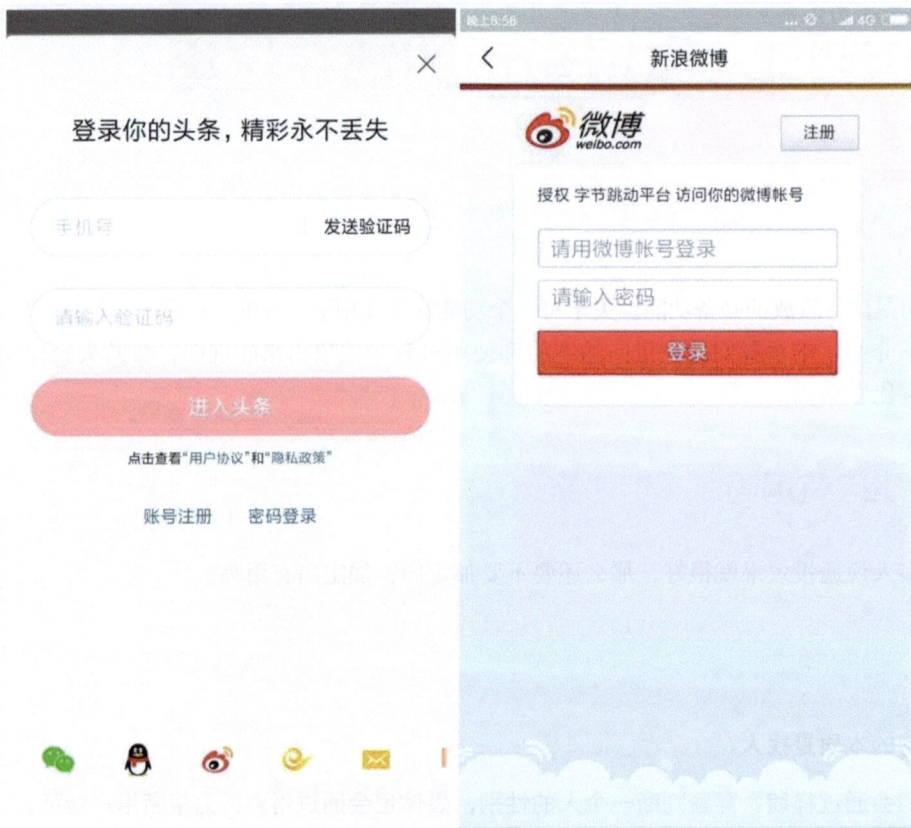

图 4-2 授权登录

每个人身上都有很多标签，比如我身上的标签可能是"女""养狗""橙子""西瓜""股票"等。有了标签之后，媒体会将其提取为一个个维度来划分用户，比如"女"会被划分到"性别"维度、"养狗""橙子""西瓜""股票"会被划分到"兴趣"维度，每个维度就是一个定向。所以，定向的作用就是筛选用户。

下面简单讲讲媒体判定用户性别的过程。

比如你在 QQ 上的性别为男，那么为男性的概率是 20%；点击过《贪玩蓝月》广告，在电动汽车充电测评文章下评论过，为男性的概率再加 10%……最后判断你为男性的概率是 75%，则标记为男性。

但是媒体毕竟没看过你的身份证，所以这样判断并不完全可靠。如果在后台可以选择"判断为男性的可能性大于 60%、70%、80% 的用户"，广告投放就会复杂很多。为了方便用户使用，媒体直接设置"可能性大于多少定义为男性，否则定义为女性"。最终呈现给用户的只有一个选项"是否为男性"。

从技术上来讲，定向可以具体到把广告投放给某一个手机号、设备号所属的人。但随着《个人信息保护法》的出台，定向的粒度会变粗。现在各媒体都提供了一键关闭个性化推荐的功能，如图 4-3 所示。用户如果选择关闭该功能，就不会再收到个性化广告了，也就是定向能发挥的作用在变小。

提问：是否我定向的是什么样的用户，获取到的就是什么样的用户？

明确地说：对！

这就是广告系统的基本规则——**只能在你定向的范围内找用户**。即使系统在你定向的范围内找不到用户，那么最多就是不花钱，广告投放不出去，而不应该超出定向范围乱投。

图 4-3　管理个性化广告

4.1.2　常见定向分类

我们将巨量引擎的定向简单分为自然属性和兴趣爱好，划分的标准是能否明显反映用户喜好。

比如 Wi-Fi、地域不能明显反映用户喜欢什么，但是关注过哪个抖音达人、浏览过什么内容则能在一定程度上反映用户的偏好。

按照这个标准，我们将巨量引擎常用定向划分如下。

自然属性：广告位置、地域、性别、年龄、平台、设备类型、网络、已安装用户、过滤已转化用户、运营商、新用户、手机品牌、手机价格、职业状态，如图 4-4 所示。

图 4-4　自然属性

广告位置在后台没有被划分到定向里，但它也可以对用户进行粗粒度的筛选，所以我们将其加在了自然属性定向里。

兴趣爱好：自定义人群、行为兴趣、抖音达人，如图 4-5 所示。

这么多的定向，哪些是重要的呢？

我按照重要程度将它们分成了 3 类。

图 4-5　兴趣爱好

- □ **非常重要**：广告位置、自定义人群、行为兴趣、抖音达人。
- □ **一般重要**：性别、年龄、地域、平台。
- □ **不怎么重要**：设备类型、网络、已安装用户、过滤已转化用户、新用户、运营商、手机品牌、手机价格、职业状态。

我们在设置的时候需要特别注意前两类，一定要搞懂，多做测试，后面的定向不用太在意。

其中，过滤已转化用户虽然一般影响不大，但还是要选上，避免已转化用户重复看到广告。建议选择过滤掉 12 个月内公司账户下的已转化用户，如图 4-6 所示。

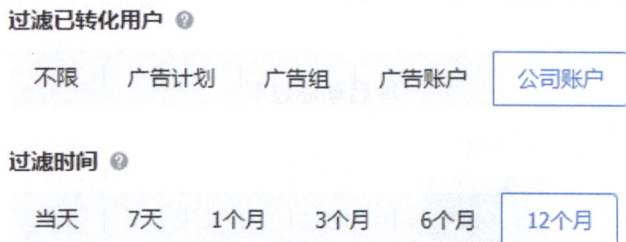

图 4-6　过滤已转化用户

关于每个定向的详细用法，我的上一本书《信息流广告入门》中有详细说明，这里不多做介绍。

4.1.3　投放智能化，定向还有用吗

定向的作用我们已经知道了。现在有另外一种流行的投放思路，俗称"通投"，即不加任何定向。它的效果也不错，可以把它叫作"投放智能化"，这是为什么呢？

先来看广告投放的"冰山模型"，如图 4-7 所示。

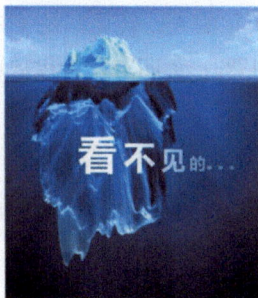

图 4-7　广告投放的"冰山模型"

投放广告的时候，我们能看到定向功能，看不到系统模型。**即使不做任何定向限制，模型也会对人群进行筛选，起到找人的作用。**

既然模型能找人，那定向还有用吗？

有用，定向能帮助模型找人。

巨量引擎公布过数据：在 SMB 业务线（中小客户），定向类计划的 7 天冷启动通过率约为 41%，而非定向类计划仅为 23%，如图 4-8 所示。所以加定向能提升冷启动通过率。

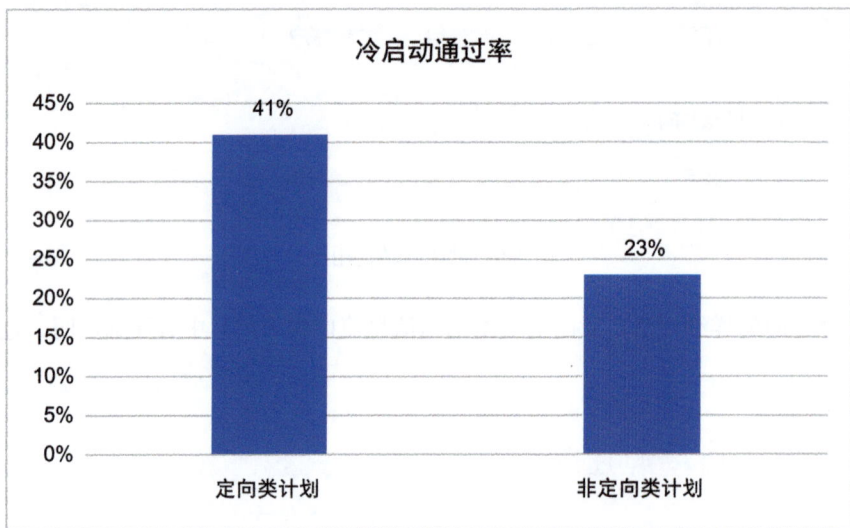

冷启动通过率

图 4-8　冷启动通过率

这也很好理解，定向首先从所有用户池里圈定一个范围，然后模型从中找目标用户，所以能够提升模型找人的准确率。假设转化环节不变，那么模型找人准确率的提升就意味着转化率提升。比如原本系统从 10 000 人中找到 100 个转化的人，转化率是 1%；现在你圈定了 6000 人，模型从其中找到 70 个转化的人，转化率约为 1.17%，定向对广告投放就起到了正向的作用。

定向的另外一个作用是拓展新用户。人使用定向基于先验经验，我们认为什么样的用户能够转化，就圈定什么样的人群；系统模型找人基于后验经验，数据显示什么样的人转化了，就会持续去找与之相似的用户。举一个极端的例子，假如一款产品投放的时候碰巧都是男性在买，那么模型就会一直找男性用户。这时候如果我们只定向女性，就可以强行纠正系统从女性中找人，扩展了用户范围。实际投放的时候，这种情况也是真实存在的，只是系统偏差的粒度会更细，比如局限于某一个细分兴趣标签下的用户。

再说一下关于投放智能化的问题。广告系统越成熟，定向发挥的作用就会越小，因为系统已经累积了大量数据，不需要依赖人的先验经验，知道什么样的用户会对什么样的广告产生转化；相反，系统越新，定向的作用就会越大，这是机器学习本身的特点。例如，巨量引擎的通投效果就挺好，而巨量千川是 2021 年上线的，所以更依赖人工定向；腾讯广告以前是否加定向效果差别很大，现在对定向的依赖越来越小；而像 bilibili、小红书这样的新兴平台，肯定是加定向效果会更好。

总结一下：随着广告系统越来越成熟，定向的作用会逐渐削弱。但定向始终有用，能提升系统找人的准确率。因此，我们要积极研究各媒体的产品功能，以更好地找到目标用户。

4.2　定向设置的常见误区

定向设置有两个常见的误区，下面详述。

4.2.1　定向过窄

系统找到目标用户的过程可以用下面这个公式来表示：

$$找到目标用户量 = 人群范围 \times 转化率$$

设置定向的好处和坏处都显而易见。

☐ 好处：精准。
☐ 坏处：人变少了。

所以，设置定向的时候，不能只考虑是否精准，还需要考虑人群范围。如果人群范围过窄，就容易导致钱花不出去。图 4-9 所示的是定向过窄的系统提示。

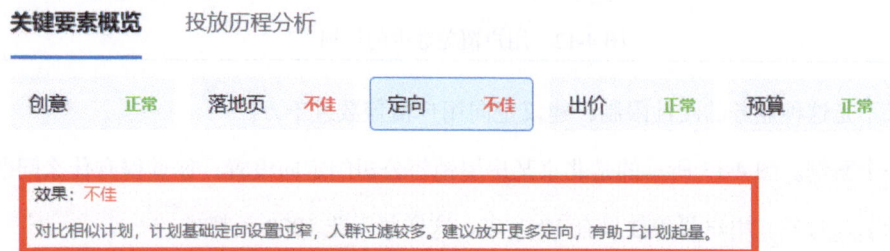

图 4-9　定向过窄的系统提示

那怎么算是定向过窄呢？在巨量引擎投放时，一般建议用户覆盖数在千万以上，如图 4-10 所示。

预估定向

广告展示数 ②   用户覆盖数 ②

1.26 亿   **1245.00** 万

图 4-10　预估定向

为了防止定向过窄，有两条建议。

☐ **不要多个窄定向叠加使用。** 常见的窄定向有自定义人群、行为兴趣意向、抖音达人、新用户（指刚使用抖音集团产品的用户，如图 4-11 所示），建议每条计划只使用一个。

新用户 ②

不限   一个月以内   ✓ 一个月到三个月   三个月以上

图 4-11　新用户

☐ **窄定向和基础定向不要叠加使用。** 如果你选择了比较窄的定向，那么建议放开基础定向。如果你只做本地生意，用户覆盖数只有几百万，那也没关系，定向很窄也不会完全没量。

有一条广告计划，系统预估用户覆盖数约 190 万，实际产生了 170 多万次曝光，单天消耗也可以过万元，累计花了约 12 万元，如图 4-12 所示。

消耗(元) ↕	展示次数 ↕	点击率 ↕	平均千次展现费用(元) ↕	点击次数 ↕
119,817.16	1,735,077	3.18%	69.06	55,223

图 4-12　用户覆盖数少的计划

但如果不是这种业务的硬性限制，建议定向用户覆盖数过千万。

来看一个案例。图 4-13 所示的是北京某房屋销售公司的定向设置，你觉得有什么问题吗？

人太少了，对吧。用户覆盖数只有 17 万多，这样每天花 1000 元都难。

那怎么办呢？我们来分析一下。

地域是硬性限制，这个没办法；年龄定向和过滤已转化用户没问题，是强需求，过滤的人也不多，可以保持不动。

问题是不应该再叠加窄定向了。

首先，不要限制新用户，否则人太少了，放开就有 200 多万人了，如图 4-14 所示。

其次，可以把广告位放开。现在是不同的广告位分开创建计划，毫无必要，人多一些更有利于计划培养。我们把除穿山甲（一般会单独创建）外的广告位都放开，这样受众就有 600 多万了，如图 4-15 所示。

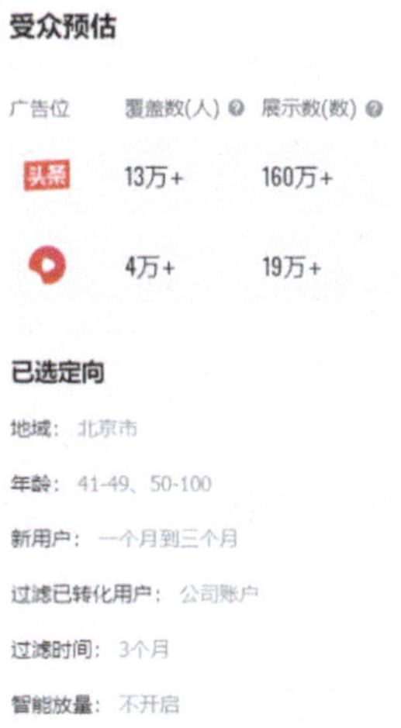

受众预估

预估覆盖日活量较少

广告位	覆盖数(人) ❷	展示数(数) ❷
头条	200万+	2000万+
▶	45万+	220万+
♪	23万+	190万+
♪	380万+	2000万+
🍊	20万+	150万+
😊 ❷	<1万	<1万

受众预估

广告位	覆盖数(人) ❷	展示数(数) ❷
头条	13万+	160万+
▶	4万+	19万+

已选定向

地域：北京市

年龄：41-49，50-100

新用户：一个月到三个月

过滤已转化用户：公司账户

过滤时间：3个月

智能放量：不开启

图 4-13 初始受众预估

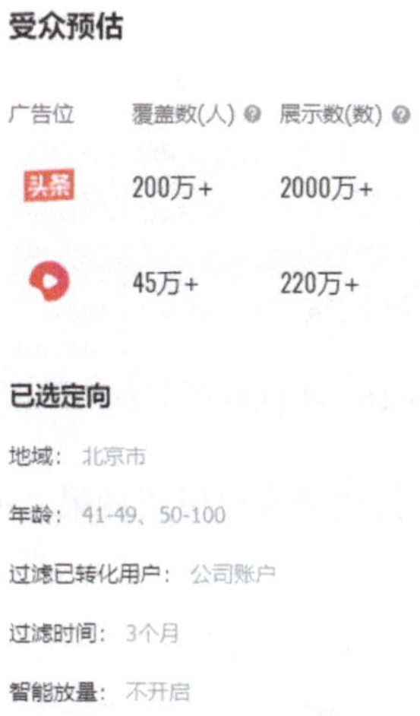

受众预估

广告位	覆盖数(人) ❷	展示数(数) ❷
头条	200万+	2000万+
▶	45万+	220万+

已选定向

地域：北京市

年龄：41-49，50-100

过滤已转化用户：公司账户

过滤时间：3个月

智能放量：不开启

图 4-14 不再限制新用户

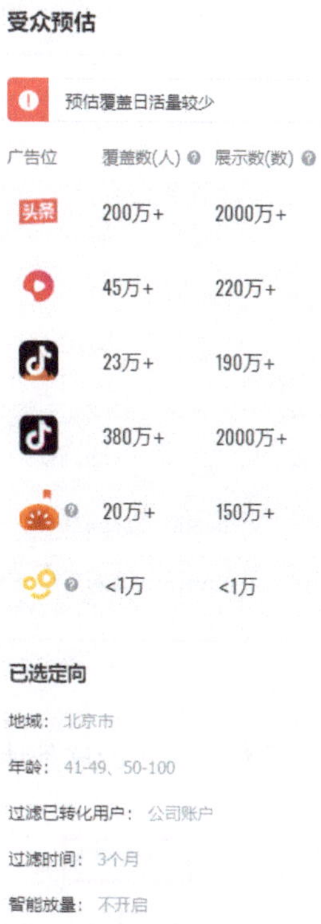

已选定向

地域：北京市

年龄：41-49，50-100

过滤已转化用户：公司账户

过滤时间：3个月

智能放量：不开启

图 4-15 放开广告位

有了 600 多万人的基数之后，还可以做个对比测试：部分计划就这么投放；部分计划加上行为兴趣定向或人群包来提升人群的精准度。

4.2.2 排除"偏远地区"

在广告投放界似乎有一个默认的"优化思路"——排除"偏远地区"。你要追问原因，大家一般会说"偏远地区"没什么量或者用户质量不好。

先来思考一个问题：我们投放广告的时候，排除的是量少的，还是用户质量不好的？

如果你排除"偏远地区"是因为人群少，那就很奇怪了：蚊子腿不是肉？为什么量少就不要了？

至于"用户质量不好"，谁说的？有数据证实吗？

如图 4-16 所示的广告计划，在香港、澳门、西藏这些地区的成本远低于上海、北京这些一线城市，为什么要将其排除呢？

省级地域	展示数	点击数	点击率	总花费(元)	平均点击单价(元)	平均千次展现费用(元)	转化数	转化成本	转化率
澳门	13991	379	2.71%	151.32	0.40	10.82	7	21.62	1.85%
香港	33153	853	2.57%	298.81	0.35	9.01	13	22.99	1.52%
北京	1240543	27909	2.25%	15237.27	0.55	12.28	594	25.65	2.13%
重庆	1412390	23350	1.65%	9846.74	0.42	6.97	375	26.26	1.61%
海南	507154	11031	2.18%	3995.28	0.36	7.88	152	26.28	1.38%
上海	1362262	32786	2.41%	15843.06	0.48	11.63	570	27.79	1.74%
广西	1836704	34257	1.87%	11851.01	0.35	6.45	420	28.22	1.23%
西藏	100249	1482	1.48%	649.51	0.44	6.48	23	28.24	1.55%
四川	3018716	51917	1.72%	21422.28	0.41	7.10	729	29.39	1.40%
云南	1396992	24013	1.72%	9839.79	0.41	7.04	334	29.46	1.39%

图 4-16 不同地区的投放数据

图 4-17 所示的这条计划更明显，新疆是账户里消耗最大并且成本最低的地区。

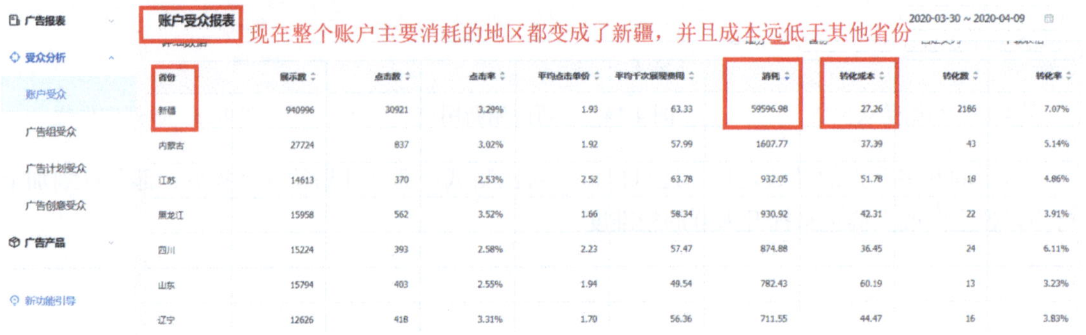

省份	展示数	点击数	点击率	平均点击单价	平均千次展现费用	消耗	转化成本	转化数	转化率
新疆	940996	30921	3.29%	1.93	63.33	59596.98	27.26	2186	7.07%
内蒙古	27724	837	3.02%	1.92	57.99	1607.77	37.39	43	5.14%
江苏	14613	370	2.53%	2.52	63.78	932.05	51.78	18	4.86%
黑龙江	15958	562	3.52%	1.66	58.34	930.92	42.31	22	3.91%
四川	15224	393	2.58%	2.23	57.47	874.88	36.45	24	6.11%
山东	15794	403	2.55%	1.94	49.54	782.43	60.19	13	3.23%
辽宁	12626	418	3.31%	1.70	56.36	711.55	44.47	16	3.83%

图 4-17 不同地区的投放数据

但如果你有长期、明显的数据验证，“偏远地区”确实成本高（包括前后端成本），当然可以将其排除。

要不要排除“偏远地区”的参考方案如下。

- 先对所有地区通投，投放一段时间后逐个做数据分析，看成本高低（包括前后端成本）。
- 如果该产品在香港、澳门、西藏等地区基本分不到什么量，那么建议放开（我们排除的是成本高的，不是量少的）。
- 如果成本明显很高，则排除该地区（不把“偏远地区”归为一类，拆开单独看）。

❑ 如果数据不稳定，有的计划成本高，有的成本低，可排除也可放开（因为其他地区也一样不稳定，比如北京）。

❑ 如果后端成本在地区间有明显的数据差异，可以排除。比如贷款审批不过、电商无法邮寄。

总结一下：有长期、明显的数据表明某个地区投放成本高，可以将其排除；在数据不稳定的情况下，建议放开投放。

4.3 是否设置定向的标准

既然通投效果也挺好，那么什么时候应该加定向，什么时候不加定向呢？

定向的意义是帮助模型找人，也就是在投放初始阶段圈定一个范围，帮助模型"认人"。那要不要设置定向的标准就可以是：

你和模型谁找人比较准？你有多大把握？

找到目标用户的过程可以用下面这个公式来表示：

找到目标用户量 = 人群范围 × 转化率

加了定向就缩小了人群池子，导致人群范围变小；如果你找到的特征不一定比系统通投找到的特征准，还不如不设置定向。

比如你找了一个抖音"大V"拍广告，希望投放给他的粉丝，这时候用人群包"明确圈定"关注他的人，一定比系统自己找到的用户精确。

你会比较有把握的典型场景包括：

❑ 排除已转化人群，这是非常确定的；

❑ 对已转化人群进行拓展，这个的精准度也比较高；

❑ 行业人群包，例如游戏付费、贷款意向人群，也都基于确定的数据积累。

对于这些场景，都可以用定向来帮助模型找人。

是否要加定向还跟推广产品和考核目标有很大关系：

❑ 产品本身受众越广，越不需要定向，比如社交应用、小说平台、短视频应用、电商平台的日用品等；

❑ 产品本身受众越窄，越需要定向，比如保险产品、财税产品、游戏、电商平台的文玩等；

❑ 考核目标越深，越需要定向，比如考核ROI、获客成本；

❑ 考核目标越浅，越不需要定向，比如考核激活成本、注册成本。

如果你推广一款游戏，转化目标是付费，目标人群特征就比较难找，可以用自定义人群或系统推荐定向进行干预。

如果你推广一款贷款产品，转化目标是注册，媒体已经积累了大量行业数据，目标人群特征就比较好找，可以放开定向。

除此之外，是否要加定向跟同行业历史投放量也有关。历史投放量越大，模型越知道什么样的用户会转化，越不需要定向；历史投放量越小，模型就越不知道什么样的用户会转化，越需要定向。如表 4-1 所示。

表 4-1　同行业历史投放量

同行业历史投放量	产品受众范围	考核目标	是否需要定向
小	窄	深	需要
大	宽	浅	不需要

实际使用的时候，对一款产品往往会使用多种定向思路。接下来我们具体介绍定向设置的 3 种常见思路。

4.4　定向设置的 3 种常见思路

定向细说起来有很多种，但大体可以归纳成两种：**宽定向**和**窄定向**。

- ❑ **宽定向**的人群覆盖范围广，一般认为更容易花钱。想放量就把定向放宽，甚至不设定向。以巨量引擎为例，用户覆盖数在 5 亿以上视作宽定向。
- ❑ **窄定向**的人群覆盖范围小，一般认为更容易控制成本。想降低成本就加上一些定向。仍以巨量引擎为例，用户覆盖数在 5 亿以下视作窄定向。

在广告投放里，定向还有一个常见用法：刚开始投放时设置成窄定向，投放一段时间之后把定向放宽，俗称"先窄后宽"。

举个例子。假设我给游戏类产品投放广告，一条广告刚开始投放，加上年龄和人群包的限制，等到积累了一些转化后，再把现有定向放开，让广告跑出更多的量。

接下来具体讲讲这 3 种思路。

4.4.1　宽定向

一般的产品实施通投没问题，不加任何定向，广告投放效果也还可以。有的时候，一个账户有的计划加定向，有的计划不加定向，反倒是不加定向的效果更好。

巨量千川的"极速推广"计划其实就是不加定向的计划，如图 4-18 所示。

推广方式

极速推广 只需简单设置，系统助力智能化投放	**专业推广** 可自定义更多投放和创意设置，支持更丰富的定向人群选择

图 4-18 推广方式

比如图 4-19 所示的某日用品的电商账户，累计销售额 100 多万元，其中销量最大、ROI 最高的计划就没有加定向。

计划名称	操作			消耗(元)	直接支付ROI	直接成交订单数	直接成交金额(元)
				302,629.01	3.35	18,503	1,014,077.08
无定向 极速·快速推	编辑	复制	⋮	25,106.99	6.52	843	163,735.40
行为兴趣... 极速·快速推	编辑	复制	⋮	10,000.00	3.71	721	37,139.42
加DMP 专业	编辑	复制	⋮	9,303.37	2.04	415	19,017.33
基础定向 专业	编辑	复制	⋮	8,331.79	1.98	541	16,495.52
只投粉丝 极速·快速推	编辑	复制	⋮	7,924.01	2.82	214	22,384.76
只投粉丝 极速·快速推	编辑	复制	⋮	6,987.10	4.32	649	30,185.88

图 4-19 无定向的计划

除了完全不加任何定向，对人群略加限制也算宽定向。

比如行为兴趣意向选择"系统推荐"，或者只选某一个性别，都算宽定向，如图 4-20 所示。

总结：宽定向的效果是可以的。

行为兴趣意向 ⓘ

不限	系统推荐	自定义

图 4-20 行为兴趣意向

4.4.2 窄定向

虽然宽定向的效果是可以的，但实际操作的时候，一般不会只投放宽定向的计划，而是宽定向和窄定向的计划同时投放。

那窄定向具体怎么设置呢？

答案是"想怎么设置就怎么设置"。

你觉得什么样的用户会买你的产品，就可以选择什么样的用户。行为兴趣意向定向、抖音达人、自定义人群都可以使用。

因为定向属于"非杀伤性工具"（出价、投放目标属于"杀伤性工具"），所以只要你觉得能"自圆其说"，都可以尝试，不存在"这样做是对的，100 分；那样做是错的，30 分"的情况。

例如，要卖一款小学生书包，怎么设置定向呢？

小学生不会自己买书包，基本是由家长来买，其中妈妈居多，并且她们在买书包之前，应该了解过相关信息。所以我们有两个方案。

(1) 选择 31~40 岁的女性用户，排除不发货的地区，再用行为兴趣意向定向筛选对书包感兴趣的人，用户覆盖数为 7470 万，如图 4-21 和图 4-22 所示。

定向设置 ✎		行为兴趣意向	自定义
		行为关键词	包、背包、腰包、单肩包、挎包、皮包、肩包、包包、休闲包、背包客、书包男、书包女
地域	北京、天津、河北、山西、内蒙古、辽宁、吉林、黑龙江、江苏、浙江、安徽、福建、江西、山东、河南、湖北、湖南、广西、海南、重庆、四川、贵州、云南、西藏、陕西、甘肃、青海、宁夏、新疆、台湾、香港、澳门、广东(广州、韶关、深圳、珠海、汕头、佛山、江门、湛江、茂名、肇庆、惠州、梅州、汕尾、河源、阳江、清远、东莞、中山、潮州、云浮)	行为类目词	箱包、运动包、中小学教育、早教与学前教育、生活日用、旅游
		行为场景	资讯互动行为、APP推广互动行为、电商互动行为
		行为天数	365天
		兴趣分类	服饰鞋帽箱包、运动鞋包
用户地域类型	正在该地区的用户	兴趣关键词	包、包包、背包、双肩包、皮包、斜挎包、挎包、单肩包、手提包、手拎包、牛皮包、真皮包、斜跨包、男包、箱包、帆布包、小包、大包、商务男包、名包、学生包、男士包、牛皮钱包、钱夹、行李包、男士单肩包、出差包、大容量手提包、横款单肩包、链条包
性别	女		
年龄	31-40		

图 4-21 方案一

预估定向

用户覆盖数 🔵

7470.00 万

图 4-22　预估定向

(2) 选择与书包相关的抖音达人账号，如图 4-23 所示，排除不发货地区。因为抖音达人定向很精准，所以基础定向不用设置。该方案的用户覆盖数为 1020.87 万，如图 4-24 所示。

| 不限 | 自定义 |

通过选择抖音达人或达人所在分类，定向对这些内容感兴趣的用户　了解详情

定向与以下达人产生　　关注 ×　　12　∨　　互动的用户，时间范围取　　近60天 ∨　🔵

🔍 支持搜索抖音达人、抖音昵称或抖音达人所在分类

添加达人分类	添加抖音达人

还可添加 0 个		清空
分类 0 抖音号 30		

达人分类

内容	预估覆盖人数	
□ 全选	卡拉羊书包...	3.1万	✖
□ 时尚 粉丝数量 4.3亿	七星狐品牌店	23.3万	✖
	艾弈AspenS...	90.9万	✖
□ 个人管理 粉丝数量 3.9亿	卡拉羊总裁...	59.1万	✖
	卡拉羊书包...	3.0万	✖
□ 二次元 粉丝数量 2.7亿	KVG品牌直...	38.5万	✖
□ 生活 粉丝数量 4.1亿	东翔箱包	30.2万	✖
	KVG旗舰店	36.6万	✖
□ 人文科普	kocotree官...	128.8万	✖

图 4-23　方案二

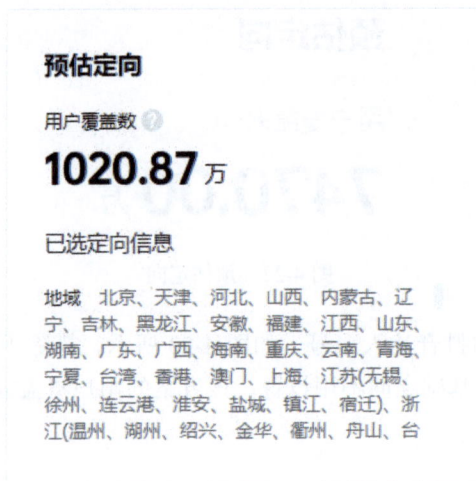

图 4-24 预估定向

再来看一个案例。图 4-25 和图 4-26 所示的是一个卖增高鞋垫的账户的定向设置和预估定向，你觉得如何？

图 4-25 账户定向设置（一）

兴趣 ⑦

请输入兴趣类目词或关键词

| 类目词 | 关键词 | | | 已添加兴趣 3 / 347 | 清空 |

类目词: 3 关键词: 0

宿包		鞋靴		时尚女鞋		全部 ∨	覆盖人数
	>	■ 全选		■ 全选		增高鞋	10万
		■ 流行男鞋	>	凉鞋		内增高	70万
饰	>	■ 时尚女鞋	>	单鞋		高跟鞋	25万
品				☑ 内增高			
	>			☑ 高跟鞋			
	>			马丁靴			
	>						

高跟鞋相关词: 更多 >

+女鞋 +高跟 +长靴 +粗跟 +坡跟鞋 +女人味 +鱼嘴鞋 +女

使用自动选词 ⑦

图 4-25 账户定向设置（二）

预估定向

广告展示数 ⑦   用户覆盖数 ⑦

2467.00 万 **232.00** 万

已选定向信息

地域 不限

性别 不限

年龄 不限

行为场景 电商互动行为

图 4-26 预估定向

预估用户覆盖数只有 232 万，不符合"用户覆盖数要过千万"的原则。那问题出在哪儿呢？

除了行为兴趣意向定向之外，什么都没限制。

因为把行为兴趣意向定向限制得太死了。虽然增高鞋垫是个比较小的类目，但只选对增高鞋、内增高感兴趣的人群，结果就是人太少了。

增高鞋垫的受众多是注重服饰和外貌的年轻群体，男女都有，所以可以把定向放宽到对衣服、鞋感兴趣的人，这样才能平衡精度和用户数。

- ❑ 把时间拉长，选择 365 天发生过电商互动行为的用户。
- ❑ 选择"服饰鞋帽箱包"类目，排除"珠宝首饰""内衣"和"文玩古董"这些相关性比较弱的类目，如图 4-27 所示。

图 4-27　放宽定向

最终预估用户覆盖数是 2.87 亿，如图 4-28 所示。

预估定向

广告展示数 ⓘ　　用户覆盖数 ⓘ

30.50亿　　**2.87**亿

已选定向信息

行为场景　电商互动行为

行为天数　365天

行为类目词　鞋靴、时尚饰品、服饰、箱包

兴趣类目词　鞋靴、时尚饰品、服饰、箱包

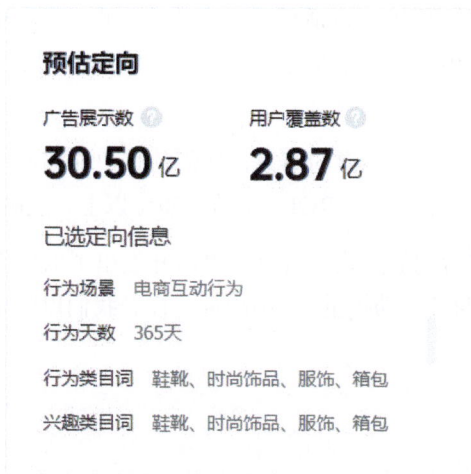

图 4-28　预估定向

对于一些客单价很高的产品，比如我做过一个直播培训课程的广告，3000 元每节课，加了直播培训相关定向的计划和不加该定向的计划，ROI 相差 5 倍以上。

4.4.3　先窄后宽（推荐）

我更推荐"先窄后宽"的定向方式，如图 4-29 所示。

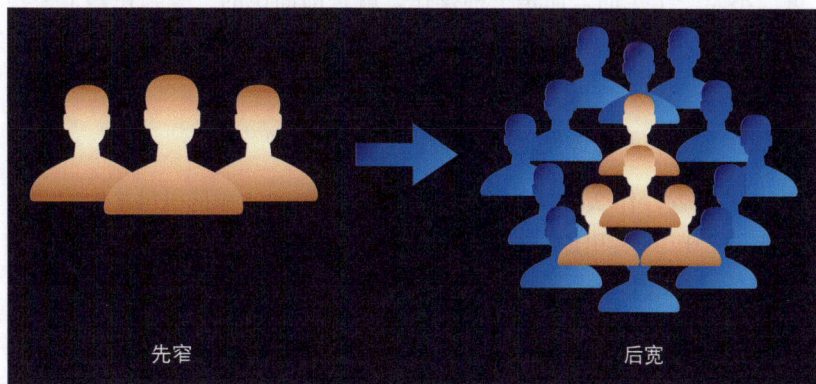

先窄　　　　　　　　　　　　　　后宽

图 4-29　先窄后宽

前期用窄定向，帮助系统找到精准用户，等到积累了一些转化后，再放宽定向，扩大人群范围。

这种思路不仅适用于计划维度，也适用于账户维度。账户刚开始投放计划，先用窄定向，有一定量之后再用宽定向。相比一直用宽定向，采用这种方式的账户模型更稳定，更容易持续跑量。

讲一个典型案例。有一个卖尿不湿的商家，他们的账户前期都用窄定向，账户跑起来之后不再加定向，账户模型比较稳定，广告 ROI 一直在 350% 以上，远高于业内平均水平。

因为大家普遍采用先窄后宽的方式，所以各媒体开发出了取代人工操作的功能，巨量引擎叫"智能放量"，腾讯广告叫"自动扩量"，用法都一样。我们以腾讯广告为例介绍一下这个功能的用法，如图 4-30 所示。

图 4-30 自动扩量

"自动扩量"不是一个定向，而是一种操作，就是前面说的"等到积累了一些转化后，再把现有定向放开，让广告跑出更多的量"。只是这个过程是自动发生的，我们感知不到什么时候进行。

那系统"自动扩量"和人工放宽定向，哪个效果更好呢？

人工放宽定向的时候，什么时候放宽、放宽到什么程度，都是很粗略地判断并实施。常见的操作是转化数超过 20，或者更谨慎一点，转化数超过 50、100 时，就把定向放宽。比如打算放开地域定向，我就随机放开几个地区或者全部放开，因为也的确没有什么依据。

系统则加了一点算法，它会根据已转化人群的特征来放宽定向，肯定比我们随便猜强。所以我觉得这个功能不妨一试。因为篇幅有限，想了解这个功能的详细用法，可以访问公众号"三里屯信息流"，后台回复"自动扩量"，就能看到更多提问以及我的回答。

第 5 章

最容易忽略的投放设置：竞价的使用方法

竞价是广告投放里最容易被忽略也被误解最多的一个环节。原因很简单，定向、创意在后台直接能看到显性功能，但是竞价过程我们看不到。

早在 2017 年，我就发现竞价是广告投放中非常重要的一环，所以在行业里率先提出了竞价相关的方法论，这几年逐渐完善，形成了"紫水晶模型"。它包含出价、预算、新建、关停 4 项，如图 5-1 所示。各项的具体用法我会结合案例逐一说明。

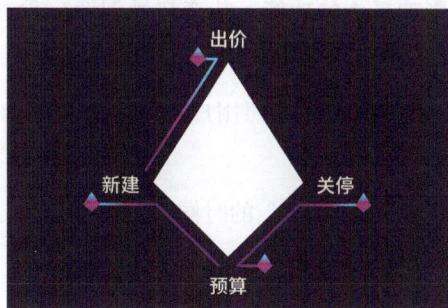

图 5-1　广告竞价"紫水晶模型"

5.1　广告投放的"王者"键：出价

要问广告投放里最关键的设置是什么？我会毫不犹豫地回答：出价。

为什么？

因为出价直接决定了获客成本，也就决定了广告主是亏还是赚。当一款产品想要快速占领市场的时候，最直接的手段就是提高出价；当想要赚取利润的时候，最直接的手段就是压价，能直接压低获客成本。

出价也是广告主最容易亏钱的地方。不明白出价的重要性、胡乱出价导致亏损几十万的例子屡见不鲜。

为什么出价这么重要？所谓出价，意味着你"愿意出的价钱"。在 oCPC、oCPM、CPA 等各种目标转化出价中，出价相当于你和媒体签的合同——我要以多少成本购买用户。出价不能高过这个成本，不然我就不买了。媒体也认可这个合同，如果成本跟出价差距太大，还会赔付。所以一般来说，转化成本≈出价。也就是说，出价≈获客成本。

你说出价关不关键？

接下来我会详细介绍这个功能的使用方法、规律以及常见问题。

5.1.1　转化目标应该怎么选

出价的全称是"转化出价"，它对应一个转化目标，比如转化目标是激活，出价就是激活出价；转化目标是付费，出价就是付费出价；转化目标是 ROI，出价就是按目标获取的 ROI 出价。一般转化出价假定转化目标已经定好，所以简称出价。

转化目标是对广告效果影响最大的功能，甚至超过创意。我看过上百款产品的广告投放，深度转化目标确实比浅层次转化目标效果好很多，甚至超出 10 倍、100 倍。

举个例子。某直播间的转化目标可以按照用户行为由浅到深分成进入直播间、直播间商品点击、直播间成交等。

同一场直播的投放，选择"进入直播间"的时候，ROI 是 4%；选择"直播间成交"的时候，ROI 是 445%，提升了 100 多倍，如图 5-2 所示。

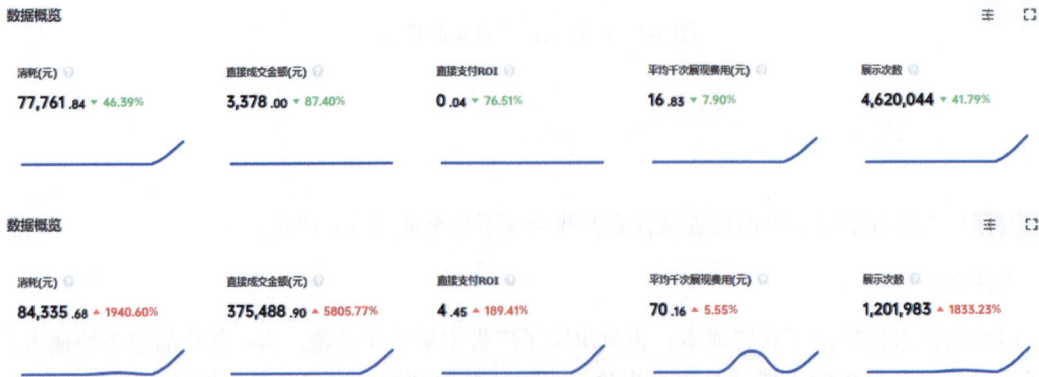

图 5-2　数据概览

这绝不是个例，而是体现了系统强大的找人能力。**其原理是系统只对转化目标负责，你选择什么转化目标，系统就会找最有可能产生相应行为的用户，不管其他因素。**比如你选择了"进入直播间"，系统就会找最有可能进入直播间的用户，而不管他会不会购买商品；你选择了"直播间成交"，系统就会找最有可能成交的用户。

试想，如果你是系统，有一个用户可能会成交，你会将其分给谁呢？是分给选了"进入直播间"的广告主，还是分给选了"直播间成交"的广告主？肯定是后者，分给前者不是浪费嘛！

相应地，选择"进入直播间"，它的CPM（平均千次展现费用）远低于选择"直播间成交"：一个是16.83元，一个是70.16元，差了近3倍。这也很好理解，转化目标越深，用户就越"贵"。有一些广告主常说"哎呀，这个CPM怎么这么高！投手赶紧让它降一降"。对此我一般只会笑笑：你选择浅层次转化目标，CPM就会降了。

媒体只对转化目标负责，不管CPM、CTR、商品点击成本等过程指标，那投手就更没办法了。

广告投放系统的发展，就是转化目标由浅到深的过程。以在巨量引擎投放App下载为例，最早只支持点击出价，也就是媒体只对点击成本负责，后来逐渐增加了激活、激活且注册、激活且付费、每次付费、ROI出价等转化目标，用户行为越来越深。到ROI出价基本就到头了，毕竟广告主用ROI出价类似于和媒体以分成模式合作。转化目标越深，广告投放效果越好控制。

选择什么样的转化目标是看一个人懂不懂广告投放最简单的试金石。越是初级的广告主，越会选择浅层次的转化目标，结果当然是亏钱。

请大家鉴定投放领域的一个常见说法：出价越高，用户质量越高。你觉得对吗？

听起来好像很有道理，谁出价高，媒体就会把高质量用户卖给谁。但其实不然，这是从人的角度做的感性判断，而系统只看广告主的设定。如果你选择了"激活且付费"，系统就会把愿意付费的用户分给你；如果你选择了"激活"，系统就只会分给你激活成本低的用户，而不会管他们是否愿意付费。

你想的是："我虽然转化目标选择的是激活，但谁做生意不为赚钱啊，我没选ROI，媒体就不知道我想要ROI高的用户吗？不会把这类用户分给我吗？"对不起，媒体真的不知道。技术是"冷漠无情"的，你选择了"激活"，媒体就会给你找可能激活的人；选择了"付费"，媒体就会给你找可能付费的人。媒体只对"转化出价"负责，别的一概不管。

因此，想获取高质量用户，就选择深度转化目标。这就是规则，别的都是胡扯。

选择深度转化目标是一个重要但简单的操作。对于一些产品，转化目标选什么还有更深的门道，那就是把什么数据回传给媒体。

如果用户行为是在某一个媒体内完成的，就不需要广告主将数据回传给媒体。比如抖音电商，小店开在抖音内，那么用户的所有行为媒体都知道，不需要对接数据。但如果用户行为是在媒体外发生的，比如投放 App 下载，那么在用户激活一个新 App 之后，媒体就不知道用户在做什么了，因此需要将用户数据回传给媒体。广告主需要反复测试把什么数据回传给媒体能提升广告投放效果。

具体怎么测试，我们看一个网赚游戏产品对转化目标的优化过程。

最开始把激活作为转化目标，但是次日留存率非常低，只有百分之十几，3 日 ROI 为 30%。

这样肯定不行，于是开始尝试比较深的转化目标。转化目标肯定跟 ROI 直接挂钩比较好。网赚游戏盈利靠广告，所以尝试把转化目标定为用户看广告的次数，测试了这几种：

- ❏ 展示 3 次激励视频
- ❏ 展示 5 次激励视频
- ❏ 展示 10 次激励视频

结果是正向的，ROI 提升了。

ROI 除了跟用户看广告的次数有关，还跟每次广告的单价（eCPM）有关，于是加上了 eCPM 的测试：

- ❏ 展示 eCPM 为 40 的用户
- ❏ 展示 eCPM 为 50 的用户
- ❏ 展示 eCPM 为 60 的用户

将这两个指标组合成一个关键行为作为转化目标，次日留存率提升到了 30% 多，3 日 ROI 也翻倍了。由此可见转化目标设置的重要性。

总结：转化目标设置成什么，需要反复测试。一般选择最深的转化目标。

5.1.2 出价应该定多少

接下来讲讲选好转化目标后应该怎么出价。

先看一个案例。

一个卖酒的老板找我看他的直播间。他们做了 3 个月直播，广告投放亏了 30 多万元，问我怎么办。

我一看他的酒卖 189 元一套，广告出价 600 元，非常震惊，问他为什么这么出价。

他说，直客说大盘就得出 600 元，而且出 600 元也花不了多少钱。

你觉得他亏了这么多钱，问题出在哪里？

出价，对吧。出价看什么大盘，得看自己的产品。广告费比产品还贵，这不是给媒体捐钱吗？

那应该怎么出价呢？应该根据成本和预期利润，推算出广告的获客成本。比如售价 189 元，预期广告 ROI 是 200%，那么获客成本就应该是：189÷2≈95。

算出获客成本之后，因为"出价≈转化成本"，所以直接把这个作为出价的基准线就可以了。

为什么是"出价的基准线"，而不是直接这么出价呢？

因为最好**穿插出价**。这是什么意思？下面解释一下。

假设一款产品能接受的成本上限是 35 元，那么建议日常出价在 30~38 元，甚至 30~40 元，高高低低穿插出价。

与之相对的是整个账户只有一个出价。比如某人的 KPI 是成本控制在 20 元，而他所有的广告出价都是 19.99 元。这样做有什么坏处？

一是账户长期处在高压线上。出价 19.99 元，成本不可能都是 19.99 元，很可能是 23 元。那样就长期超出成本，没办法跟老板交代。

二是新素材一般要提价才能跑量。他的账户都是同一个出价，新素材没有得到"优待"，一些原本能跑量的素材很可能被"埋没"了，导致一直没量。

那穿插出价有什么好处？

一是有可能降低计划成本。一个账户里跑的最好的计划不一定是出价高的，可能因为创意好或者单纯计划模型好，使得出价最低的计划跑得更好。比如图 5-3 所示的这个卖洗衣液的账户。

还是假设 KPI 是成本控制在 35 元，如果你出价 35 元，不可能稳定获取成本为 30 元的用户，但如果出价 30 元，则存在稳定买到成本为 30 元的用户的可能性。

一旦低价计划跑出去了，就能拉低账户的整体成本，为那些出价 35 元、38 元的计划赢得宝贵的生存空间。

出价(元)	预算(元)	优化目标	消耗(元)	直接成交订单数	直接支付ROI	直接成交金额(元)
			265,375.32	8,062	1.75	464,122.69
出价最低，但投放量最大						
24.50	33,000.00 总预算	直播间成交	26,047.49	1,011	2.26	58,824.50
28.80	26,000.00 总预算	直播间成交	19,991.83	750	2.17	43,401.77
28.99	3,000.00 每日预算	直播间成交	19,052.61	619	1.79	34,041.43
35.80	50,000.00 每日预算	直播间成交	10,628.03	353	2.00	21,233.47
28.60	13,000.00 总预算	直播间成交	6,975.27	271	2.25	15,682.01
40.50	3,000.00 每日预算	直播间成交	6,290.31	180	1.83	11,481.20

图 5-3　出价高低与计划效果的关系

二是计划没量的时候提高出价的确能解决一些问题，所以日常出价可以比 KPI 高 10%~20%。

不过，这种穿插出价的思路使用起来得有侧重。比如你要创建 10 条计划，如果高出价、低出价均匀分配，那么很可能高出价花很多钱而低出价量很少，这样就违背了本意。所以建议高出价控制计划条数和预算，保证账户整体成本可控。建议新建 10 条计划，其中 1 条高出价，2 条低出价，7 条按 KPI 出价。

总结：目标获客成本是多少，就出价多少。要穿插出价，核心窍门是：要有一些出价低于 KPI 的计划。

5.1.3　新账户没量怎么办？提价

广告投放里最大的难题是新账户刚开始没量，该阶段叫作冷启动。度过冷启动阶段有很多办法，比如：

- □ 新建一条计划，小预算出高价，让系统对这条计划的数据有确切的参考，然后用这条素材新建一条计划，出价低一点，以大预算投放（帮助系统认识你的广告）；
- □ 转化目标越浅，越容易投放。先别用最深的转化目标，用倒数第二深的转化目标跑一些量再投放最深的转化目标，比如"ROI 出价"投放不出去就投放"付费"，有量之后再投放"ROI 出价"；
- □ 略微提高出价，提高竞争力；

❑ 使用放量投放；

❑ 复制几条相似的计划不同时间投放（竞争情况不同，可能排名有变化）；

❑ 先别关停计划，多等两天，可能过了赔付期就开始花钱了；

❑ 跑量素材被用户投诉多会被限流，要么修改素材，要么等着，过了限流期就又能投放了。

核心思路只有一个：新账户冷启动务必放宽 KPI，也就是提高出价。很多产品、账户投放失败，都卡在这一步。

新账户不提价，很难有量，无论是什么行业、什么产品。一般来说，提价 10%~40% 比较常见，极端情况下可以翻倍提价。

有一款休闲游戏在腾讯广告投放，正常情况下激活成本要求 3 元。有一个新账户投放了 1 周，每天花不到 100 元，一直没量，后来投手将出价提高 3 倍，账户金额才开始消耗。当然，投放出去之后再降低出价，成本也能降低。

可以说怎么提高出价是广告投放的关键操作，媒体的产品"一键起量"本质上也是提价。具体什么时候提价、提高多少都有讲究，下面详细介绍。

因为提价作为一种优化方式，总是伴随着降价，所以我们把这套操作手法叫作"出高价再降价"。

我会分成以下几个部分来讲：

(1) 原理

(2) 出高价之后的成本问题

(3) 降价过程中的技巧

(4) 一个失败的案例

(5) 技术总结

先来看看这么做的原理是什么。

1. 原理

原理是修正系统的预估。eCPM 的计算公式是 eCPM= 转化出价 × 预估点击率 × 预估转化率 ×1000，计划不跑量是因为 eCPM 低，而 eCPM 有 3 个影响因素，在计划设置不变的情况下，我们对点击率和转化率束手无策，只能通过提高出价来提升 eCPM。

如果你的计划真实的点击率和转化率不错，但系统认为它不好，那么它就跑不出去。这时候可以通过提高出价来提升 eCPM，让系统看到真实的点击率和转化率，修正它的预估。如果真实的点击率和转化率高了，那么即使降低出价，计划也能跑出去。

需要注意的是，出高价是为了修正系统预估，所以不能大规模投放，而要搭配小预算（例如 500 元、1000 元、2000 元），不然一不留神消耗几万元，就亏大了。

那是不是真实的点击率和转化率都一定高于预估呢？当然不是，肯定也有低于预估的情况。这就是出高价的一个风险：如果降低出价还能跑，这条计划就测试成功了，反之就测试失败了。

举例：一条广告计划出价 30 元，预估点击率和转化率低，没量；把出价提到 40 元，花了 2000 元，点击率和转化率提高了一些，如果这条计划本身可行，把出价降回 30 元还能继续跑；如果这条计划本身不行，那么降低出价就没量了。

出高价往往伴随着高成本，接下来看一下成本问题。

2. 出高价之后的成本问题

首先明确一点，转化出价对成本控制的原则是：**转化成本≤出价**。系统不会明白你在出价之外还有真实预期成本，也不会按你的真实预期成本进行优化。

所以转化成本低于出价都是正常的，可能低于也可能高于你的真实预期成本。同时系统会遵循一个原则：尽量让一条计划以它能达到的最低成本去跑。所以我们会看到很多转化成本远低于出价的情况。那出高价成本能不能符合预期呢？我们分两种情况来看，如图 5-4 所示。

先说成本符合预期的情况，此时就不用降低出价。这种情况可遇不可求，成本又低，计划竞争力又强（因为出价高，所以 eCPM 很高），简直完美。像图 5-5 所示的两条计划，转化目标都是安装完成，所以安卓安装完成成本就是转化成本。

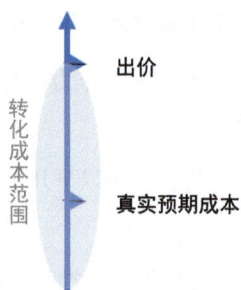

图 5-4 转化成本范围

图 5-5 转化成本

同样是 5 元多的转化成本，出价 40 元和出价 6 元一天的花费差很多。

但是它也有问题：转化成本可能随时上涨。拿上面第一条计划来说，现在转化成本是 5 元多，非常有可能涨到 10 元，因为你的出价是 40 元，只要低于出价系统就认为这是满足要求的。

而且在成本高的时候，投手很难控制。因为转化成本和出价之间有差值（我们把这个差值叫"缝儿"），所以没办法实现"降低出价就会降低成本"的效果，甚至可能降价之后成本反而上涨。比如图 5-6 所示的例子，出价从 40 元降到 35 元，安卓安装完成成本从 5.83 元涨到了 6.23 元。那怎么控制成本呢？除非把出价降到真实预期成本，否则实现不了。

出价(元)	预算(元)	总花费(元)	转化类型	广告质量度	展示数	点击数	点击率	平均点击单价(元)	平均千次展现费用(元)	安卓下载成本	安卓下载完成数	安卓下载完成率	安卓下载开始数	安卓下载开始成本	安卓下载开始率	安卓安装完成数	安卓安装完成成本
		5474.15			247130	14771	5.98%	0.37	22.15	1664		3.29	120.75%	1378	3.97	9.33%	1046	5.23
目标转化：40.00 oCPM	80000.00 按日预算	4605.79	安装完成	★★★★★	176905	12698	7.18%	0.36	26.04	1250	3.68	137.82%	907	5.08	7.14%	790	5.83
目标转化：35.00 oCPM	80000.00 按日预算	7193.86	安装完成	★★★★★	265358	18867	7.11%	0.38	27.11	1781	4.04	135.69%	1319	5.45	6.99%	1115	6.23

降价前，出价40元

降价后，出价降为35元

出价降低5元，安装完成成本反而升高0.4元

图 5-6 出价与成本的关系

因为系统的任务是"让转化成本低于出价"，而在已经低于出价的范围内，成本不会跟出价亦步亦趋。

这是很常见的情况。出高价并且成本符合预期的情况比较少见，多数情况是出了高价，转化成本低于出价但高于预期成本，如图 5-7 所示。比如你的预期成本是 1 元，出价 10 元，系统验证转化成本是 3 元。这时候怎么办？

出价

真实预期成本<转化成本<出价
——多数情况

真实预期成本

转化成本≤真实预期成本
——少数情况

图 5-7 转化成本的两种情况

难办。但难办也要办。

永远记住，**我们的投放目标是在成本可接受的前提下获量**。转化成本不能满足要求，就得降价，降到预期成本为止。不要管降价是不是对计划有伤害，出高价获量是短期策略，最终是为长期的成本服务的。如果短期成本过高甚至永远只能靠出高价为计划续命，那么就要放弃，及时止损。

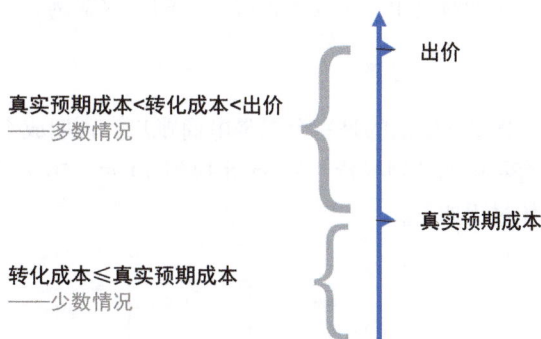

降价过程中有两个简单的技巧。

3. 降价过程中的技巧

在降价过程中，一般认为"边花钱边降价"比较好，随着消耗逐步降价，一次降太多计划容易"死"（计划"死了"指不花钱了，"活着"指能花钱）。可以尝试分 2~3 次把出价降到预期成本，一天降 1~2 次，每次降 10% 左右。但也要考虑测试成本，出高价的时候不能花太多钱，所以不能降得太慢。

降价还有一个技巧：出价和转化成本之间的"缝儿"一般可以视作降价的安全空间，如图 5-8 所示。在该范围内降价，计划一般不会"死"，因为计划能支撑这个成本。如果出价降到低于转化成本，计划失败的概率会大一些。

出价(元)	消耗	转化数	转化成本
这就是出价和转化成本之间的"缝儿			
6.01 oCPM	27311.67	6817	4.01

图 5-8 出价和转化成本之间的"缝儿"

降价比较难操作，因为降价之后很容易不花钱。但只有把出价降到预期成本，才能有效控制成本，所以死活都得降价。死了就宣告测试失败，认了。

若要总结的话，就是能出低价就尽量别出高价，必须要出高价的时候，一点一点地提价，别一下提得太高，因为出价越高降价越难。

下面看一个"出高价再降价"的失败案例。

4. 一个失败的案例

图 5-9 所示的是一个二类电商账户，预期成本是 35 元。账户一直不花钱，我尝试给一条比较有希望的计划提价，从 35 元提到 40 元、50 元、60 元……一直提到 88 元，终于开始花钱了，具体过程如下。

时间	展示数	点击率	平均千次展现费用	消耗	转化数	转化成本	转化率
总计共3条记录	24871	1.38%	55.30	1375.35	24	57.31	7.02%
2020-01-09	16345	1.38%	61.18	1000.00	20	50.00	8.89%
2020-01-10	5028	1.25%	28.47	143.13	2	71.57	3.17%
2020-01-11	3498	1.54%	66.39	232.22	2	116.11	3.70%

图 5-9 计划的投放数据

操作日志如表 5-1 所示。

表 5-1 操作日志

操作时间	操作类型	操作内容
2020-1-10 00:03	修改	修改目标转化成本：88.0 → 50.0
2020-1-10 00:03	修改	修改预算：1000.0 → 3000.0
2020-1-11 17:56	关停	

这条计划 2020 年 1 月 9 日开始投放，预算为 1000 元，出价 88 元，当天预算撞线了，转化成本为 50 元。这个成本远低于 88 元的出价，但还是高于我的预期，我希望它能降到 35 元。这时候很难用出价来控制成本，但是不控制不行，不然一直赔钱，我就打算强行把出价降到 35 元。

为了避免一下降太多导致计划直接死掉，我先把出价降到现有成本 50 元，并且把预算从 1000 元调到了 3000 元，以期边花钱边降价。

但是降价之后计划转化率也下降了，第二天转化成本明显上涨，从 50 元涨到了约 72 元，计划的花钱速度也很慢，一天只花了约 143 元。这时候如果还想抢救一下的话，应该提高出价，比如提到 75 元左右，让出价高于现有成本。但是我觉得这个降价幅度比较大，要从 88 元降到 35 元，本身难度就比较大，就没再提价。

第三天计划表现更糟，成本涨到了约 116 元，应该是降价之后模型失效了，并且因为前期转化成本和出价的"缝儿"比较大，所以很难获得赔付，我就把计划关停了，测试失败。

5. 技术总结

新账户冷启动务必放宽 KPI，也就是提高出价。不能不花钱就干等着。

- □ 节奏是"不花钱 → 提价 → 花钱了 → 降价"，提价的时候设置小预算，降价之后可以放开预算。
- □ 原理是通过提高出价来获得真实的投放数据，从而修正系统预估，常用于测试新素材、新计划。如果计划本身可行，就能通过"出高价再降价"的方式跑起来；如果计划本身不行，降价之后就会死掉。
- □ 出高价之后的成本问题及对应策略可以总结成图 5-10。

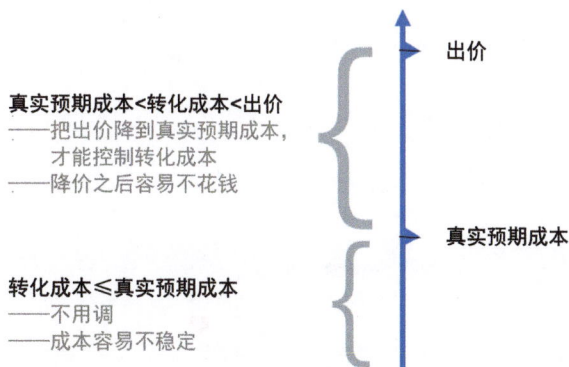

图 5-10 出高价之后的成本问题以及对应策略

❑ 降价的时候，转化成本和出价之间的"缝儿"值得关注，这个"缝儿"可以视作安全空间，在这个空间内降价，计划一般不会死。

建议"边花钱边降价"。可以分 2~3 次把出价降到预期成本，**一天降 1~2 次，每次降 10%** 左右。

5.1.4 自动出价 / 放量投放 / 最大转化投放可以用吗

以前媒体只有手动出价一种出价方式，你自己决定出价多少。像巨量引擎、腾讯广告这种大的媒体，转化出价比较稳定，基本在出价上下 20% 以内浮动，超出了也会有赔付。

但也会有很难缠的问题：没量。

这里涉及我们看不到的系统投放目标的问题：系统在按手动出价投放的时候，**只以成本为转化目标**，有量就有量，没量就没量。所以在出价不变的情况下，花 3000 元和 3 万元，成本差异不会太大。

但是我们不只想要成本可接受，还想要能跑量。于是自动出价、放量投放、最大转化投放等无出价产品出现了，如图 5-11 所示。

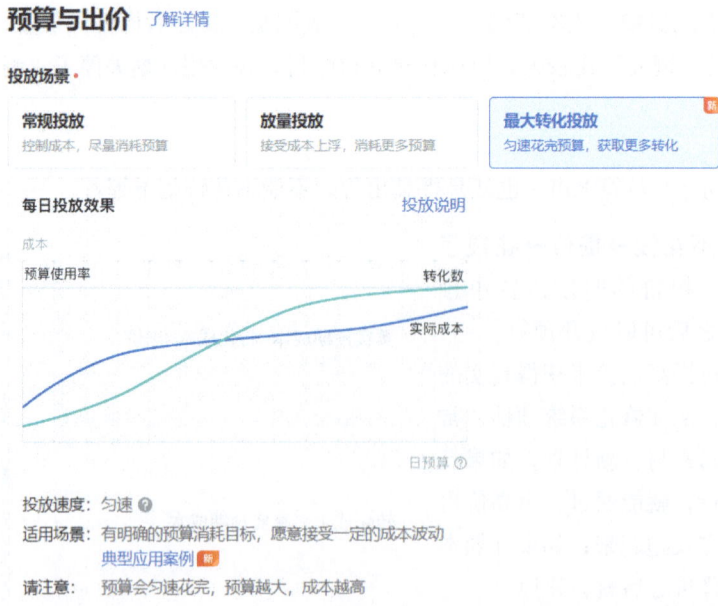

图 5-11 无出价产品

它们的本质都一样：提价。最大转化投放比放量投放更激进一些。通俗点来说，就是系统预估你的计划不行的时候，是选择不花钱还是硬花钱。自动出价选择完全不花钱，最大转化投放选择硬花钱，放量投放居中。

巨量引擎对放量投放和最大转化投放的官方解释如下。

一、放量投放

接受成本上浮，同时换取更多的跑量（转化数）。

系统会实时根据预算消耗完成率情况，自动调整目标成本上限。当预算完成率低时，上调目标成本上限，争取跑量；当设置的预算变小时，下调目标成本上限，降低成本。

使用场景如下。

(1) 有相对明确的转化成本目标。
(2) 愿意通过转化成本上浮来尽可能实现更多的花费。

二、最大转化投放

尽可能消耗完全部预算，同时获得最多的转化数。

系统会结合计划自身属性以及大盘竞价环境，以尽可能低的出价帮助广告主在排期结束时花完预算，同时获得最多的转化数。

使用场景如下。

(1) 有明确希望达成的预算花费目标。
(2) 想发挥预算的最大成效。
(3) 希望快速验证素材效果。
(4) 希望通过少量的计划达成投放预期。

使用特点也一样：**成本受预算和计划本身的影响非常大。**

先说预算。手动出价只有一个投放目标——成本，所以系统觉得以这个成本找不到用户，就会不花钱。无出价有两个投放目标：花预算和保成本。系统会优先帮你找到成本最低的人，然后一点一点往外扩散，所以预算越小，成本越低；预算越大，成本越高。如图 5-12 所示。

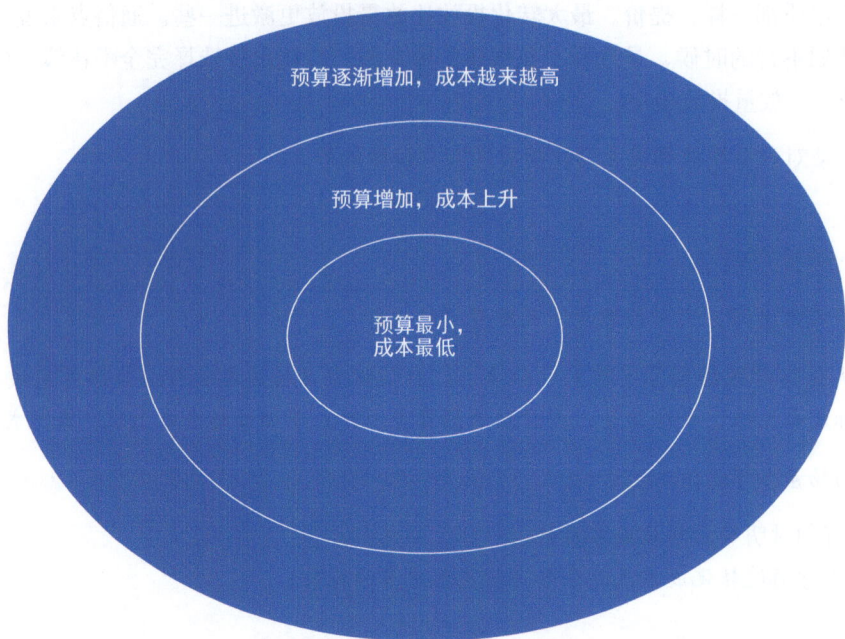

图 5-12　预算与成本的关系

但是成本最低是多低？这是由计划本身决定的。可以说，计划本身好（产品、素材、定向），那么成本就低，即使预算调到 100 万元，成本也低。但如果计划本身不好，成本就会非常高。

所以无出价产品有两个适用场景：

❑ 以小预算测试新素材；
❑ 历史验证优秀的素材，再用无出价产品正常投放。

普通的素材不建议用无出价产品，浪费钱。不如直接以手动出价投放，没量就说明效果不好，就不浪费钱了。

国内的一家顶级游戏公司，他们的投放都用无出价产品。我问为什么这么操作，他们说："无出价产品的效果直接由计划本身决定，不是挺好吗。"很多广告主在 Facebook 上投放广告，也都习惯不手动出价。这是必然的发展趋势吧。但手动出价不会消失，两种出价方式会长期共存。

> **注意**
>
> 除了本节外，本书默认的出价方式都指手动出价。

5.1.5 怎样利用媒体的赔付规则"薅羊毛"

我曾经给教育培训行业的一家上市公司做过广告投放培训，现场有近200位市场人员，我问有多少人知道媒体是有赔付的，只有不到1/4的人举手。也有很多广告主根本不相信媒体的赔付规则，觉得不靠谱或者不能当钱花，始终按照实时数据调整账户。

你可能也有疑惑：赔付真的能当钱花吗？知不知道赔付规则，对广告投放操作有影响吗？要怎么利用赔付规则才能利益最大化？

我会分成4个部分进行讲解：

(1) 赔付真的能当钱花吗？
(2) 媒体的赔付规则解读
(3) 规则的利用
(4) 案例

1. 赔付真的能当钱花吗

"赔付"是什么呢？简单来说就是"你说要用多少钱实现一个转化，超过这个价钱我赔给你"。图5-13所示的是巨量引擎的赔付消息。

赔付真的能当钱花吗？

真的。我曾经一个月花了100万元广告费，收到近25万元赔付，如图5-14所示。投放广告的时候直接当现金抵扣，没有套路。

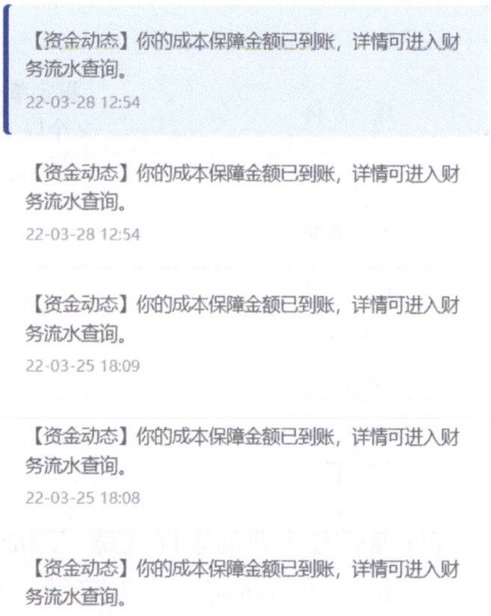

【资金动态】你的成本保障金额已到账，详情可进入财务流水查询。
22-03-28 12:54

【资金动态】你的成本保障金额已到账，详情可进入财务流水查询。
22-03-28 12:54

【资金动态】你的成本保障金额已到账，详情可进入财务流水查询。
22-03-25 18:09

【资金动态】你的成本保障金额已到账，详情可进入财务流水查询。
22-03-25 18:08

【资金动态】你的成本保障金额已到账，详情可进入财务流水查询。

图 5-13 巨量引擎的赔付消息

资金钱包

账户钱包

账户总余额(元)	非赠款余额(元)	赠款余额(元)
370305.59	**123112**.54	**247193**.05
可用370305.59	可用123112.54	可用247193.05

图 5-14 账户钱包中的赠款余额展示

我们以巨量引擎为例来研究一下媒体的赔付条件，看看怎么利用赔付"薅羊毛"。

2. 媒体的赔付规则解读

巨量引擎的赔付条件如下（缺一不可）。

(1) 超成本比例：转化成本超过目标成本的 20% 以上。

(2) 举例：目标成本 10 元，转化成本 ≥ 12 元。

(3) 赔付时间范围：从广告计划首次投放出去的那一刻开始，至之后的 3 个自然日内。

(4) 修改要求：每天修改广告计划出价或定向其中任意一个不能超过 2 次。

转化数要求如表 5-2 所示。

表 5-2　转化数要求

媒　　体	指定单一媒体 （2 个以上不适用）	选择分 App 出价 （单端满足单端赔付）	其　　他
今日头条	≥ 4	≥ 4	≥ 6
西瓜视频	≥ 2	≥ 2	
抖音火山版	≥ 2	≥ 2	
抖音	≥ 5	≥ 5	
穿山甲	≥ 4	≥ 4	

解释如下。

(1) 赔付最主要的条件就是 **"超成本"**（这是针对转化出价而言的，即转化成本大于转化出价），但不是超一点就赔付，要超很多才赔付，比如超过出价 20%。

(2) 不是广告刚开始投放就赔付，要转化数达到一定门槛之后才行。巨量引擎对门槛的要求极低，单投西瓜视频或抖音火山版已经低到了 2 个转化，很容易达到。

(3) 保成本不是永久性的，只**保前 3~4 天**，也就是计划刚开始投放的那几天。具体是 3 天还是 4 天，取决于当天几点开始投放。
比如广告是 11 月 26 日 18:05 投放出去的（新建完了关停不算），那么会保 26 日剩下的约 6 个小时和接下来的 3 天。也就是 11 月 26 日 18:05 至 11 月 29 日 23:59，约 3 天零 6 小时。如果广告是 26 日 00:01 投放出去的，那你就占便宜了，可以保 4 天。这就是 "从广告计划首次投放出去的那一刻开始，至之后的 3 个自然日内" 的意思。

(4) 保成本期间**不能频繁修改**，否则会失去赔付资格。每天修改广告计划出价或定向任意一个超过 2 次就叫 "频繁修改"。

看完了这些条件，有没有觉得要求其实并不苛刻？就是广告投放出去的前 3~4 天，转化数达到 3~5 个，自己别频繁修改，要是成本超得多了，巨量引擎就会赔付给你。赔付这件事的 "羊毛"就来自于，在赔付范围内要是成本高了，那么超出的部分就相当于媒体免费送的。虽然关于赔付规则说了这么多，但是你需要做的就是别频繁修改，否则就会失去赔付资格；然后关注转化数，看有没有达到赔付的门槛就可以了。

接下来介绍在账户投放的时候怎么利用这些规则。

3. 规则的利用

在赔付规则里，转化数是核心。转化数的赔付门槛是一条红线，一头由投手负责，另外一头由媒体负责。一条广告相当于一头牛，随着转化数的增加从这头走到那头，如图 5-15 所示。

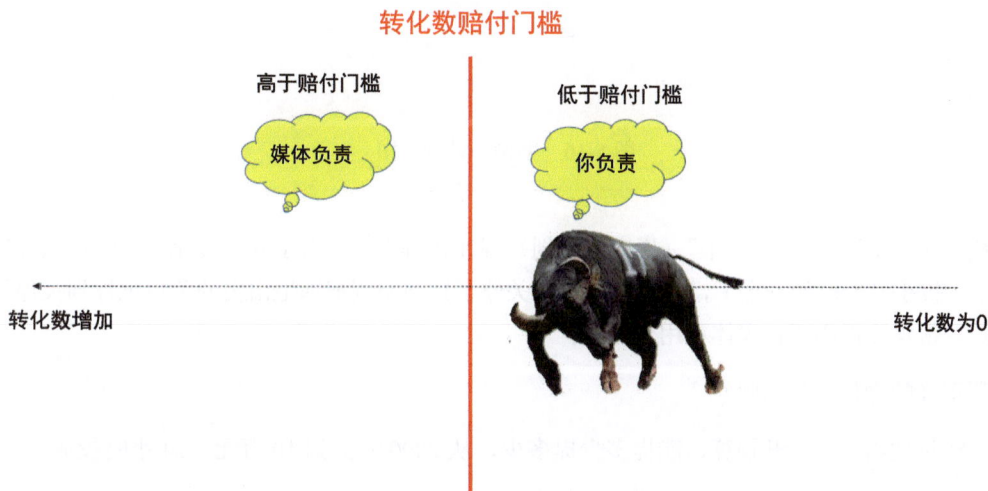

图 5-15 转化数赔付门槛

投手要做的就是尽快积累转化数，把"牛"送到媒体那边，这样自己就安全了。在自己的地界上要小心谨慎，控制预算，紧盯成本，谨防超成本；一旦过了线，嘿嘿，那就是媒体的地界了，你只需要给计划加油就好了，放开预算！成本高算什么，媒体会赔给你！

常用的操作是什么呢？**无论是否在赔付期，成本一高就降价，成本再高就控制预算甚至关停计划**，但其实在赔付期内，成本高了也等同于没高，花的钱媒体会返给你，没有什么可担心的，放心大胆地投放。

所以切记，利用赔付规则的核心就是：**尽快让转化数超过赔付门槛，把"牛"送到媒体那边。**

下面通过案例看看怎么操作。

4. 案例

案例一

碰到麻烦事了！小北的账户里有一条新计划，出价 95 元，但是转化成本是 300 多元，预算是 2000 元，马上就要撞线了，这条计划还能投放吗？关掉！不必多言，直接关掉！多看一眼心里都堵得慌！于是她在计划花了 2000 元之后关停了。如图 5-16 所示。

消耗	出价(元)	计划预算(元)	展示数	平均千次展现费用	点击数	平均点击单价	点击率	转化数	转化成本	转化率
2000.00			100542	19.89	517	3.87	0.51%	6	333.33	1.16%
2000.00	95.00 oCPM	2000.00 按日预算	100542	19.89	517	3.87	0.51%	6	333.33	1.16%

图 5-16 案例一计划截图

我们看一下这条计划，"牛"（指广告计划）现在在哪里呢？有了 6 个转化，已经进入媒体的地界了，投手其实已经安全了，可居然把计划关停了！在刚刚把锅甩出去的关口把计划关停了！这不是在帮媒体操心吗？媒体不用你操心！

那正确的操作是什么呢？

在赔付期内赶紧放开预算，能提多少提多少，从 2000 元提到 10 万元，24 小时投放！

场景：计划转化数超过 6 个，成本超高。

✘**错误操作**：关停计划。

✔**正确操作**：放开预算，继续投放，等待赔付。

案例二

再看一下这条计划。14 日上线，出价 45 元，上线第一天有 1 个转化，成本 100 元。投手很心急，成本这么高怎么办？降价！从 45 元降到 40 元。结果呢？第二天只花了 70 元。

思考一下：14 日的时候"牛"在哪里？在投手这头对不对，你要做的就是"尽快让转化数超过赔付门槛，把'牛'送到媒体那边"。而投手这时选择了降价，拖累了这头"牛"的脚步，原本能到媒体那头，结果走不过去了。这样成本就得算到投手的头上，媒体不会赔付。应该怎么做呢？什么都不用做，就这么投放着，等转化数超过赔付门槛就行了。

场景：计划转化数没达到赔付门槛，成本很高。

✘ **错误操作**：降价。

✔ **正确操作**：不做调整，继续投放。

那么无论什么情况都不做调整吗？

也不是，成本超高的时候也要关停计划。什么算成本超高呢？比如出价 50 元，消耗了 600 元只有 1 个转化，那这头"牛"可能走不到那头了，可以关停计划。

这里给出两点提示。

一是因为巨量引擎对不同投放位置的门槛要求不同，所以可以分开投放。例如要投放今日头条、抖音、抖音火山版、西瓜视频 4 个广告位，那就分 4 条计划，这样赔付门槛低一些，尤其是西瓜视频和抖音火山版，赔付门槛低到了 2 个转化，比较容易获得赔付；而多个广告位一起投放，赔付门槛是最高的。

二是转化成本对接得越深入，这个思路就越可行。如果你对接的是"激活"，但考核的是"付费"，就不能这么干了。因为二者之间还有一步——转化率，即使过了赔付门槛，"牛"还是有一部分在你这边，得看到最终的考核数据才行。考核目标和出价是同一个维度的数据，例如都是"付费"，就可以放心大胆地放开预算。

总结一下。

- 在赔付范围内投放的时候，先想想"牛"（指广告计划）在哪儿。
  - 转化数低于赔付门槛的时候，"牛"在你这头，需要控制预算，紧盯成本。
  - 转化数高于赔付门槛的时候，"牛"在媒体那头，如果最终考核的是媒体的转化成本，就放开预算，不用太担心成本，成本过高媒体会赔给你。
- "牛"在你这头的时候，尽快让转化数超过赔付门槛，把"牛"送到媒体那边，所以成本可以稍高一些（参考成本≤出价的 2 倍），不用调整出价，继续投放就行。如果消耗撞线了，需要调高预算；如果成本很高（参考成本＞出价的 5 倍），就要关停。
- "牛"在媒体那头的时候（如果最终考核的是媒体的转化成本），成本高也不用降价，不用关停计划，直接放开预算。
- 过了赔付期但成本还是很高，媒体就不管了，"牛"又回到你这边了。你得盯着成本，但一般投放 3~4 天后，计划已经比较稳定了，成本波动没那么大了。

5.2　风险控制的关键：预算

预算是控制风险最有效的设置，也是起量的关键，接下来我们详细了解。

5.2.1　为什么投放必须设置预算

预算是什么？就是你告诉媒体自己打算花多少钱。比如你想一天花 2000 元投放广告，就设置日预算 2000 元。预算的作用是避免钱花超了。

预算是用来限制消费的，两者的关系是：消费≤预算。我经历过许多次这样的"惨剧"：老板要求每天花 1 万元，而投手没给预算设限，等到查看的时候发现账户里的 10 多万余额花光了，最后要求投手赔偿……所以一定要设置预算。

预算还有一个作用：不知道效果如何的时候，先少花点钱测试一下。

媒体就像是一个流量工厂，广告主们纷纷去那里买流量。大量采买之前总要先看看样品，媒体的流量还没有好到广告主们可以闭眼买。样品的质量往往参差不齐，但好在广告投放界有一个隐含的规律——样品的质量和正品的质量基本一样，如果样品好，那么就可以大量购买。

广告投手就是流量采购员，每天的工作节奏就是"看样品，找到质量可接受的，然后大量采购"。对应到账户操作就是：新计划设置小预算，发现成本可接受就放开预算；如果成本不可接受，那就认栽，关掉计划，及时止损。

所以新计划设置预算的作用是：即使成本高，也不至于损失太多。

总结：**新计划的成本不确定，设置预算能限制损失。**

不设置预算行不行？ 80% 的时候没问题，但那 20% 的特殊情况你承受不起。看一个案例。

有一个投放重度游戏的人员，KPI 定的是成本控制在 700 元。2020 年 5 月 18 日中午新建了一条计划，出价 688 元，预算 1 万元，12:06 开始投放，预算很快花光了……然而不可思议的事情发生了，居然只有 1 个转化! 成本 1 万元! 如图 5-17 所示。

这种情况是不是很少见？

是的，这的确很少见，我也是第一次遇见。绝大多数情况是花掉一部分预算，发现转化效果不佳，系统自动关停计划，不会把预算都花完才关停。我的观察是，花 4~5 个转化对应的钱，只有 1 个转化或者没有转化，系统就会停止曝光。

凡事总有万一。这一次就是，系统没控制住，把预算花光了。

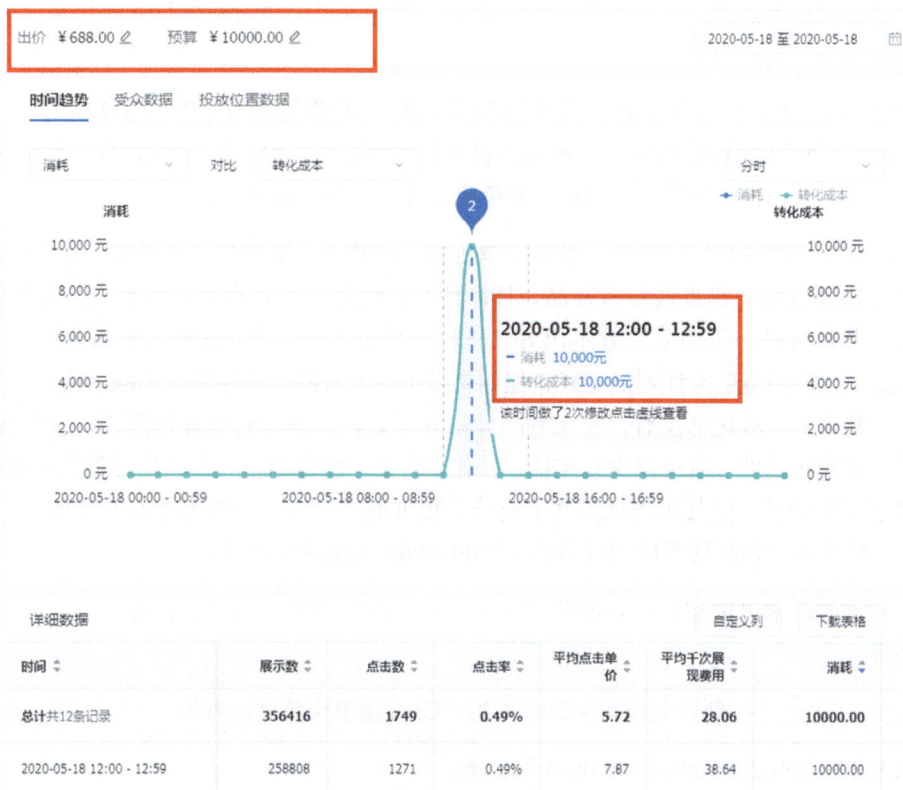

图 5-17　1 个转化，成本 1 万元

遇到这种情况，投手该怎么办？

对此谁也没有办法，只能靠职业习惯兜底。投手能做的只有设置预算，控制损失。

这个案例里设置的预算是 1 万元，虽然不算少，但总算设置了，没把账户余额花光。

试想一下：如果不设置预算，账户余额有 20 多万元，眨眼之间余额清零……那会是什么后果……会不会被公司要求赔偿？是不是相当于一年白干了？

所以，你还敢不设置预算吗？

5.2.2　新计划怎么设置预算

首先，新计划怎么设置预算跟总预算有关。假设账户每日总预算是 2000 元，怎么也得分给 3~5 条计划，所以新计划基本得设置成最低预算，300 元或 500 元。

但如果总预算不设限，这就涉及一些方法了。预算设置不当会导致投放效果差，下面具体讨论。

新计划设置预算有两种思路：大预算和小预算。**大预算指 5000~10 000 元，小预算指 500~1000 元，2000 元算中间值**。大预算更容易花钱和起量，但是风险也更高；小预算是常规操作。为保险起见，建议新手用小预算，避免成本陡升又花了很多钱。

预算设置主要跟转化单价有关。基本上**单价低，预算小；单价高，预算大**。这也很好理解，新计划设置预算就是先花点钱看看样品，样品便宜，就可以少花点钱；样品贵，花的钱就多。因为总得买几件样品，买的太少看不出好坏。比如单价 3 元，那花 500 元能有近 200 个转化，测试得很充分，能知道这条计划好不好；但如果做了深度对接，转化单价 1000 元，而预算设置为 500 元，就会 1 个转化都没有，没法判断计划好不好。一条计划刚开始测试，总要有一些钱"打水漂"，转化单价低，就可以少花点钱；转化单价高，就得多花一些。你感觉花 5000 元测试一条计划已经不少了，但其实测试得并不充分，很可能"误伤"一些原本有希望的计划。至少要有 3~5 个转化才能判断这条计划好不好。3000~5000 元算是综合值吧。

考虑到预算的常见值和新计划前几个转化成本较高的情况，新计划设置预算，可以参考下面这个公式：

新计划预算 =CPA×20（CPA 指单个转化成本）

再和 {500,1000,2000,5000,10 000} 取交集。

举几个例子：

- CPA 是 3 元，3×20=60，比最低值 500 还小很多，所以可以设置成 500 元；
- CPA 是 20 元，20×20=400，还是小于 500，可以设置成 500 元；
- CPA 是 50 元，50×20=1000，可以设置成 1000 元；
- CPA 是 100 元，100×20=2000，可以设置成 2000 元；
- CPA 是 1000 元，1000×20=20 000，有点太高了，可以设置成 5000 元或者 10 000 元。

5.2.3　优化效果最直接的办法：调整预算

投放广告买流量这件事，特别像采购员去超市买东西。她不能决定商品价格，只能决定买不买、买多少。那采购员有没有价值呢？当然有，她天天去超市，熟悉商品和价格，一旦发现哪件商品今天特价，就赶紧多买一点；哪件商品临时涨价，就先不买或者少买一点。

投手也一样。他告诉系统"我希望成本在 30 元，有 1000 个转化"，但系统有自己的考虑，不会就此照办。投手只能决定买不买、买多少。

所以，调整预算是做广告投放最常用的"招数"，也是优化效果最直接的手段——**成本高的少花钱，成本低的多花钱**。

广告投放中最频繁的操作，就是盯着计划的实时数据，然后调整预算，决定让哪条计划多花钱、哪条少花钱。能把这个事情做好，就达到了 60 分。

有人可能会说：这么简单还用讲吗？谁不知道？还真不是。

一个房产公司老板找我咨询，说他们公司获客都来自线上广告，现在效果还不错，希望我能帮他们提升效果。

我看了一下历史数据，他们的投放方式是让用户填手机号，这个账户每天花的钱不到 1000 元，每天获得的手机号不到 5 个，也就是没投放起来，成本也高，近一周的平均转化成本在 500 元以上。

我又看了一下他们的计划，非常吃惊。过去 1 个月，所有计划预算都设置为五六百元，不管效果好坏，如图 5-18 所示。

2021-12-01 ～ 2022-01-10

重置列宽　　自定

消耗	出价(元)	计划预算(元)	展示数	平均千次展现	点击数	平均点击单价	点击率	转化数	平均转化成本
45916.22			1205846	38.08	29487	1.56	2.45	123	373.30
2535.27	-- oCPM	666.98 按日预算	126662	20.02	3323	0.76	2.62%	13	195.02
2356.64	-- oCPM	666.98 按日预算	87480	26.94	2393	0.98	2.74%	9	261.85
2229.09	-- oCPM	559.98 按日预算	39569	56.33	984	2.27	2.49%	4	557.27
2217.53	-- oCPM	599.96 按日预算	53659	41.33	1243	1.78	2.32%	3	739.18
2202.68	-- oCPM	666.98 按日预算	67003	32.87	1523	1.45	2.27%	9	244.74
2150.67	-- oCPM	559.98 按日预算	35362	60.82	747	2.88	2.11%	4	537.67
2142.91	-- oCPM	566.98 按日预算	35485	60.39	1052	2.04	2.96%	3	714.30
2134.29	-- oCPM	566.98 按日预算	79593	26.82	1754	1.22	2.20%	10	213.43
2124.08	-- oCPM	559.98 按日预算	41433	51.27	990	2.15	2.39%	5	424.82
2112.46	-- oCPM	666.98 按日预算	74542	28.34	1951	1.08	2.62%	14	150.89

图 5-18　计划全是小预算

我又想是不是预算提高过又降下来了，就看了一下操作日志，发现他们从来不调整预算，如图 5-19 所示。

操作时间	操作人	操作动作	操作结果
2021-12-08 08:25:00		修改	修改 是否暂停: 启用 -> 暂停
2021-12-04 10:50:06	系统	审核关键词	
2021-12-04 10:49:44	系统	删除关键词	
2021-12-04 10:49:44	系统	新建关键词	
2021-12-04 10:04:57	系统	审核	审核状态: 新建审核中 -> 审核通过 状态: 新建审核中 -> 审核通过

图 5-19 从来不调整预算

这就是最大的问题！效果好而不提高预算，这样永远没有办法提升投放效果。

刚好我看当天账户的数据表现非常好，有 2 条计划的成本都是 96 元，预算撞线了，于是让他赶紧放开预算，提高到 1500 元，效果好就再提高到 2500 元，他也照做了，如图 5-20 所示。

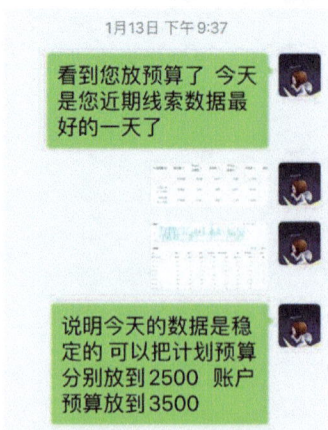

图 5-20 建议放开预算

当天获得了 17 个线索，单个线索成本较前一天降低近 81%。当天的数据表现是过去两个月以来最好的，如图 5-21 所示。

时间 ⇅	展示数 ⇅	点击数 ⇅	点击率 ⇅	平均点击单价 ⇅	平均千次展现费用 ⇅	消耗 ⇅	平均转化成本 ⇅	转化数 ⇅	转化率 ⇅
总计共11条记录	264114	7037	2.66%	1.47	39.12	10332.94	295.23	35	0.50%
2022-01-03	15656	457	2.92%	2.32	67.84	1062.17	0.00	0	0.00%
2022-01-04	34334	958	2.79%	1.14	31.85	1093.41	273.35	4	0.42%
2022-01-05	21658	607	2.80%	1.76	49.24	1066.44	533.22	2	0.33%
2022-01-06	23342	698	2.99%	1.54	46.08	1075.64	215.13	5	0.72%
2022-01-07	15862	467	2.94%	2.19	64.48	1022.74	340.91	3	0.64%
2022-01-08	15938	421	2.64%	1.80	47.61	758.75	0.00	0	0.00%
2022-01-09	16500	406	2.46%	1.36	33.52	553.15	553.15	1	0.25%
2022-01-10	13539	354	2.61%	2.18	57.04	772.26	772.26	1	0.28%
2022-01-11	7423	260	3.50%	2.13	74.64	554.03	554.03	1	0.38%
2022-01-12	14160	340	2.40%	1.65	39.70	562.16	562.16	1	0.29%
2022-01-13	85702	2069	2.41%	0.88	21.15	1812.19	106.60	17	0.82%

图 5-21　过去两个月以来最好的数据表现

总结：调整预算是优化效果最直接的办法。我们没办法决定一条计划的成本，但可以决定让它花多少钱，核心思路是"成本高的少花钱，成本低的多花钱"。

5.2.4　辟谣：预算设置成 9 999 999.99 元更容易起量

业界一直流传着一个优化秘籍：计划预设置成 9 999 999.99 元，系统就会判定这条计划优质，进而给它分配大流量，给予 VIP 待遇。很多人对此深信不疑。当然，也有很多人因为不设置预算，后果惨痛，参见 5.2.1 节。所以我下定决心求证，所幸有了结论。

2.2.3 节讲过，**只要预算 ≥ 消耗的 1.2 倍，限流就不会影响计划的消耗。**

你可能会想：虽然这对于限流没有差别，但预算设置成 9 999 999.99 元，会不会有特殊意义，系统会因此判定这条计划优质，进而分配大流量呢？

我了解到的系统规则是：分配多少流量是由 eCPM 排名决定的，也就是受素材、定向、运气等因素影响。预算充足的时候，预算大小没有影响。

所以预算设置成 9 999 999.99 元没有意义，直接设置成真实预期预算就行。

虽然在广告投放界，无论是在对接的大客户中间，还是就我自己而言，这个说法已经流行好多年了，如图 5-22 所示。

但我现在不相信这个说法了。而且媒体方也是这种看法，如图 5-23 所示。

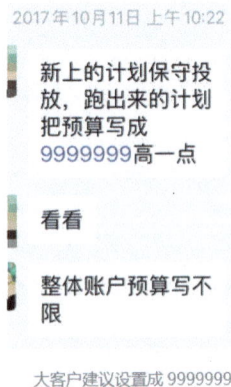

2017 年 10 月 11 日 上午 10:22

新上的计划保守投放，跑出来的计划把预算写成 9999999高一点

看看

整体账户预算写不限

大客户建议设置成 9999999

2018 年 10 月 21 日 下午 4:26

我觉得都没问题 如果是稳定的老计划可以考虑把预算放到 9999999无限和十几万还是有一定区别

我自己也曾这样建议别人

预算这个我有点好奇：我设置成 999999 和 9999999和 9999999.99 有区别吗？对系统流量分配有特定意义吗？」

这个数额太大了，理论上没有特殊意义

图 5-22　曾经流行无限预算　　　　图 5-23　预算设置成 9 999 999.99 元没有意义

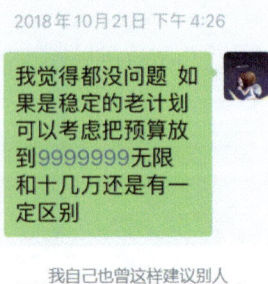

是时候终结这个谣言了。预算设置成 9 999 999.99 元没有意义，没有意义，没有意义。

5.3　新建

一个读者说："我以前在甲方做抖音短视频带货，完全没有优化思维，就是每天不断上产品、创建计划，一天创建 100 多条计划，总监和其他同事也都是新人，都没有相关经验，但竟然也做得蛮好，经常出爆款。我觉得做投放也没什么技术含量，就是创建计划、更换素材。创建的计划多了，总有一两个效果好的。"

这是现在做广告投放一个很常见的思路。那大量创建计划到底有没有用呢？应该开多少个账户、新建多少计划呢？创建太多计划有没有坏处呢？本节我们解释清楚。

如果你只想知道到底应该开几个账户、创建多少计划，不想看那么多内容，那记住下面几句话就够了。

主要看预算。日预算在 2000 元以内，开 1 个账户就行，每天创建 5 条以内的计划即可（要能过审）；日预算在 5000 元以上，开 2 个账户，每个账户每天创建 10 条以上计划；日预算在 5 万元以上，开 5 个账户，每个账户每天创建 30 条计划。

5.3.1 投放广告应该开几个账户

一个公司主体在同一媒体开通多个账户叫作"一户多开"。现在的广告主在一个媒体开5~10个账户很常见。

管理多个账户比管理一个麻烦很多，光是切换账户就很烦琐，还要单独为每个账户充值、盯着各个账户的余额，等等。

那为什么还要开这么多账户呢？

为了多拿量。

本节我们讨论一下多开账户的问题。

1. 一个普遍的现象

在2016年，信息流广告行业发展早期，一款产品在一个媒体上一般只开一个账户，投手在这一个账户里想办法优化。随着行业的发展，有一天我突然发现：怎么现在一款产品开这么多账户？一户多开成了普遍现象。

以巨量引擎为例，在2016年一款产品可能一个代理只开一个账户；到2017年，开的账户就逐渐多了，一个代理开2~3个账户；到2018年，一个代理开5~10个账户就很常见了；现在开20个账户也不稀奇……好像"账户多力量大"，大家都积极开户。

那为什么要开这么多账户呢？

关于多开账户的原因，说法有很多：

- ❑ 多个账户能抢量，更容易起量；
- ❑ 新账户会有流量扶持，能蹭红利；
- ❑ 同一个账户里计划太多会产生竞争，不容易跑起来，多个账户同时投放，能减少账户内的竞争；
- ❑ 账户对投放效果是有影响的，有的账户质量好，就能投放起来；有的账户质量不好，就投放不起来；
- ❑ 账户一直没跑起来，就很难跑起来了，不如换新账户重新投放；
- ❑ ……

我也不清楚具体原因。但无论如何，单从结果来看，"一户多开"已成为非常普遍的现象，实践中也确实是一种放量的手段。

以前大家把新开账户当成一件大事，跟广告主沟通多开账户，要有明确的"正当"理由，比如，把 Android/iOS 分开测试、分开测试 H5/App 下载两种投放方式、单独测试穿山甲 / 抖音不同广告位、单独测试投放管家，甚至分开投放图片 / 视频。如果没有理由，只说"这个账户没投放起来，我们再开两个账户测试吧"，他可能觉得这个理由很奇怪，"这个账户投放不起来，再换一个不也是一样吗？"现在可能接入一款产品直接开 5 个账户，不需要什么理由。

"新开账户"成了一种常规的优化思路，甚至跟新建组、新建计划差不多——我们都习惯这条计划没投放起来，就新建两条计划再投放；这个账户没投放起来，也可以新开两个账户再投放。还是那句话，虽然不清楚具体原因，但从结果来看，不同账户对投放效果是有影响的。

那多开的账户怎么用呢？

2. 怎么使用多个账户

听一个朋友说过他们怎么使用多个账户：接入一个日预算超过 20 万元的产品，刚开始就开 10 个账户，投放 1~2 周，有的账户能跑起来，继续投放，有的账户跑不起来，直接放弃；然后再开 10 个账户，再这么优胜劣汰地循环。

我当时感到很震惊，那是 2018 年，多开账户还没有这么普遍。

我当时也有意识多开账户，但可能就是接入产品的时候开一个账户，效果不好就再开一个账户，不行再开一个账户，完全没达到这种"规模化"水平，新开账户的节奏慢很多。推动大家新开账户本身也挺费劲，大家始终认为这是件大事，不能草率，而账户跑不起来是有原因的，但投手往往很难找出原因。

我也听说有些公司固定了一个流程：日预算在 1 万元以上的产品，接入后就开 5 个账户备用（甚至更多，比如 10 个）。我觉得这样也挺好，能让投手更容易接受"多个账户同时投放"这件事，不用申请开户的时候带着压力，需要给出理由。

有一些甲方的投手表示，因为甲方只做一款产品，在巨量引擎投放一个人手里有十几个账户很正常，二十几个也很常见。

有朋友说"那要不要对多个账户进行区分呢？"就像上面说的"把 Android/iOS 分开测试、分开测试 H5/App 下载两种投放方式、单独测试穿山甲 / 抖音不同广告位、单独测试投放管家，甚至分开投放图片 / 视频"。行业内这样明确划分是比较常见的现象。但是你说"不这么区分行不行？我就在一个账户里测试投放 Android 和 iOS、投放所有广告位，行不行呢？"行，没什么不行的。

我觉得多开账户更典型的两个用法如下。

一是账户始终没有量。一天消耗不到 100 元，投放了一周多还是这样。如果没找到别的原因（比如素材太差 / 预算太低），那可以考虑换个账户投放。换了两三个账户都没量也很正常，先在 5 个账户投放再说嘛。

二是想要提量。多开账户不一定多花钱，但它是促进消费的一种手段，多个账户同时投放能提高跑量的可能性。

这两种用法在巨量引擎和腾讯广告都适用。

那是不是说不多开账户就不行呢？媒体对单个账户的消费是不是有限制？

我觉得媒体对单个账户的消费没有限制。我见过巨量引擎和腾讯广告的一些账户，有单个账户消费超过 50 万元的，也有超过 100 万元的，而很多时候，开 10 个账户也消费不到 10 万元。所以不是说账户少就一定投放不起来。归根结底，不管开多少个账户，最终都要提升单个账户的消费。所以提升单个账户的消费是主，多开账户是辅。

可以考虑这个模式：在一个媒体开 5 个账户，先主抓一两个账户，测试素材、想文案、使用媒体的新功能等，尽量让账户跑起来。

如果量够用，就不用开那么多账户。如果现有账户一直投放不起来，那就换两个账户再试试。

总结：现在投放广告一户多开是很普遍的现象，也是优化效果的有效办法。不同账户的数据表现真的不一样，我现在投放广告会直接开至少 3 个账户，如图 5-24 所示。

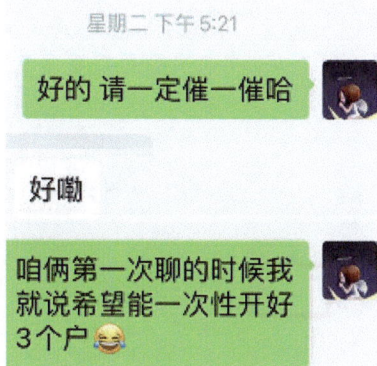

图 5-24　投放广告一户多开

5.3.2　账户真的有模型吗

真的有。

尽管一般情况下不明显，只能看出有的账户起量，有的账户没量，但有一个案例非常典型，能验证这一点。

我有一个读者，他以前投放的地域受众分析如图 5-25 所示，受众最多的地区是广东，主要消耗的计划成本在 33 元左右。

他读了我写的不要排除"偏远地区"的文章之后，觉得有点道理，就尝试创建了一条计划单投新疆，想看看效果怎么样。

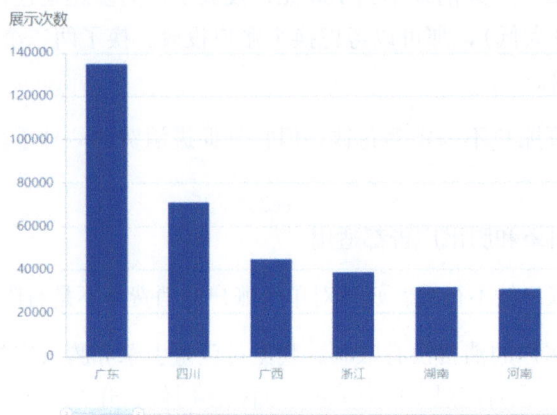

图 5-25(a) 某计划各地域展示次数对比

广告组名称或ID包含： 计划状态：不限 清空 2020.03.19 至 2020.03.29

创意

重置列宽 自定义列

前几天主要消耗的计划成本是33元

建议	消耗	出价(元)	计划预算(元)	展示数	平均千次展...	点击数	平均点击单价	点击率	转化数	转化成本	转化率	投放时间
	2298.35			23123	99.40	941	2.44	4.07%	56	41.04	5.95%	
	1305.49	30.11 oCPM	999999.00 按日预算	11516	113.36	469	2.78	4.07%	39	33.47	8.32%	2020-03-2 2030-03-2
	305.27	32.77 oCPM	999999.00 按日预算	3731	81.82	163	1.87	4.37%	8	38.16	4.91%	2020-03-2 2030-03-2

图 5-25(b) 某计划在广东地区消耗的成本约为 33 元

2020 年 3 月 30 日开启投放之后，发现单投新疆也能投放出去，两天一共花了 1000 多元，如图 5-26 所示。

时间	展示数	点击率	平均千次展现费用	消耗	转化数	转化成本	转化率
总计共7条记录	**19594**	**3.36%**	**66.72**	**1307.25**	**59**	**22.16**	**8.97%**
2020-03-30	2040	3.82%	65.97	134.58	10	13.46	12.82%
2020-03-31	17136	3.26%	67.13	1150.30	49	23.48	8.77%

图 5-26 某计划在新疆地区的投放效果

更重要的是，成本比别的计划低！

之前主要消耗的计划成本约为 33 元，而这条计划的成本只有约 23 元，降了近 30%！

那这是不是个例呢？

为了进一步验证，在接下来几天里，他又创建了几条计划单投新疆，并且把其他计划的地域也加上新疆来投放，如图 5-27 所示。

图 5-27 其他计划也加上了新疆

结果非常让人惊讶，其他包含新疆的计划也开始主要在新疆产生消耗，成本也远低于其他地区，如图 5-28 所示。

省份	点击率	平均点击单价	平均千次展现费用	消耗	转化成本	转化数
新疆	2.88%	1.99	57.27	13788.07	26.98	511
内蒙古	2.34%	2.01	47.06	447.53	27.97	16
江苏	2.47%	2.65	65.57	381.54	42.39	9
四川	2.70%	2.07	56.09	377.55	31.46	12
贵州	2.32%	2.99	69.47	268.93	33.62	8
云南	2.71%	1.96	53.24	266.98	38.14	7
山东	1.94%	2.23	43.44	265.92	66.48	4
浙江	3.36%	2.36	79.17	252.30	63.08	4

图 5-28 加上新疆后计划的投放效果

从 3 月 30 日创建计划单投新疆开始，在新疆的消耗就势不可挡。现在整个账户的主要消耗地区变成了新疆，并且成本远低于其他地区，如图 5-29 所示。

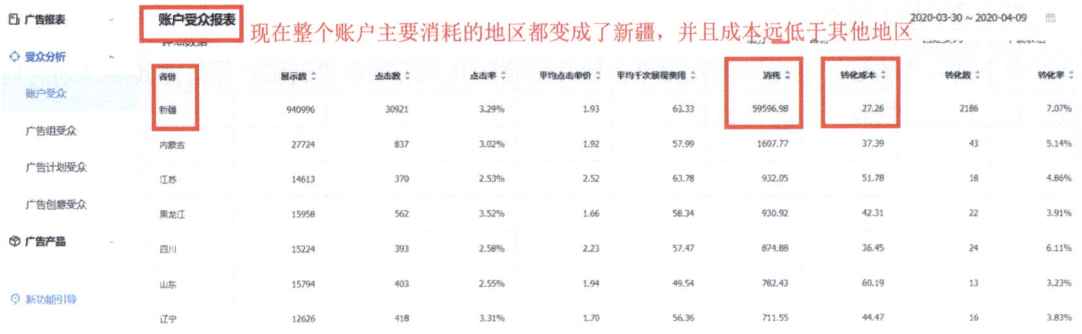

省份	展示数	点击数	点击率	平均点击单价	平均千次展现费用	消耗	转化成本	转化数	转化率
新疆	940996	30921	3.29%	1.93	63.33	59596.98	27.26	2186	7.07%
内蒙古	27724	837	3.02%	1.92	57.99	1607.77	37.39	43	5.14%
江苏	14613	370	2.53%	2.52	63.78	932.05	51.78	18	4.86%
黑龙江	15958	562	3.52%	1.66	58.34	930.92	42.31	22	3.91%
四川	15224	393	2.58%	2.23	57.47	874.88	36.45	24	6.11%
山东	15794	403	2.55%	1.94	49.54	782.43	60.19	13	3.23%
辽宁	12626	418	3.31%	1.70	56.36	711.55	44.47	16	3.83%

图 5-29 新疆地区投放效果喜人

是不是很明显？通常账户主要消耗的地区不会是新疆，但在有计划跑起来之后，新疆居然成了主要消耗的地区。可见账户真的有模型。

同样，组和账户也有模型。只是计划的模型影响最大，账户次之，组的影响基本可以忽略不计。

总结：**相较于一个新账户或者历史投放表现很差的账户，在一个跑量的老账户里，新计划更容易起量。这是因为后者的模型好，新计划更容易找到匹配的受众。**

5.3.3 新建计划能提升效果吗

能。新建计划是做广告投放最重要的工作之一。

要详细解释的话，得先想想什么是计划。

先看创建计划需要干什么。计划里有很多选项，性别、年龄、兴趣、预算……像是填一张问卷，媒体列了很多问题，你需要一一回答，把这些回答汇总在一起就构成了一条计划。可以说计划是回答的合集。

投手创建好一条计划就是提交给媒体一笔订单，“排除男性，排除已安装用户，目标成本是 30 元”，**巨量引擎根据这些要求去帮你找用户。**

所以，为什么要新建计划？因为只有创建了计划，才能买到量。

那为什么要新建多条计划，只新建一条不行吗？

不行。

一般来说，新建计划是为了测试素材、搭配不同的定向来投放。但即使是同一个素材、相似的设置（比如定向微调或修改文案），也会创建多条计划。这是为什么呢？

因为只创建一条计划，很有可能跑不起来。而且可能不是因为自身能力不行，而是运气不好被系统误伤。但如果一个素材创建了 5 条计划，跑起来的可能性就会大一些。要是还跑不起来，就说明不是被系统误伤了，而是真的能力不行。详见 2.3 节。

那具体创建多少条计划呢？

跟很多因素有关，比如素材量、现在账户的量级是否满足需求等。这主要看预算，粗略而言，日预算在 2000 元以内，每天创建 5 条以内的计划就可以（要能过审）；日预算在 5000 元以上，可以每天创建 10 条以上。

创建这么多计划的另外一个原因是：现在新计划的测试成本不高，大不了就是不花钱，一般不会出现"花了很多钱发现成本很高"的情况。如果每条计划都需要花很多钱测试，那么新建计划的数量就一定会少。典型的就是客单价很高的产品，比如 500 元以上，就不能创建太多计划，每天新建计划的数量可以照着上面的参考值除以 2。但如果客单价在 10 元以内，新建计划数量就可以照着参考值乘 2。

5.3.4 总是因为老计划衰退而掉量怎么办

我们在代理公司过账户（一项日常流程，就是挨个讨论公司的账户情况）的时候，每次领导问到"为什么这个账户掉量这么多"，投手最常见的回答是"因为老计划衰退，新计划还没测试出来，所以量少了"，并且补上一句"新计划还在测试"，以示自己已经在努力了。

不只是乙方内部，乙方向甲方解释"为什么账户掉量了"的时候，这也可能是最常用的理由。

"老计划衰退，新计划没衔接上"这个问题说大不大、说小不小，平时在公司里大家也常说，但一直存在。如果把这个问题单拎出来，大家甚至会觉得有点傻，因为答案呼之欲出，"那为什么不早点测试计划？"

是呀，为什么呢？为什么不早点测试呢？肯定是有理由的。下面讨论一下这件事。

1. 测试计划的困境

之前和一个读者讨论账户情况，她是甲方投手，经验很丰富，我们聊了很多问题，看法都一致。期间她分享了一个经验："我觉得不能等到老计划衰退了再上新计划，会来不及的。"

我举双手认同。下面仔细讲讲。

假设你的 KPI 是 ROI，那么 ROI 低，就要控制预算；同时，ROI 低，又得赶紧上计划，以期尽快把 ROI 拉上去。

而测试新计划大概率会拉低 ROI，而不是拉高——新计划刚开始往往贡献不了什么，经过大浪淘沙，又赶上不错的运气，才能跑起来，从而拉高 ROI。

因为账户本身 ROI 低，测试空间很小，所以很难有充足的预算来测试新计划。一旦一条计划花了点钱但没有效果，就要赶紧关停，避免雪上加霜……

但又不能不测试，所以就要继续测试新计划，然后再匆匆关掉……就这样陷入恶性循环。

2. 测试新计划的钱谁来出

这个问题很难解决——除非你刚开始就测试出一条计划有效，这样才能打破僵局。

我遇到这种情况也很头疼。因为老板不可能在账户数据表现不好的时候，还让你花很多钱——谁知道以后数据表现会不会转好呢？如果没有转好，这笔钱你来出吗？

投手肯定没法出，他一个月的工资可能还不够一天消耗呢。但是新计划的成本通常偏高，谁也不能保证一下子就测试出计划有效。

那测试的钱谁来出？

最好是谁也不出，让老计划来出。账户有老计划撑着的时候，新计划即使效果差，账户整体数据表现也尚能接受；但如果没有效果好的计划撑着，账户的成本就很难让人接受。

我们拿一个账户来说。

老板要求 ROI 达到 100%，假设一般测试 5 条计划能测试出 1 条有效，每条计划消耗 500 元能判断出好不好。举一个极端的例子，新测试 5 条计划，每条计划花费 500 元，但效果非常差，无人付费，看看测试这些新计划对账户有什么影响。

假设现有计划的 ROI 是 80%，已经比较差了，消耗 10 000 元，广告带来的收入是 8000 元。这时候再测试新计划，消耗 2500 元，无人付费，ROI= 收入 ÷ 消耗 =8000÷(10 000+2500)=64%，把 ROI 拉低太多，难以交代。

假设现有计划的 ROI 是 120%，数据表现还比较好，消耗 10 000 元，广告带来的收入是 12 000 元。这时候再测试新计划，消耗 2500 元，无人付费，ROI= 收入 ÷ 消耗 =12 000÷(10 000+2500)=96%，虽然拉低了 ROI，但也基本满足要求。

假设不管什么时候测试，新计划的水平都是一样的，测试出来的概率也是一样的，那么肯定是投放效果好的时候测试比效果差的时候测试要好，让老计划担起新计划的成本。

所以，什么时候大量测试新计划最好？

肯定是老计划效果最好的时候，量大、成本低，最适合"带新人"！

3. 投手可能的顾虑

投手可能对此会有顾虑："投放效果好的时候，为什么不停止测试新计划，只跑老计划呢？测试新计划不会拉低 ROI 吗？只跑老计划数据表现会更好，老板会更开心！"

这么想是没错。老计划能跑量的时候，测试新计划确实会拉低 ROI，会让你的成绩打折。但是你不能只想今天，不顾明天。数据表现好的时候不测试，等到数据变差再测试？结果就像开头的例子：ROI 低，就要控制预算；同时，ROI 低，又得赶紧上计划……

而如果在数据表现好的时候测试新计划呢？牺牲一些现有的收益去培养新计划，就相当于为以后"存点钱"，这样老计划效果衰退的时候，就更容易有新计划顶上来，不会出现跑量计划青黄不接，账户的量大起大落……当然，这是比较理想的情况，实际上即使早测试也可能测试不出来。不过无论如何，老计划效果衰退了再开始测试新计划，肯定来不及。

总结：新计划刚开始往往没什么贡献，这是客观规律。所以，不要等到老计划不行了再测试新计划，最好每天上新计划，而且是效果越好的时候，越要多测试新计划；效果差的时候，可以控制消耗，稳住 ROI，少测点计划。毕竟活着最重要。

我写完这部分内容之后，将文章发布了出来，下面分享几条读者留言。

@ 勇勇

哈哈，简直说出了我的心声，老计划效果不好就想测试新计划，把 ROI 寄托在新计划上，但是有时候会出现恶性循环——新计划测试不出来！如果测试了几批都不行，不如尝试换个账户。调整心态，不要死磕。怎么说呢，心态很重要。

@bodyfo

我上新计划比较频繁，但大部分情况是，老计划占着量，新计划不消耗，老计划又不可能停掉，最终老计划死了，新计划也没法及时补上。

回复：对，这又涉及账户竞争的问题，这时只能多开账户，换账户测试。

@ 网友1：测试新计划就测试新计划，不薅老计划羊毛，我一般说"老板这次我打算亏 50 万元"。

回复：你说的话燃起了我对甲乙方和老板关系的希望……原来还可以这样，真羡慕啊！

@网友 2：我给乙方定的 KPI 考核也包含了每天的试错成本。

回复：我说"测试的钱由老计划来出"的意思也类似。新计划测试成本高是必然的，给新计划留出一点成本空间，相当于给账户整体成本多留一点空间。

5.3.5　使用投放工具，人效提升一倍

前面说了创建计划是提升投放效果的有效手段：

- ❑ 测试新账户，得先创建一批计划；
- ❑ 一直测试不出有效计划，于是多创建一些计划；
- ❑ 账户想提量，于是大量创建计划；
- ❑ 老计划效果衰退，抓紧创建新计划；
- ❑ ……

但创建计划的确没什么技术含量，很多时候就是通过增加数量提高跑量的概率。投手觉得自己就像一个创建计划的机器，而老板要为这种没什么技术含量的事投入人力。那有没有什么解决方案呢？

其实从 2018 年开始，就有公司在做投放工具了，如今这些工具已经比较成熟了。甚至能否利用好这些工具，已经成了影响公司利润的重要因素。我有个做代理的朋友，他们投放一款电商产品，一年赚了近 100 万元。赚取利润的关键就是提升了人效。其他代理公司七八个人做这个项目，他们公司只需要两个人＋投放工具，人效高出了几倍。

大的甲方会自己开发投放工具，像抖音集团的 UG 部门、快手 UG 部门、《贪玩蓝月》、莉莉丝游戏等买量大户都有自己的买量系统，把各平台的数据打通；小一点的公司自己做投放工具不划算，买第三方工具更好。

挑投放工具是个技术活儿，很容易踩坑，因为工具好不好用全在细节。但最开始使用一个工具的时候，因为不熟悉，所以很难判断好不好。市面上的工具我基本都看过，比较推荐热云。

有一个最简单的理由，投放工具用的人越多，就越好用。因为有不好用、容易出 bug 的地方，有人已经踩过坑了，后面的使用体验会更好。用热云的投放工具 AdsDesk 的公司有 3000 多家，比如美团优选、深圳全民互动，相当于它们帮你踩过坑了，你可以直接用现成的。

在具体的产品上，热云做得也比较实用，支持常用的批量创建广告、跨账户管理广告、看创意排行榜、一键生成日报等功能。

除了效率之外，用工具更不容易出错。投放非常容易出问题，11.3 节会讲，有太多公司每

年因为投手的操作失误亏损上百万。这不是小心谨慎就能杜绝的问题，账户多了、创建的计划多了，真的很容易出错。一条计划设置错了损失几千元，做广告投放的公司基本都免不了。

而热云将账户内各层级的基础字段信息模块化了，如图 5-30 所示，各项配置清晰明了，指定生成计划数即可批量创建计划，能大大降低出错的可能。

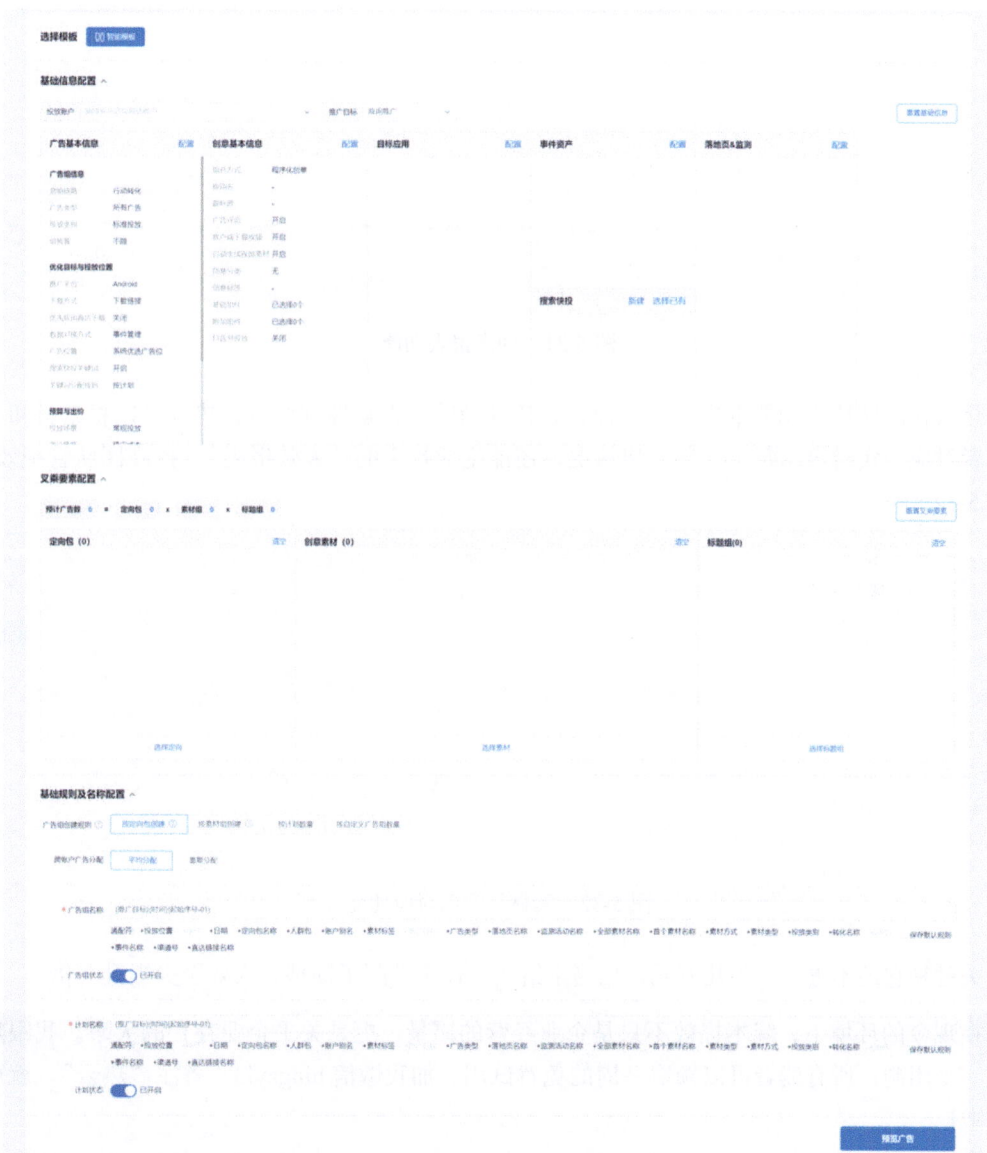

图 5-30　批量创建广告配置选项

特别说一下创意数据分析功能，如图 5-31 所示。热云支持分媒体和全媒体数据报表，支持从素材、封面、标题多维度分析在各媒体或整体的数据表现，同时支持查看关联的广告和创意详情，有效帮助团队挖掘优质素材方向，沉淀素材制作方法论。热云提供了广告投放的全流程系统，大大提高了投放的工作效率，这是其他第三方技术公司不具备的优势。

图 5-31　创意报表功能

热云在团队协作功能上也有一些惊喜。统计绩效一直是件麻烦事，热云可以将素材和素材生产者对应，实时显示每个人的产出情况，还能生成投手的"人效报表"，提高团队管理效率，如图 5-32 所示。

图 5-32　素材与产出对应功能

关键是它还不贵。一年几万元，相当于给所有投手都配了助理，人效至少提升一倍。

在现今的环境下，降本提效不只是企业经营的愿景，更是关乎企业存亡的大事。我跟热云谈了一个团购，所有读者可以领取一周的免费试用。加我微信 ningayi3，备注"热云"，就可以体验啦！

5.3.6 有关计划竞争的 7 条规律

只要创建计划，就会涉及计划之间的竞争。如果你只想要一个解决方案，那可以用一句话总结：**多开账户，多创建组，多创建计划，多做素材，一个组创建 3~5 条计划，不要把所有计划放在一个组里。**

如果你想了解计划竞争的原因和规律，不妨看一下本节。我采访了一些媒体中设计算法的人，并且加上了这几年搜集到的一些典型案例。

本节会正面回答"为什么老账户里的计划更容易跑量""账户里有跑量计划了，还要不要再新建计划""长时间没量的计划不关，会有坏处吗"等问题。

1. 所有计划都在互相竞争

粗略来看，同一个组、同一个账户、同一个公司、同一个行业乃至整个大盘里的计划，都在互相竞争。

有人说巨量引擎是分行业竞价的，不同行业之间不会互相竞争。

我们回想一下：在 618、双 11 这些电商节期间，电商平台投放量很大的时候，即使你不是投放电商，是不是也觉得计划花钱比平时困难？

因为电商大量买量，其他行业的竞争也会变得激烈。

不只是巨量引擎，腾讯广告、快手等平台也都是全行业竞价，做游戏的在和做网赚的竞争，做教育的在和做电商的竞争……所有人都在一起争夺用户。只有充分竞争，媒体才能把流量卖得最贵。所以，所有计划都在互相竞争。

这是关于竞争最基本的概念。接下来我们仔细分析。

2. 计划之间是"相爱"的关系

账户是广告投放中一个很重要的维度。我们都听过"账户质量度"这个概念，意思是账户质量好，新计划更容易跑起来。但这个概念比较虚，有很多影响因素，拿其中一个主要指标来说，在一个消耗比较大的账户里新建计划，更容易起量。

那这是不是科学呢？

是的。**当账户本身积累了一定的数据，新计划会参照账户历史的模型来跑，系统更容易知道应该找什么样的人，所以计划更容易跑起来。**

5.3.2 节讲了这样的案例，下面这个例子更典型。

有一个账户从 2018 年 3 月 2 日开始投放，一直没起量，连续一周日消耗不到 60 元，如图 5-33 所示。

时间 ⇕	展现数 ⇕	点击数 ⇕	点击率 ⇕	平均点击费用(元) ⇕	平均千次展现费用(元) ⇕	消费(元) ⇕
总计	6249571	187396	3.00%	0.45	13.58	84854.72
2018-03-02	23980	313	1.31%	0.11	1.46	35.11
2018-03-03	1360	29	2.13%	0.09	1.82	2.47
2018-03-04	1047	16	1.53%	0.16	2.40	2.51
2018-03-05	4640	305	6.57%	0.06	4.18	19.40
2018-03-06	1350	115	8.52%	0.05	4.24	5.73
2018-03-07	547	19	3.47%	0.17	5.96	3.26
2018-03-08	419	12	2.86%	0.09	2.63	1.10
2018-03-09	231	4	1.73%	0.10	1.77	0.41

图 5-33　账户的部分历史数据

这种情况一直持续了一个月。3 月 29 日我把一条计划出了高价，它消耗了 800 多元，如图 5-34 所示。

出价(元)	预算(元)	总花费(元) ⇕	广告质量度	展现数 ⇕	点击数 ⇕	点击率 ⇕	平均点击单价(元) ⇕	平均千次展现费用(元)	安卓下载完成率	安卓下载开始率	安卓安装完成成本	安卓安装完成率	转化数 ⇕	转化成本
		855.13		68022	1339	1.97%	0.64	12.57	0.00%	0.00%	0.00	0.00%	24	35.63
第二阶段：49.99 OCPC	10000.00 按日预算	854.82	★★★☆☆	67986	1334	1.96%	0.64	12.57	0.00%	0.00%	0.00	0.00%	24	35.62

图 5-34　出高价后计划的数据情况

3 月 30 日有两条正常出价的计划也开始跑起来了，如图 5-35 所示。

消耗 ⇕	转化数 ⇕	平均转化成本 ⇕	展示数 ⇕	平均千次展现 ⇕	点击数 ⇕	平均点击单价 ⇕	转化率 ⇕	点击率 ⇕
13312.47	952	13.98	155622	85.54	4390	3.03	21.69%	2.82%
4947.94	304	16.28	21386	231.36	986	5.02	30.83%	4.61%
2374.23	255	9.31	27208	87.26	526	4.51	48.48%	1.93%

图 5-35　其他计划也跑起来了

之后走势越来越好，一条计划每天能花两三万元，如图 5-36 所示。这可以作为账户内计划之间会互相促进的又一个证据。

时间 ⇕	展现数 ⇕	点击数 ⇕	点击率 ⇕	平均点击费用(元) ⇕	平均千次展现费用(元) ⇕	消费(元) ⇕
总计	6146467	181410	2.95%	0.47	13.73	84364.95
2018-03-27	8374	634	7.57%	0.09	6.81	57.05
2018-03-28	867	38	4.38%	0.14	6.01	5.21
2018-03-29	68022	1339	1.97%	0.64	12.57	855.13
2018-03-30	689290	19629	2.85%	0.48	13.70	9445.27
2018-03-31	1786597	52844	2.96%	0.43	12.66	22626.80
2018-04-01	1605542	50455	3.14%	0.41	12.96	20812.70
2018-04-02	1987775	56471	2.84%	0.54	15.38	30562.79

图 5-36 账户的数据情况

计划之间会互相促进，我们把这种关系叫作"相爱"。除此之外，它们还会"相杀"。

3. 计划之间也是"相杀"的关系

虽然所有广告计划都在一起竞争，但同行业的计划竞争会相对激烈，同一个账户内的计划竞争会更激烈。有人说这是因为频控，不是的，最主要的原因是：**它们竞争的是同一批人**。

不同行业的目标用户会有区分，但同行业的受众是相似的，所以竞争更激烈。

讲一个很老但很典型的案例。2018 年 4 月 2 日 19:50，一个账户当天花了 20 多万元，广告主的预算不多了，要求控制预算，但沟通之后广告主同意再少花点钱。所以我把账户里绝大部分计划关停了，只留下了几条我觉得比较有希望但还没投放起来的计划，想看看别的计划都停了，这几条会不会跑起来。

没想到效果非常明显，其他计划关停之后，剩余的计划中有一条瞬间起量。本来这条计划当天的消耗速度和前一天不相上下，但在其他计划关停之后，它单小时的消耗较前一天同一时间上涨约 147%，当天整体消耗较前一天上涨约 55%，如图 5-37 所示。

图 5-37 某条计划突然起量

平时谁都不舍得把跑量计划关停。就为了测试账户内在没有竞争的情况下，剩下的计划能不能跑起来——万一把跑量计划搞死了呢？犯不上冒这个险。

但当时广告主当天预算快花完了，必须限制预算，所以就做了这个测试。

这个案例可以说明：**账户内真的存在竞争，计划之间在互相压制、抢量，我们把这种现象叫作"相杀"。**

计划之间既会相互促进，也会相互竞争，很难说它们是"相爱"多一些，还是"相杀"多一些，但是在一些场景下其中一面更明显。下面看几个具体的应用场景，先来看"相爱"的情况。

4. 老账户更容易起量，但新账户也有机会

在广告投放行业，**能跑量的老账户是非常宝贵的资产**，因为在老账户里，新建的计划更容易起量。

相应地，也有一种说法，"对于一款产品，如果老账户已经跑起来了，新账户再跑就难了"。这包括一个人手握多个账户和不同投手同时投放一款产品的情况。

这种说法是否科学呢？

从系统逻辑上来讲是真的。因为竞争的是同一批人，老账户有数据积累，更容易跑起来。

从实际投放中来看也是真的。大客户一般会找很多代理同时投放，一般老代理更容易起量，新代理不容易起量。

但如果绝对是这样，信息流广告不就成了"以开户的先后顺序定输赢"的行业了？

实际中也可以看到，总有一些后来者能打破局面，比如一个客户一天大盘（指某客户在媒体的总消耗，即所有代理加客户自运营消耗的总和）有 300 万元，我们觉得竞争已经很激烈了，后开的账户很难投放起来，但总有新人一天能消耗二三十万元，而且挺常见，甚至有后来者压过众人成为第一。

所以，有朋友说，"觉得新开账户之后，老账户会因为竞争而消耗下滑，最后各账户消耗的总量并没有增加"，我觉得这种现象可能存在，但这么想是没有解决方案的。

我们不从新账户影响了老账户这方面想，而是就事论事，逐个账户分析，账户 a 消耗下滑了，那就看是哪条计划的消耗下滑了，投手能不能做什么，如果能提高出价、放宽定向就进行调整，不能的话就优化创意、新建计划；然后再看账户 b，账户 b 没测试出来，就继续测试，实在不行就换新账户重新测试；再看账户 c……

抱着这样的心态更容易把账户做起来。

我曾经觉得自己对某款产品的投放没做起来，是因为现在大盘体量比较大，公司对接晚了，但确实有对接更晚的代理商做得很好，自觉惭愧。这样的事发生过几次以后，真的会改变想法。大盘竞争激烈，的确比较难做起来，但也不是没有机会。

虽然在跑量的老账户里创建的新计划，相当于获得了加持，那是不是说这些新计划一定能跑起来呢？当然不是，它们也有自己的烦恼，接下来讲讲计划之间"相杀"的情况。

5. 新计划会抢老计划的量

新计划会不会抢同一个账户内老计划的量？

会，一定会。不止如此，它也会抢别的账户、别的广告主的量。

那老计划会不会抢新计划的量？

当然也会。老计划能跑量，会压制新计划。

所以，新老计划互相抢量。

既然如此，那还要不要新建计划呢？

还是要的。广告投放就是各计划不断竞争的过程，优胜劣汰。老计划即使不被你自己新建的计划抢量，也会被别的投手新建的计划、别的广告主的计划抢量。在竞争中最终胜出的就是最强的计划，当然要让强的计划取代弱的计划来投放。

不用管新计划抢了老计划多少量，也不用管老计划抢了新计划多少量，只需要看最终的成本和量能否接受。假设老计划是 a，新计划是 b，只要 a+b 的量大于 a 本身的量，新建计划就是增量的，是值得的。

那会不会有 a+b 的量小于 a 的情况呢？当然也存在。并且实际中我们很难分清新建计划是增量了还是拖了后腿。

那怎么办呢？现在普遍的共识是：**新建计划有利于拿量。想快速提量，一定要多创建计划。**

但有一个典型的场景值得讨论：账户里有跑量计划了，还要不要在其中新建计划？

一定会有人说，"有计划跑起来了，再新建计划觉得不受影响"；也会有人说，"再新建计划，原来的计划容易死，所以不能新建"。

对此我无法下定论，只说一下我的思路：**可以新建。**

因为我觉得，即使会竞争，那也是优胜劣汰。怎么断定新素材不会比原来的素材跑得好呢？

虽然信息流广告里的确有"一条计划占账户 80% 以上的消费"的现象，但一个账户有个两三条支柱计划还是比较常见的。所以我认为有一条计划已经跑起来了，也可以继续新建。

因为这本来就有争议，所以没有统一答案。我见过比较极端的做法是：一个账户有一条跑量计划，就停止测试新计划，而去别的账户里新建计划。如果你确实觉得一个账户有一条跑量计划就行了，建议在别的账户里新建计划。因为**等跑量计划完全衰退了再新建，很容易接不上。**

要说在不同账户里创建计划和在一个账户里创建计划有什么区别，我也不好断言，就姑且认为不同账户里的竞争比同一账户内的竞争小吧。

6. 长时间没量的计划要关掉

虽然"账户里有跑量计划了，新计划怎么创建"有争议，但是还有一个没有争议的事情值得大家注意。

长时间没量的计划要关掉。这里的"长时间"指 3~5 天。

计划关掉的时间在 5.4.2 节中会详细讨论，本节讲讲为什么这么做。

巨量引擎提供了一个工具"广告清理助手"，位于导航栏"工具"选项下的"技术服务市场"里，如图 5-38 所示。

图 5-38　技术服务市场

关于这个工具的说明是"定期清理垃圾广告，可以避免占用账户预算，减少内部竞争，有效提升账户管理效率"，如图 5-39 所示。它把长时间没量的计划定义为"垃圾广告"，无可指摘。

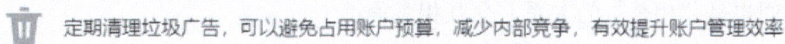

图 5-39　定期清理垃圾广告

清理这些广告能不能避免占用账户预算不重要，提升账户管理效率也有道理，但是"减少内部竞争"这一点我不认同：既然都已经不花钱了，为什么还会存在竞争呢？要说竞争也是竞争失败啊！

你还别说，一个朋友给我解释了一下，还真不是这么回事。

虽然在可感知的范围内看不到有什么影响，但依然存在一些竞争过程（就是粗排 / 精排，有人可能听过）。巨量引擎的一个 PPT 里解释过投放之前的竞价过程：

> 只有在竞价过程中胜出，广告内容才得以展示，也就是说，实际展示 1000 次，进入竞价环节的次数会远多于 1000 次，比如 10 万次。

简单来说，长期没量的计划，也会参与投放之前的竞价过程，这就减少了优质计划投放出去的机会。

不关掉这些长时间没量的计划，本意是为它们保留机会，但是从实际来讲，3 天都没起量（谨慎一点可以放宽到 5 天），之后起量的概率微乎其微。既然它的存在还会干扰跑量计划，还是关掉吧。

同理，新建计划如果比较多，也会减少优质计划投出去的机会。所以，不建议一次创建太多计划（同时开启 10 条计划就算多了）。

7. 频控会加剧竞争

2.2.2 节讲到，频控指**系统会控制一个用户在指定时间内看到一个广告（或相似广告）的次数**。也就是说，系统会过滤掉重复的广告，不将其展示给用户，而这会加剧计划之间的竞争。

应对思路就是增加多样性（多主体、多落地页链接、多素材等），但是计划跑不出去的主要原因不是受到频控，而是竞争力不够强，所以多创建计划、优化创意、研究媒体的新功能才是正路。

总结：

- 所有计划都在互相竞争，不分行业；
- 计划之间是"相爱"的关系，会互相促进；
- 计划之间也是"相杀"的关系，会互相竞争；
- "相爱"的表现是老账户更容易起量，但新账户也有机会；
- "相杀"的表现是新计划会抢老计划的量，不过一般认为新建计划有利于拿量；
- 长时间没量的计划要关掉，因为它会在投放之前的竞价过程中拉低优质计划跑出去的概率；
- 频控会加剧竞争，但不是导致计划没量的主要因素。

5.4 关停

关停计划操作起来很简单，点一下按钮就行。但什么时候关停需要慎重。

5.4.1 一个转化都没有，计划什么时候关停

如果一条计划开启一段时间后一个转化都没有，消耗最低要达到多少，才应该将其关掉？

有一个简单的计算方法，**消耗 ÷ 出价**。因为转化成本等于出价是比较好的情况，所以可以把出价当作成本粗略地估算。**消耗 ÷ 出价 > 1**，即起码等到消耗 > 出价，才能关掉计划，否则不能判断这条计划的成本高低。**最好在消耗 ÷ 出价 > 2，还没有产生转化的时候再关掉**，也就是留出足够的空间，这样测试的成功率会更高一点。

看两个例题。

(1) 图 5-40 所示的这条广告计划出价 191.99 元，消耗 177.52 元后 0 个转化，你觉得应该关停吗？

出价(元)	消耗 ⇅	转化数 ⇅
	177.52	0
191.99 oCPM	177.52	0

图 5-40　是否应该关停

答：不应该，因为当消耗＞出价，才有机会获得 1 个转化，现在消耗＜出价，没有转化是正常的，应该继续观察。

(2) 图 5-41 所示的这条广告计划出价 161.99 元，消耗 730.39 元后 0 个转化，你觉得应该关停吗？

出价(元)	消耗 ⇅	转化数 ⇅
	730.39	0
161.99 oCPM	730.39	0

图 5-41　是否应该关停

答：应该关停。消耗 ÷ 出价≈4.5，也就是说，正常情况下这些消耗可以获得 4 个转化，但现在 1 个转化都没有，成本过高，可以关停了。

说起来很简单，但我见过很多实际案例，消耗＜出价，投手觉得成本高，就把计划关停了。这样会导致不停地创建计划、关停计划，最后测试的钱也没少花。

可以算一笔账：**一条计划的测试预算 × 计划测试条数 = 总测试预算。**

不能只看一条计划花了多少钱，因为我们的最终目的是测试出有效计划。如果这条计划关掉了，还要另建一条计划，同样得花钱，最后不一定少花钱。所以，转化数的临界值定得高一点，不要轻易下结论，计划的测试成功率会高一些，没准儿能少花一些测试预算。

比如一条广告计划第一天投放，出价 88 元，预算是 1000 元。我们发现 15:00 至 17:59 这 3 个小时花了约 117 元，但是没有产生转化，如图 5-42 所示。消耗 ÷ 出价 =117÷88 ≈ 1.33，小于 2，花的钱还比较少，可以继续观察。

时间 ⇕	消耗 ⇕	转化数 ⇕	转化成本 ⇕	转化率 ⇕
总计 共9条记录	**708.42**	**9**	**78.71**	**6.16%**
2020-01-09 22:00 - 22:59	181.03	0	0.00	0.00%
2020-01-09 21:00 - 21:59	7.13	0	0.00	0.00%
2020-01-09 20:00 - 20:59	207.65	5	41.53	11.63%
2020-01-09 19:00 - 19:59	106.97	2	53.49	9.09%
2020-01-09 18:00 - 18:59	88.25	2	44.13	7.14%
2020-01-09 17:00 - 17:59	56.70	0	0.00	0.00%
2020-01-09 16:00 - 16:59	49.16	0	0.00	0.00%
2020-01-09 15:00 - 15:59	11.53	0	0.00	0.00%

图 5-42　起码等到消耗 > 出价才能关停一条计划

再花一些钱，发现有转化了，到 22:30 花了约 700 元，整体转化成本为 78.71 元，低于出价，符合要求。9 个转化达到了临界值，所以这条计划可以放开预算，从 1000 元调到了 2 万元。

如果花了 117 元没有产生转化就把这条计划关停，那这些钱就白花了，还得再花一些钱测试，不就亏了嘛。

总结：起码等到消耗 > 出价，才能关掉计划，否则不能判断这条计划的成本高低。最好等到消耗 ÷ 出价 > 2 时再关停。

接下来我们讨论更复杂一些的情况，从中能看出从业人员水平的分水岭。

5.4.2　月薪 3000 元和月薪 2 万元的投手的区别：什么时候关停计划

1. 投手水平的判断

月薪 3000 元可以视作初级投手。

"为什么要关停一条计划？"

"因为它效果不好。"

效果关乎成本和量，所以就是"成本高"或者"量少"。

月薪 2 万元可以视作高级投手。

高级投手明白信息流广告的一个隐性规律：计划的数据会变化，因此不能只看现在，还得想想以后。

所以，对于这个问题，有经验的投手会怎么回答呢？

"为什么要关停一条计划？"

"因为它现在效果不好，预计以后也不会变好。"

——那些现在效果不好、以后可能效果会变好的计划，就可以不关停。这就是两者的区别。

初级投手的判断有什么问题？

把"现在效果不好、以后可能效果会变好的计划"关停了，有什么坏处？

直接的坏处有两个：

❑ 计划已经花的钱白花了；
❑ 以后可能带来的量没带来。

还有一个间接的坏处：计划测试成功率低。

不是说关停一条计划就完了，这条关停了，还得再创建一条，还会有测试成本……而且不一定能测试成功，如此恶性循环。

你可能想：听起来好像有道理，但问题是怎么知道现在效果不好的计划以后可能会变好呢？

没有人能准确预测以后的数据走向，但只要在"成本"和"量"这两个判断指标的基础上，再加上两个辅助指标，就能提升预测准确性。

2. 判断是否关停一条计划的 4 个指标

直接指标：成本，量。

辅助指标：时间，数据量。

"时间"指计划开启以后的投放时间。

"数据量"指计划开启以后，累计获得的曝光量、消费、转化数等一系列反映投放量的指标。

初级投手只以"成本""量"这两个直接指标为判断标准；而加上"时间""数据量"这两个辅助指标，就可以进阶为中高级投手。

我们分别来看这两个辅助指标在"量少"和"成本高"这两大难题里怎么应用。

怎么判断是否"量少"？

结论先行：判断是否"量少"，要加上"时间"作为辅助。投放了 3 天都不花钱，才可以判定这条计划"量少"，可以关掉。

为什么是 3 天呢？

因为等 3 天不花钱再关停肯定比 1 天不花钱就关停，起量的概率更大。而且，这样做几乎没有任何成本和损失。

另外的考虑是：在巨量引擎投放，前 3 天是赔付期，期间成本是有保障的，可以利用这一机会。

也可以放宽到 5 天：5 天还不花钱，以后能花钱的概率就比较小了，可以关停了。

有没有发现，这似乎主要是针对新计划的？是的，新计划在前 3 天起量的概率比较大，所以要多给一点时间。

还有一些其他情况，如下所示。

❑ 如果是曾经起量过、后来没量的计划呢？
❑ 一条计划的量一直很少（比如一天花 200 元），要不要关停呢？
　这种看起来是量少的问题，但其实是成本问题。成本高、量还少就关停，不必多说；成本满足要求但量少，则可以留着，也不碍事。
❑ 如果成本满足要求，但 1 天只有 1 个转化呢？
　如果成本真的满足要求，我认为可以留着。不过这种情况成本一般很难稳定地满足要求，忽高忽低。如果算下来几天的平均成本还是比较高，就可以关停了。

不仅如此，大部分情况下，量很少的时候成本都是忽高忽低的，这样的计划可以关掉，只保留"量少但是成本可接受"的那部分计划。

总结一下：

❑ 新计划没量——给 3 天时间，多观察一下（也可以放宽到 5 天）；
❑ 老计划没量——看成本高低，成本低可以留着，成本高就关掉（量少的计划大都成本高）。

怎么判断是否"成本高"?

结论先行:判断是否"成本高",要加上"数据量"作为辅助。数据量小的时候,不要关停。消耗 100 元以上(或者曝光超过 5000 次),并且成本非常高(起码达到出价的 120%)或持续高,再关停。

数据量很小的时候,置信度较低,这是数据分析中的常识。这是因为偶然性很大,甚至可能出现 50% 点击率、100% 转化率的情况。所以,起码要超过底线再做判断。关于底线的粗略参考是消耗 100 元以上或曝光超过 5000 次。具体还要看转化成本的高低,但无论怎样,总要等到消耗 > 出价的时候,才可以做判断。

数据量超过底线之后,就要看成本高到什么程度了。如果成本非常高,那么直接关停掉,不必多言,这也是大部分情况。如果感觉计划还有成本下降的可能,可以再加上"时间"辅助判断。1 小时成本高不要关停,1 天成本高也不要关停,要看 3 天的数据,连续 3 天成本高再关停(涉及 ROI 的话,观察的时间要更久,可以放宽到 5 天以上)。

解释一下为什么有的时候"成本高但不要马上关停",主要分三种情况。

☐ **在赔付期内。**说过很多次了,满足赔付条件就不用关停,成本再高媒体也会赔付。

☐ **成本在小范围内波动。**一般认为转化成本在转化出价上下 20% 的范围内(谨慎一点的话可以取 10%)是正常的,不用调整,没准第二天自己就下降了。1 小时成本高就更不用关停了,可能全天的成本会降下来。如果没降下来,也不能干等着,连续 3 天成本居高不下就可以关停了。

☐ **考核目标和转化目标不一致的情况。**比如考核 ROI,考核成本肯定更容易波动。这个时候往往更需要耐心,要留意数据的趋势,把时间线拉长,看数据是不是整体呈上升趋势,如果是的话,就不要刚开始就关掉。如果数据不是太差,可以把时间线拉长到 3 天左右来看。

讲一个读者分享的案例。他做电商投放,往天猫店铺导流,一般新计划第一天 ROI 达不到 70% 他就会关掉,这样总投放不起来。但他发现别人的账户的量很大,难道对方的计划第一天 ROI 都能达到 70% 吗?不是的,对方告诉他要有耐心。看了对方的数据后,他发现计划的 ROI 有上升的趋势,有的计划第一天的 ROI 虽然低一点,长期来看也能达到要求。这样把首日 ROI 标准放低,能投放起来的计划就多了,账户的量就大了。

我也有这样的体验。所以,如果你的考核目标和转化目标不一致,一定要有耐心,注意观察数据趋势。即使最终发现你做的账户没有这个规律,观察也是有必要的。

> **提示**
>
> 　　对于成本高但还要再投放一段时间的计划，投手基本上在硬扛，很有可能扛完之后发现数据并没有上升。这时候就涉及一个更重要的原则：看当天成本能不能接受。能接受就继续投放，不能接受就限量，少投放一点，等第二天再看看。毕竟活着最重要。

总结一下。

2 关：

- ☐ 成本非常高，要关停（起码达到出价的 120%）；
- ☐ 成本持续高，要关停（参考 3 天，主要适用于考核目标和转化目标不一致的情况）。

3 不关：

- ☐ 数据量非常小的时候不关停；
- ☐ 满足赔付条件不关停；
- ☐ 成本在目标出价上下 20% 范围内波动不关停。

是否关停一条计划的直接指标是"成本"或者"量"，这能解决 60% 以上的问题；辅助指标是"时间"和"数据量"，加上它们可以提升测试成功率。

这 4 个指标的用法如下。

- ☐ 初级的做法：

  现在成本高或量少就关停了。
- ☐ 中级的做法：

  - ▪ 判断是否"成本高"，要加上"数据量"作为辅助，消耗 100 元以上（或者曝光超过 5000 次）并且成本高再关停；
  - ▪ 判断是否"量少"要加上"时间"作为辅助，连续 3 天不花钱再关停。
- ☐ 高级的做法：

  判断是否"成本高"，除了加上"数据量"作为辅助以外，再加上"时间"作为辅助，对于部分比较有希望的计划，可以观察 3 天，持续成本高再关停。

两个辅助指标的用法可以简化成两句话：

- ☐ 数据样本要足够多；
- ☐ 要看连续 3 天的数据——连续 3 天不花钱，就是不会花钱了，连续 3 天成本高，就是没戏了。

5.4.3 开关 / 调时段 / 调预算，哪种方式对计划伤害最小

这个问题很难回答，想要弄明白的话需要了解系统策略，同时研究过大量数据，这远超出我的能力，并且目前尚未看到有官方资料详细说明这个问题。

但这又是投手每天都要面对的选择：当被迫关停一条跑量计划的时候，该怎么操作？

对于巨量引擎，结论是"调预算"伤害最小。

对于腾讯广告，结论是"调时段"伤害最小。

对计划的"伤害"指"消费下降""转化成本升高"或者"后端数据变差"。本节主要讨论"消费下降"的情况。

我们分成以下几个部分来讲：

(1) 总有一些时候要被迫关停一条计划

(2) 关停计划会不会造成伤害？

(3) 有没有什么"变相"的关停方式？

(4) 开关 / 调时段 / 调预算，哪种方式伤害最小？

(5) 案例：一个跑了 1 年的王者计划

(6) 讨论：遇到这些情况该怎么办？

1. 总有一些时候要被迫关停一条计划

关停是信息流广告投放里的常见操作。如果要彻底放弃，那不必多言，直接关停即可。

但有时关停只是一种"缓兵之计"。我们认为这条计划还有希望，迫于无奈才关停，过两个小时或者明天继续投放。

比如下面这些情况。

(1) 今天预算不够了

预算调整，需要控制当日消耗。

(2) 当天转化成本太高了

不知道什么原因，当天的转化成本远超出价，但可能明天会降下来，所以想今天关停，明天再看看。

(3) 等着看后端数据

考核后端数据，但用户深度转化需要的时间比较长，所以花钱之后需要先关停计划，等看到后端效果再决定要不要放量。

(4) 当天 ROI 不达标

可能明天 ROI 会好一点，而投手需要对当天 ROI 负责，于是先关停。

(5) 受业务影响

晚上没有人上班，所以只在白天投放，晚上关停。

(6) 安装包忽然出问题、产品调整等不可抗力导致短期关停。

在这些例子中可以看到，**关停作为一种临时控制消耗的手段，还是挺常用的**。

同时，对投手来说，一条跑量计划能决定一个账户的消耗、自己的奖金，甚至一个代理是否被砍掉。所以一旦测试出一条跑量计划，一定要好好保护起来，起码不能因为人为因素把它搞死了（自然衰退则没有办法）。

在这些"不得不"关停的情况下，关停操作会不会对计划造成伤害呢？会不会原来计划一天能花 2 万元，关停之后再开启，一天只能花 2000 元了？

2. 关停计划会不会造成伤害

如果你问投手这个问题，得到的答案大概率是"有的有，有的没有"。

部分回答如下：

❑ 计划关停之后很可能再也起不来了，我之前的一个项目有类似的经验；

❑ 我们公司经常这样控量，都是直接关停，感觉影响不大；

❑ 直客都建议关停重启不如直接新建计划；

❑ ……

的确，有的计划特别"坚固"，好像怎么调也没事；有的计划特别"脆弱"，一碰就碎。

但我们想得出一般意义上的操作指南，所以需要寻找理论依据，并且要分析更多数据，探寻普遍规律。

先看看从系统规律上怎么解释。

转化出价是由模型控制的，而模型的计算依赖当下的数据。流量随时在变化，计划关停之后再开启，关停期间流量已经变了，但模型对它的认知没变，所以模型的预估就不准了，需要重新学习，计划竞争力就可能因此变弱。

这样看来，关停的影响就在于"模型学习"。如果是按点击出价的计划，因为没有模型学习的限制，所以关停之后再开启变化不大，不会影响消费。

我曾经以为关停一条计划就像是"把玻璃杯打碎了"一样，所以一直像防触电一样躲避开关按钮。现在明白了原理，就知道其实没那么可怕。

"关停是否有伤害"跟时间有关系，时间越短，影响越小。

如果只关停 1 秒，那肯定没有伤害，关停 10 分钟也没什么问题。知道了这一点，再手滑误关停跑量计划，就不用那么自责了，赶快重启就没什么影响。但如果停了 1 个小时，就容易有影响。如果停了很长时间，比如 1 个月，那么计划再跑起来的概率就比较小了。

按照这个逻辑展开。如果能协调的话，建议保证每天都持续有消耗，这样计划更容易在重启的时候跑起来，即使只花很少的钱也比零消耗强。

例如：一条日消耗 5 万元的计划，需要关停 2 天，那拿出 600 元预算，每天消耗 300 元，让系统产生投放数据，更有利于复投之后计划恢复跑量。这算是"养"计划的一种方式吧。

我们还可以试图解释一下"为什么有时候计划关停之后效果反倒更好了"。

因为关停之后模型需要重新学习，有可能学得更好了。所以建议"如果现在跑得很好，那就什么都不要调，不值得冒险"；"如果现在跑得不好，那可以关停，过段时间再开启试试，死马当活马医"，能跑起来就赚了，跑不起来也没什么损失。

再从实际的投放数据来看。

有朋友粗略分析了 1000 条以上有过"关停之后再开启"（全部是用"开关"关停的）操作的计划，发现一小半的计划消耗较前一天有增长，一大半的计划会掉量。掉量的计划中有一部分完全不花钱，剩下的计划衰减程度不同。

当然，增量或者掉量不一定是因为"关停之后再开启"操作引起的——增量可能是因为计划的消费能力强，本来第二天消耗较前一天增长 80%、结果只增长了 30%，也相当于掉量了，但这种情况很难区分；掉量也可能是自然衰退或者其他调整导致的。

这组数据给我最大的启发是：再碰到有投手说"我试过关停再开启，没影响啊"，就不会觉得很震惊了，因为一部分计划关停之后是增量的，这是正常现象。

但从整体来看，大部分计划关停后再开启效果会衰退。所以，还可以得出结论：**关停计划是有伤害的。如非必要，尽量 24 小时连续投放。**这也符合目前主流的说法。

通俗一点来说：**一条跑量计划关停之后比较难恢复，一直跑还是比较容易有量的，所以不值得冒险关停。**

3. 有没有什么"变相"的关停方式

前面说的"关停"都是指"开关"的操作。

想要达到"关停"的目的，也可以不用开关，还有一些"变相"的关停方式。

我们先看计划都有哪些状态。

投放只有一种状态，就是"投放中"。

不投放却有很多状态，常见的有：计划关停、广告组关停、不在投放时段、计划消耗达到预算、广告组消耗达到预算、超出账户日预算、账户余额不足。

可以把不投放的这些状态归为三类。

- ❏ 开关：计划关停、广告组关停，也就是用计划或组来关停。
- ❏ 时段：不在投放时段——用时段来关停。
- ❏ 预算：计划消耗达到预算、广告组消耗达到预算、超出账户日预算——因为预算的作用是让"消耗≤预算"，并且这三个预算只要有一个撞线，计划就会停止消耗，所以可以用减少计划预算/组预算/账户预算的方式来实现关停。

（用账户余额来关停用得比较少，这里就不讨论了。）

所以，达到关停目的有开关、时段、预算三种方式。

有朋友问："计划设置了 2 万元的预算，马上要撞线了，这时候是关停组还是不用管？"

不用管。"预算撞线"已经可以达到关停的目的了，不需要再用组关停来重复操作。

那这些关停方式有什么区别吗？哪种方式的伤害更小一点？

4. 开关/调时段/调预算，哪种方式伤害最小

这是存在争议最多的地方，下面列出常见的争议、我的结论（红字）以及还不确定的地方。

开关：

这是标准操作，其他"变相"的方式都和它比较效果。

不同操作的区别：计划关停和广告组关停的效果一模一样，没有任何区别，没有任何区别，没有任何区别。在投手中有一种说法——"用广告组关停比用计划关停伤害小"，但在媒体方看来是毫无争议的，没有差别。我也认为没有任何区别。

时段：

它和开关基本一致。

之前我对时段有一个误解，觉得调时段不算负向操作，如今得到了明确的答复：调时段是负向操作，调时段是负向操作，调时段是负向操作。因为调了时段，模型就没有数据了，需要重新学习，所以它是负向操作。调时段也是有伤害的，不要频繁调。你可能想："我经常调，计划也跑得好好的"，那我只想友情提示一下："你试试不调，效果会不会更好呢？"

经常看到投手整页整页调时段的操作日志，如图 5-43 所示。对此我想说，如非必要，不要再经常调时段了。

图 5-43 经常调时段

关于时段和开关的区别，还有一个常见说法："当天成本太高，调时段应该比关停要好，因为系统预估你还会投放，直接关停的话可能就判定你不投了。"目前对此我没有得到明确的答复，了解巨量引擎系统规则的朋友请不吝赐教。

姑且认为在关停效果上，调时段不会比开关更差，就认为调时段好一点吧，原因不明。

对计划伤害的排名：开关＞调时段。

预算：

比开关伤害小。

为什么这么说呢？

因为系统的规则是：**预算充足的时候，降低预算对计划基本没有影响**。"预算充足"可以参考"消耗≤预算×80%"。这和我以前的认知不一致，我一直觉得只要降低预算就对计划有伤害，现在更新了认知。

但要注意，如果预算不充足，那还是会对计划有影响。所以，降低预算的时候留一定余地，让预算≥消耗÷80%，也就是控制在消耗的 1.2 倍以上。

例如现在消耗是 1500 元，预算是 5000 元，那就把预算降到 1500÷80%=1875 元以上，比如 2000 元。

> **提示**
>
> 即使目前了解到的规则是"预算充足的时候，降低预算对计划基本没有影响"，我还是认为尽量不要降低预算。首先，这么做不可能有好处，最多没坏处。其次，能多花钱的时候还是尽量多花钱，不要限制预算，这样在别的方面会有一些好处。比如衰退这个老大难的问题，一条日消耗 1 万元的计划，可能 1 天衰退到只消耗 5000 元了；但日消耗 20 万元的计划，即使衰退了可能也还有 10 万元的消耗，所以尽量不要降低预算。

不同操作的区别：在想要关停的时候，降低计划预算、组预算、账户预算效果基本一致（在想要放量的时候有区别，本节对此不展开），系统会按照账户预算、组预算、计划预算和账户余额取最小值来投放。所以，控制组预算或者账户预算和控制计划预算相比，占不到什么便宜，但应该没什么坏处。

对跑量计划伤害的排名是：计划预算＞组预算＞账户预算。

整体而言，对跑量计划伤害的排名是：开关＞调时段＞调预算，伤害最小的是调预算。

详细的排名是：开关＞调时段＞计划预算＞组预算＞账户预算。

5. 案例：一个跑了 1 年的王者计划

下面讲一个做游戏广告投放的朋友分享的案例。这条计划 2019 年 7 月 1 日开始投放（如图 5-44 所示），跑量巅峰时期日消耗 50 万元，后来控制预算后，日消耗 1 万元左右，预估不控制预算的话，日消耗四五万元。

这条计划从未调时段 / 开关，甚至中间有几次游戏短暂停服 10 分钟，投手也没有调过时段 / 开关。

消耗	转化数	平均转化成本	展示	平均	投放时间
19667.23	3327	5.91	468269	42.00	
19667.23	3327	5.91	4682 69	42.0 0	2019-07-01 至 2029-0...

图 5-44 计划开始投放

但是因为整体预算变动，这条计划多次调整过预算，但消费能力没有受到明显影响，一直能跑量，如图 5-45 所示。

操作日志

操作时间	操作类型	操作内容
2020-04-05 00:01:46	修改	修改预算: 1000.0 -> 10000.0
2020-04-04 20:45:25	预算预修改	新增预算: 10000.0
2020-04-04 00:02:26	修改	修改预算: 30000.0 -> 1000.0
2020-04-03 22:53:24	预算预修改	新增预算: 1000.0
2020-04-01 15:26:16	修改	修改预算: 15000.0 -> 30000.0
2020-03-31 09:13:09	修改	修改预算: 8000.0 -> 15000.0
2020-03-30 11:51:14	修改	修改预算: 9000.0 -> 8000.0
2020-03-28 09:28:26	修改	修改预算: 15000.0 -> 9000.0
2020-03-28 09:02:36	修改	修改预算: 29500.0 -> 15000.0
2020-03-27 16:28:06	修改	修改预算: 30000.0 -> 29500.0

图 5-45 计划运行中多次修改预算

这不是说一条计划不调时段和开关就能跑一年，但依然可以给我们一些提示：

❑ 最好让计划每天都有消费，连续投放；

❑ 少调时段和开关，要调就调预算，预算充足的时候不会有太大影响。

6. 讨论：遇到这些情况该怎么办

(1) 今天预算不够了 / 当天转化成本太高了 / 当天 ROI 不达标，但我觉得还有希望，明天还想再看看，这种情况怎么办？

直接降低预算，降低账户预算 / 组预算 / 计划预算都行，降到预算 ≥ 消耗 ÷80%，这样伤害最小。

(2) 投放完广告之后需要有人打电话回访，而晚上没有人上班，所以只在白天投放，怎么操作比较好？

设置成固定时段，例如 9:00—18:00，不要经常调。强烈建议这样操作。

(3) 等着看后端数据的情况怎么办？

对于这种情况，建议最开始就设置成小预算，例如 2000 元，撞线之后就不操作了，看后端效果如何。

总结一下。

(1) 关停对计划有伤害吗？

有的时候有，有的时候没有。从系统规律和大范围的数据上来看，大部分时候关停会有伤害。

(2) 用什么方式关停都会有伤害吗？

起码不会有好处，所以尽量不要关停。

(3) 用哪种方式关停伤害最小？

对跑量计划伤害的排名是：开关 > 调时段 > 调预算。

所以，不得不调的情况下，建议调预算。（手动出价，"优先跑量"的模式下）预算使用率不到 80% 的情况下，降低预算伤害不大。

竞价部分的操作要点如图 5-46 所示。

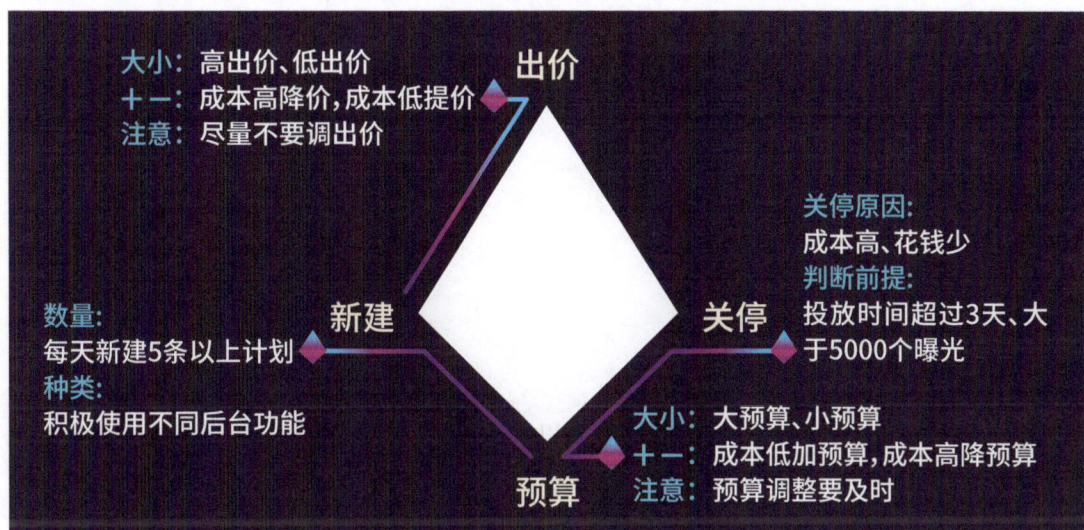

大小：高出价、低出价
＋－：成本高降价，成本低提价
注意：尽量不要调出价

出价

关停原因：
成本高、花钱少
判断前提：
投放时间超过3天、大
于5000个曝光

数量：
每天新建5条以上计划
种类：
积极使用不同后台功能

新建

关停

大小：大预算、小预算
＋－：成本低加预算，成本高降预算
注意：预算调整要及时

预算

图 5-46　广告竞价"紫水晶模型"

第 6 章

数据分析及对应策略

数据分析贯穿广告投放始终。数据分析可以揭示问题，但同时需要我们理解广告系统的规律，从而做出决策：要不要继续投放，该怎么投放。本章介绍在数据分析的基础上，创意、定向和竞价的综合使用方法。

6.1 数据分析的基本思路

数据分析的作用首先是完整、准确地掌握广告投放效果，其次是**找异常**，异常就意味着问题。想要找到异常，数据收集需要足够细致。一旦发现哪里不对，就可以顺藤摸瓜找到问题的根源。

6.1.1 数据分析的前提：有效的数据监测

数据分析是广告投放的基础，而数据监测是数据分析的基础。广告投放是花钱的事，一定要把账算明白，因此数据监测至关重要。但是数据监测往往在"水面下"，统计口径、数据回传等很容易出问题，不懂技术的人根本不明白。本节简单介绍怎么做好数据监测。

如果转化是在媒体平台上完成的，比如在抖音小店卖货，那么媒体会提供完整的数据，不需要自己单独监测。但如果转化是在媒体平台外完成的，比如需要监测一款 App 的用户次留、下单等数据，那么就需要自己做数据监测了。大公司一般会自己做数据监测，但是成本往往很高，因为需要对接多个平台，平台的接口还会发生变化，需要持续维护，这需要 15 人左右的技术团队，成本可想而知。一般公司的最优选择是直接买第三方服务，更便宜，也更方便。我一般推荐客户用热云，它的数据监测产品上线快 10 年了，产品功能很成熟，性价比很高。接下来讲讲数据监测的基本注意事项。

1. 分渠道归因

做广告投放，正确归因肯定是最重要的，这样才能知道哪个媒体、哪条计划、哪个素材效果好，才能持续优化。这一步有很多技术工作要做，比如对接各个渠道、确定归因方式等。对于市场人员来说，只需要拿到准确的数据就可以了。有一些规模比较大的甲方，为了数据更准确，会同时使用两个平台监测数据，可见正确归因的重要性，一般的公司选一个就行。热云对接了市面上能投放的 700 多个媒体，能监测到几乎所有平台的数据，非常方便。其数据准确性也是公认的，华林证券、樊登读书等都在用。

2. 数据回传

现在广告投放的主流方式是"转化出价"，需要甲方把用户的关键行为数据回传给媒体，媒体据此分析已转化用户的特征，从而找到容易转化的用户。也就是说，回传的数据是种子用户，种子用户的质量直接决定了投放效果。

所以，把什么样的用户行为数据回传给媒体至关重要，需要在投放过程中持续测试。下面谈谈成熟的数据监测平台能为数据监测做的优化。

广告投放平台一般会有一些假量，包括大平台，这已经算是业内公开的秘密了。但广告主们往往对此束手无策——有假量又能怎么样，你能不投放吗？

的确，大平台谁也绕不过去，但我们可以在数据回传上做一些优化。监测平台发现用户的作弊行为，可以选择不将这样的数据回传给媒体，这样就能对模型正面反哺，降低将广告投放给作弊用户的可能性。

热云在防作弊上做得挺好，它制定了很多规则来优化投放效果，如图 6-1 所示。

防护项目	说明
点击到激活最小时间差设置	屏蔽点击到激活时间过短的数据
点击IP离散度设置	屏蔽IP地址超警戒频次的点击数据
激活IP离线度设置	屏蔽IP地址超警戒频次的激活数据
作弊点击关联激活分析	细分3种作弊点击类型，并关联为作弊激活
模拟器、真机刷量识别	多维设备指纹信息识别虚拟机、模拟器和真机刷量行为
点击劫持分析	5档劫持窗口灵活定义"小点击"，轻松识别点击劫持行为
应用商店劫持分析	实时判别并防护应用商店劫持行为，渠道效果完璧归赵
点击到激活时间差（MTTI）分布	17级时间粒度划分MTTI分布，"大点击"行为分析利器
僵尸用户分析	3档观察周期灵活定义僵尸用户，筛查真机刷量行为

图 6-1　防护项目与说明

讲完了数据监测，接下来我们看一下数据分析的思路。

6.1.2　广告数据分析思路：只看量和 ROI 就够了

> 本节"ROI"的意思是"成本或者 ROI"，指考核的关键指标。如果考核成本，那就看成本；如果考核 ROI，就看 ROI。

做数据分析的一个重要问题是数据太多了。媒体提供了近 100 个维度的数据：展示、点击、下载、激活、转化、视频播放率、点赞数、分享数……再加上后端数据，如图 6-2 所示，这要怎么分析，看都看不过来。

图 6-2　腾讯广告提供的部分数据维度

而且很少有计划所有维度的数据表现都不错。如表 6-1 所示是 3 条投放 App 下载的计划，计划 1 花费最多，留存成本也最低，但下载率、安装率、激活率都远低于另外两条计划。

表 6-1 3 条计划的数据

广告名称	计 划 1	计 划 2	计 划 3
点击率	6.08%	4.28%	4.04%
点击均价（元）	0.08	0.49	0.47
花费（元）	17 931.47	2000.00	1228.18
App 下载成本（元）	1.91	2.6	2.75
App 下载率	4.00%	18.75%	16.98%
App 安装成本（元）	8.29	6.15	7.18
App 安装率	0.92%	7.92%	6.50%
App 激活成本	9.16	8.81	9.99
App 下载激活率	20.85%	29.52%	27.52%
次日留存人数	665	56	28
次日留存成本（元）	26.96	35.71	43.86
次日留存率	33.98%	24.67%	22.76%

那应该怎么办？以哪个为准？

当然是最终考核的数据，广告投放只看量和 ROI 就够了。

并且所有广告系统都是这么做的。因为转化出价相当于你和系统签了一个协议：我要多少成本的量，别的都不管，只要成本达标就行。媒体只保证转化目标对应的成本是稳定的，其他成本可能是波动的。例如对接到下单，那么媒体会保证下单成本可控，但下单前面的 CPM、激活成本以及下单后面的 ROI 都是不确定的。可以理解为，**转化目标是哪一步，媒体就会负责到哪一步**，别的都不管。

你可能想：这么简单，谁不知道呢？

不，很多广告主既要最终指标好，也要过程指标好，还要问：为什么放不出去量？

问题其实就出在这里，要求的指标越少，能得到的量越多，要求指标越多，能得到量就越少。

6.1.3 数据分析的常见关键维度

量和 ROI 是计划有了数据之后，我们决定要不要继续投放的判断标准。但怎么才能得到好的数据呢？这本质上是由计划设置决定的。我们要把广告投放的关键设置作为数据分析的维度，从而找到异常，为投放提供指导。

常见的关键维度有：素材（不同视频 / 图片 / 文案的数据）、转化目标、定向（包括行为兴趣、人群包、Android/iOS 等）、搜索和通投、广告位置等。如果是直播投放，还要加上通投和专业版、直投直播间和视频。这些一般会提前写在计划命名里，例如"20220402– 小白自我介绍 – 行为兴趣 – 通投 – 抖音"，后面直接拿计划名做数据分析就可以了。

思路并不高级，但难的是执行度。只要能严格执行，数据分析肯定能达到 80 分，但大部分人懒得做。

举两个例子。我之前给一个直播间做广告投放，接手之后先分析了一遍历史数据，发现大部分数据没有异常，但搜索的 ROI 是通投的近 3.5 倍，而搜索的消耗很少，只有通投的约 18%，如表 6-2 所示。造成 ROI 差异这么大的原因是，一些客单价高的产品只在搜索这里成交。你能得出什么结论？应该提价投放搜索。极端一点来说，搜索的出价可以调到通投的 3.5 倍，这样 ROI 就一致了；但因为客单价的不确定性，不一定每次搜索的客单价产品都能成交这么多，所以提价 2 倍以上没有问题。

表 6-2 搜索和通投的数据差异

方　　式	消耗（元）	成交（元）	ROI
搜索	8410.15	103 033	1225%
通投	47 851.61	169 595	354%

另外一个容易被大家忽略的是文案分析。文案对投放结果的影响还是很大的。如图 6-3 所示是我投放过的一个直播间的文案分析数据，是不是消耗明显集中？这就说明接下来的文案应该仿照这些写。

行标签	求和项:消耗(元)
#好物推荐#年终福利 儿童护脊书包，这个价，这个福利，只有直播间有，先到先得！	1,473,917
**品牌直营店	586,093
你在那个直播间买的书包？怎么送这么多东西？现在**直播间拍一发四，快来直播间抢吧！	360,017
#年货节福利#好物推荐#好物分享#拍一发四，来我直播间~	291,718
我们来晚了，**品牌直营店正在直播中，买一发四，更多福利等你来抢购！	175,398
沉浸式直播，今天拍一发四！快来我直播间~	145,270
快把你的儿童书包扔了吧！这款防脊压包，让孩子每天都能背。现在{地点}的朋友进直播间拍一发三！	104,762
#书包推荐#书包商家冲量，不求利润只求销量	91,426
#新年活动#新年福利#好物分享 年终工厂福利！只有直播间有！	78,284
书包商家冲量，不求利润只求销量	75,690
总裁推荐！送手提袋！送笔盒！送水杯！一顿饭的钱都不用，快点来直播间抢购~	74,755
孩子背书包太重？试试这款书包，快进直播间领取福利吧！	65,426
#书包推荐#3~6年级的小学生就背这个书包！护脊减压，还拍一发三！#书包推荐#	60,139
{地点}**书包终于放福利啦！{日期}拍下还赠补习袋和文具盒！#年货节福利	59,867
买过的爸爸都比这个用了3年，居然还像新的一样！这个书包用了3年，居然还像新的一样！#书包推荐#	58,488
#好物推荐#过年大福利 儿童护脊书包，这个价，这个福利，只有直播间有，先到先得！	33,016
关注孩子成长从书包开始~{地点}的朋友快进直播间领取福利吧！	30,285
沉浸式直播！今天拍一发四！快来我直播间~	29,849

图 6-3 精华文案

上面的这两个思路都不难，但不容易用好。接下来讲一个把这两个思路用到极致、逆风翻盘的案例。

6.1.4 案例：怎么利用数据分析逆风翻盘，日消耗百万

广告投放行业，天天都有"奇迹"。

之前有一款日消耗超百万的短视频平台，已经有 5 家代理在投放了，后面又接入一家代理。按理说后来者很难成功，结果他们竟然抢占了大盘 80% 的量。

不仅这款产品获得了超百万的新增用户，这家代理也从中受益，堪称 9888 元的培训也买不到的内部经验。

他们到底做了什么，实现了逆风翻盘?

为了得到他们的"秘籍"，我分别采访了负责这款产品投放的甲方和代理。下面就以这个账户的投手小丁的视角来做分享。

1. 找到"生死存亡"的关键

短视频平台"快看"的日新增激活数过万，激活成本一般在 10 元左右，硬性考核目标是 ROI 在 100% 以上。

一般来说，短视频平台的素材方向有几十种：美女、美食、猎奇、搞笑、生活技能分享、垃圾清理、来电秀、唱歌……如图 6-4 所示。

图 6-4 短视频素材方向

我刚接入的时候，把各个素材方向都测试了一遍，结果都失败了。但我发现了一个规律：**不同素材的 ROI 差距很大**。于是我隐隐觉得这就是账户起量的关键。

一般来说，不同代理商的出价、素材大同小异，投放结果肯定差不多。

新代理只有测试出来 ROI 很高的素材，才能在出价上占据优势，才有可能超过其他代理，获得量。

然而可惜的是，我测试了很久都没有测试出 ROI 高的素材。一时间这个项目陷入僵局，明明已经找到了影响"生死存亡"的关键，却停滞不前，接下来该怎么办呢？

2. 秘诀就是提价，翻倍提价

正当我对此头疼不已、束手无策的时候，有一天客户在群里跟我们说："有一家代理测试游戏类的素材，ROI 很高，你们也试试看。"

这种素材如图 6-5 所示。

看到这条消息，我马上让素材团队跟进做了游戏类的素材，测试之后发现一个惊喜：ROI 竟然能达到300%！简直不可思议。

于是我马上联系对接人反馈结果，说现在有条素材的 ROI 能达到 300%，向他申请提价。对接人欣然同意。

图 6-5　游戏类的素材

对接人的回答让我倍感兴奋，我立马把出价从10 元提到 15 元，计划马上就跑起来了，从一天消耗几万元涨到了 20 万元，而且 ROI 能达标。

如果继续提价，会不会跑更多量？

接着，我又试着把价格提到 20 元、25 元，直到 ROI 贴近考核上限，出价 30 元，是原出价的 3 倍。这样的出价让计划非常有竞争优势，一天就消耗了几十万元。

计划跑起来之后，我迅速反馈素材团队，要求他们大量产出游戏方向的素材。就这样，在半个月之后，我们一家代理就日消耗百万，抢占了大盘 80% 的量。

游戏这个素材方向是别的代理先测试出来的，那为什么最终是我们的计划先跑起来了？他们输在哪儿了？

我觉得原因在于他们没提价。他们出价 10 元，而我出价 30 元，这样量肯定没法儿比。

这里就有一个问题，既然他们率先发现游戏类素材的 ROI 很高，那为什么不提价呢？

我想有两种可能：

(1) 那家代理没有意识到可以提价，没找对接人申请；

(2) 找对接人申请提价了，但对方没把权限放得这么宽。

所以，这一次我和对接人**纯粹赢在了胆子大、反应快，抢占了先机**。等其他代理再想用这个套路的时候，已经完全竞争不过我们了。我们的账户已经跑起来了，他们很难把量抢过去了。

话说回来，出价这么高，真的没问题吗？

3. 广告主老板不干了，怎么办

当然有问题。

后来对接人的领导觉得激活成本太高（后台是按激活出价），无法接受，而且要求激活成本也要达标。

这对我来说简直是晴天霹雳：要是降低出价，账户不就完了吗？

该怎么办？我迅速冷静下来，思考有没有别的解决办法，结果还真的找到了一个。

对接人的领导要求激活成本和 ROI 都达标，但不一定是每条计划的激活成本和 ROI 都达标，我可以让有的计划拉低激活成本，有的计划拉高 ROI。

于是我迅速找对接人商议，本来他也在发愁，一听到我的方案，立马就同意了。

那测试出激活成本低的计划难吗？

不难。

关键还是素材方向和出价，垃圾清理类的素材激活成本很低。我迅速上了 20 条这类素材，出价 5 元，带来了一波激活成本低的量；再用 ROI 高的游戏类素材拉高账户整体 ROI，这样账户激活成本和 ROI 就都达标了，如图 6-6 所示。

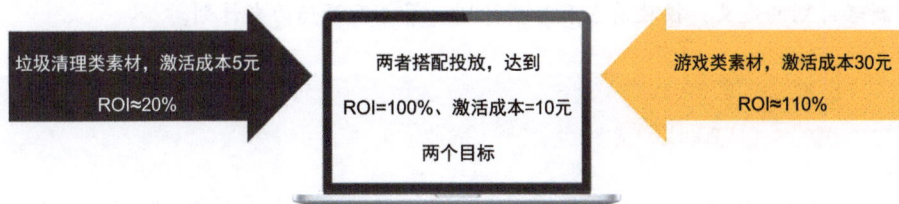

图 6-6 素材方向与出价

4. 总结

采访完小丁之后，我真心觉得他们的这场仗打得真漂亮。那我们在做这类项目时又该注意些什么呢？

我总结了小丁和对接人的起量秘籍，希望对你有帮助。

小丁的起量秘籍。

□ 素材方向是影响账户"生死存亡"的关键，要重点测试素材方向。
□ 一旦测试出 ROI 高的素材，就可以大幅提价，不只可以提价 10%、20%，甚至可以提价 2 倍、3 倍，想象空间非常大。
□ 一旦测试出素材方向，谁的计划先跑起来，量就是谁的，"翻拍"一定要快。

小丁对接人的起量秘籍。

□ **反应要快**，一旦发现跑量素材，及时同步给代理。等别人跑起来了，再让代理测试，就为时已晚了。
□ **胆子要大**，既然是考核最终的 ROI，那过程成本可以放宽，不要自我设限。
□ **尽量跟公司争取，不要把代理卡得太死**。不要要求一条计划激活成本低、ROI 也高，可以用不同的计划来分别满足激活成本和 ROI 的要求。多给代理一些操作空间，就是多给起量一些可能。

上文中"快看"短视频、小丁均为化名，数据为化用。

6.2　投放数据十二大规律及对应操作

通过数据分析发现问题有确定的步骤可循，而广告系统的规律更难发现，媒体也极少讲到。因为它是隐藏的，而且不确定。本章介绍我做广告投放 7 年，花了几个亿广告费，分析了上千个投放账户之后，总结出的一些规律。

> 对新老计划的定义：投放前 3 天为新计划，第 4 天开始为老计划。

6.2.1　一模一样的计划设置，投放数据也未必相同

比如你去水果店买西瓜，店主问"想买点啥啊"，你回答"来半个西瓜"。你每次买西瓜，店主都这么问，你也都这么答，那你买到的西瓜一样吗？有的挺甜，有的不甜，还有可能瓜没熟。

你的回答一样，那为什么买到的西瓜不一样？

因为店家自己的西瓜不一样了呀。西瓜产地不一样，熟没熟也不一定，但它们都叫"西瓜"，都可能被你买到。

媒体后台也一样，比如我是一个因为做了股票产品而点击过股票广告的用户，身上有"股票"这个标签；老王是一个老股民，每天盯着大盘，关注股价，他身上也有"股票"这个标签。你在媒体后台选中了"股票"的兴趣人群，广告可能展示给我，也可能展示给老王，结果肯定不同。

所以在计划设置不变的情况下，什么可能已经变了？

用户变了——你的设置对应的人是不一样的。

竞争环境也在变——媒体分配流量看的是 eCPM 排名，以前你排在第 30 名，现在你没变，但是竞争对手变了，你可能已经排到了第 100 名，就分不到流量了。

所以，即使你的计划是原样复制的，效果也可能不同。

我们看一组实际投放的数据，如图 6-7 所示。一条在跑的计划和它的衍生计划（巨量引擎自动帮你创建的一模一样的计划），后者比前者消耗更高一些，说明计划虽然一模一样，但效果不一定相同。

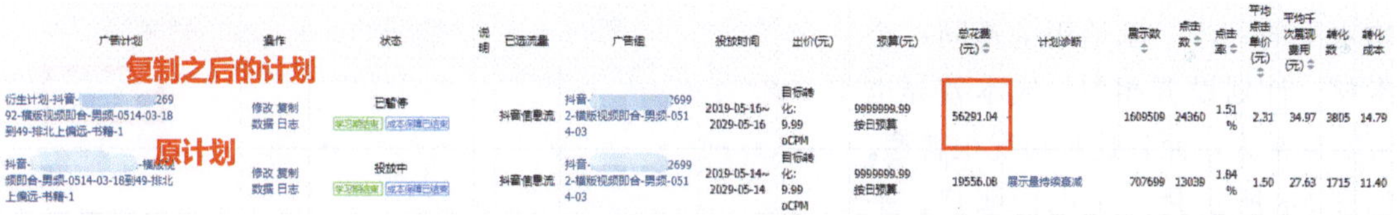

图 6-7　复制的计划效果不一定相同

那这么多因素都在变，广告效果怎么保证？这就是计划的"命"吗？

信息流广告里经常出现一些奇怪的现象。

- 计划的设置一模一样，但好像有的计划"命好"，特别能花钱；别的计划"命不好"，表现不如它。
- 计划的设置一模一样，前端成本也差不多，但有的次留好，有的次留差。
- 计划的设置一模一样，开始效果挺好，后来就不行了。
- ……

媒体对此的解释是：oCPC 和 oCPM 这种转化出价都是依靠模型来找人，模型前期需要积累一些种子用户，然后根据种子用户找相似，最开始的种子用户好，计划表现就会好；种子用户不好，计划表现就不好。

而种子用户"好不好"是你和媒体共同决定的，一方面是你选了什么，另一方面是媒体给你分了什么，比如你选择了兴趣是"股票"，媒体给你分配宁阿姨还是老王，也就是给你分了什么样的流量。

碰见什么样的流量有很大的偶然性，不由你决定；但既然有偶然性，那么一条计划效果不行，不一定代表素材不行，而可能是分到的流量不对或者计划能转化的流量耗尽了，需要寻找新的特征。你再复制两条计划，可能种子用户就不一样了，没准又能跑起来。

发现计划有"命"这件事，也能提醒我们要珍惜跑量计划。不能随意对待它，觉得"大不了复制一下"，不是的，你还是你，但它已经不是原来的计划了。

对应操作：**一条素材要至少创建 3 条计划，搭配不同的计划设置（定向、文案、投放方式等），来提升素材测试充分度。跑量计划很难得，不要轻易动。**

6.2.2　新计划成本不确定

我们已经知道，计划设置一模一样，投放数据未必相同，那第二个规律就是：新计划的成本是不确定的，很可能不到账户平均水平的一半。哪怕用的是同一个素材、计划设置相似，成本差异也可能非常大，而且这种情况很普遍。如图 6-8 所示是一个电商账户，平均 ROI 是 188%，但是新计划的 ROI 不到 100%。每条计划都像有"命"，你需要先设置小一点的预算（不知道设置多少就设置 500 元），看看它的"命"怎么样。转化数达到 6 或 10 的时候，当前转化成本就可以代表以后的转化成本了。如果此时的成本可以接受，那么就可以放开预算。

优化目标	消耗(元)	直接成交订单数	直接支付ROI
账户整体数据	6,567.06	223	1.88
直播间成交	1,020.13	42	2.36
直播间成交	979.23	30	1.65
直播间成交	946.28	35	1.89
直播间成交	666.18	23	2.04
直播间成交	208.05	3	0.62
直播间成交	106.39	2	0.94
直播间成交	87.67	1	0.34

图 6-8　账户整体数据

对应操作：新计划一定要设置预算。

6.2.3 新计划成本高

媒体的运营人员经常这样告诉投手："前期成本高是正常的，因为模型还在学习你的计划，等一等，等模型学会了，成本就会降下来。"

2.3 节讨论过这个问题，这里不再重复。总之，新计划成本高是普遍规律，我们要对此更宽容一些。只要转化成本没有超过出价30%，就可以继续投放着。如果它是条好计划，成本就会降下来。如6-9图所示，投放1天之后，成本降了近20%。

广告计划	消耗	平均转化成本	展示数	点击数	点击率	平均千次展现费用
	202532.46	4.61	6899616	108389	1.57%	29.35
第一天成本高	616.63	5.91	9672	348	3.60%	63.75
	13941.27	4.70	382324	6935	1.81%	36.46
	66417.77	4.73	2883170	41563	1.44%	23.04

图 6-9 给计划一点时间

对应操作：新计划成本超过出价30%以内都是正常的，可以再观察一下，先不要关停，否则会陷入"新建—关停—新建—关停"的无限循环。

6.2.4 新计划第一天起量概率最大

以天为单位来看，新计划第一天（24小时）内起量概率最大，第二天和第三天也比较容易起量。如果过了3天还没起量，就可以放弃了。

爆量计划基本都是投放时间在3天之内的。如果投放超过3天，基本没有可能消耗从几千元提升到几万元。所以需要重点关注新计划的数据。

如图 6-10 所示是一条当天消耗过 10 万元的爆量计划。

计划名称	操作	消耗(元) ⇅	直接支付ROI ⇅	转化成本(元) ⇅	直接成交金额(元) ⇅
0121-下单-极速推广- 极速推广 ID:17.	详情	232,969.80	3.22	59.26	749,659.00
2022-01-21	-	132,888.59	3.07	61.90	407,819.00
2022-01-22	-	100,081.21	3.42	56.10	341,840.00

图 6-10 爆量计划的数据

对应操作：新计划投放后的 24 小时内要重点关注，这个时间段起量概率最大。

6.2.5 跑量计划的成本是稳定的

现在大家都用转化出价，转化成本基本受出价控制，成本相对出价浮动 20% 左右都算正常。那么"不稳定"就是指，一个积累了很多转化数的计划，成本还会突然超过出价很多。我们在一家媒体投放广告，首先关注的是成本是否稳定，巨量引擎、腾讯广告的跑量计划成本是稳定的。如图 6-11 所示是巨量引擎上一条计划的数据，消耗起起落落，成本基本稳定，这就挺好。

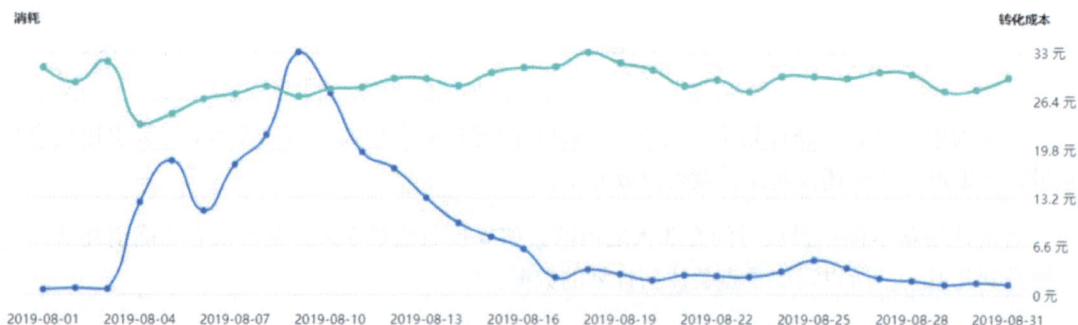

图 6-11 成本稳定

知道成本是稳定的，对我们有什么帮助呢？这样我们心里就有底了。投手最怕的就是成本高：什么都没操作，昨天成本是 27 元，今天早上发现涨到 30 元了，心里就慌了，开始琢磨要不要调价。当知道成本是稳定的，就不用慌了，不用单看某个时段的成本，可以看全天的数据。

下面看几个例子。我随机取了 3 条 Top 计划，每条计划取 2 天的数据，其中有的一天花了约 4000 元，有的一天花了约 40 万元，差别比较大，还是比较有代表性的，如表 6-3 所示。我们看一下各计划上午和下午的成本差异（上午取得是 0:00—13:00 的数据；下午取的是 13:00—24:00 的数据，全天都没有调整出价），会发现上午的成本总是高，下午的成本总是低，全天综合下来的成本在两者之间。

表 6-3　计划上午与下午的数据对比

计划名称	出　价	日　　期	总花费（元）	转 化 数	转化成本	成本高低
计划 1	13.01	2019/8/20 上午	1524	102	14.94	高
计划 1	13.01	2019/8/20 下午	3976	281	14.15	低
计划 1	13.01	2019/8/20 全天	5500	383	14.36	中
计划 1	13.01	2019/8/19 上午	666	44	15.13	高
计划 1	13.01	2019/8/19 下午	3384	236	14.34	低
计划 1	13.01	2019/8/19 全天	4050	280	14.46	中
计划 2	31.67	2019/8/11 上午	83 967	2922	28.74	高
计划 2	31.67	2019/8/11 下午	175 225	6772	25.87	低
计划 2	31.67	2019/8/11 全天	259 192	9694	26.74	中
计划 2	31.67	2019/8/10 上午	146 328	5021	29.14	高
计划 2	31.67	2019/8/10 下午	290 415	11 158	26.03	低
计划 2	31.67	2019/8/10 全天	436 743	16 179	26.99	中
计划 3	650	2019/6/3 上午	32 907	36	914.09	高
计划 3	650	2019/6/3 下午	40 171	74	542.85	低
计划 3	650	2019/6/3 全天	73 078	110	664.35	中
计划 3	450	2019/5/26 上午	10 515	21	500.73	高
计划 3	450	2019/5/26 下午	6723	17	395.50	低
计划 3	450	2019/5/26 全天	17 239	38	453.65	中

我们把每天的数据按照"上午、下午、全天"描出 3 个点画成折线图，就会发现呈现出一个个"V"字，有的是大 V，有的是小 V。这就能更明显地看出，上午成本高，下午成本低，全天的数据在两者之间，如图 6-12 所示。

转化成本/出价

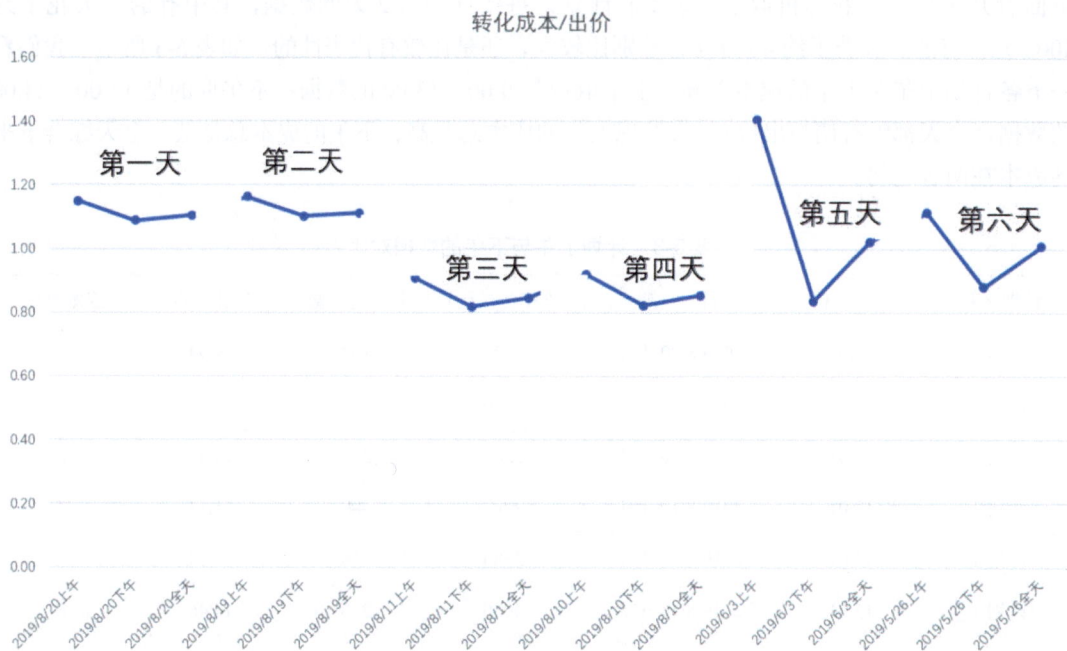

图 6-12　转化成本 / 出价的规律

我随机取了 6 天的数据都是一样的规律，说明下午成本比上午低是比较常见的现象。所以，如果你有一条计划是稳定投放的，上午发现成本比较高，不用慌，吃完午饭成本就会下降，到晚上成本就比较低了。（新计划不是这样的。）

对应操作：巨量引擎、腾讯广告的跑量计划成本是稳定的。单个时段成本涨了不用慌，全天来看还能降下来。

6.2.6　最好的计划，数据也是波动的

虽然说巨量引擎、腾讯广告的跑量计划成本是稳定的，但并非不会变动。人的行为是不确定的，技术也不是万能的，谁都不能确定你看到广告的反应，可能你自己都不确定。"点一下"还是"滑过去"，都是很随机的行为，很大程度上"看心情"。最好的计划，数据也是波动的。如图 6-13 所示，转化成本是波动的曲线。

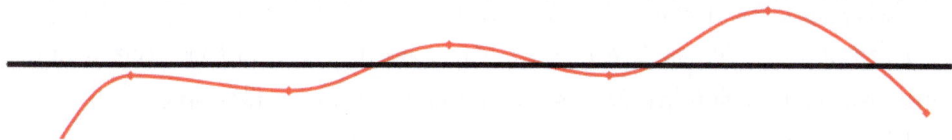

图 6-13 转化成本是波动的

如表 6-4 所示是一条单日消耗近 2 万元的计划，非常优秀，但它的转化成本也不是都一样，17 日成本约为 52 元，18 日涨了近 20%，19 日又降了近 10%，上下波动。

表 6-4 单条计划消耗

时 间	消耗（元）	ROI	转化成本（元）
2021-12-13	0.09	0%	0.00
2021-12-14	632.10	118%	126.42
2021-12-15	1997.69	269%	55.49
2021-12-16	1743.77	120%	102.57
2021-12-17	17 016.87	313%	51.59
2021-12-18	9846.09	220%	60.85
2021-12-19	4477.99	295%	55.97

而投手并没有做什么，是系统的规律使然。

所以"等"居然成了投放广告的一个优化思路，而且还很常用。就是什么也不干，不用调出价，不用调定向，干等着。那是在等什么？当然是等好运气来……但不能这么跟老板说，可以说："在等计划的转化数增加，给系统更多的学习时间"。具体应用的场景是：把计划设置好了开始投放，等着观察数据就行了；计划不花钱，一般也只能等着。计划成本高，也还可以等着……那等着有用吗？还挺有用的，等着是你自己不干活，等系统干活，你自己调多了可能会有副作用——把计划调死了。所以新手相信系统就行了，老手可以在一些必要的时间节点执行一些操作。

对应操作：计划数据有波动不要轻易放弃，数据不好可以限制预算，第二天可能会变好。

6.2.7 0 点有变

我们已经知道，最好的计划，数据也是波动的，而最容易波动的时候就是 0 点。0 点媒体会重新分配流量，对计划来说像是一次重新投胎的机会。我们平常会说"今天成本低""昨天成本高"，好像是被按天分配了流量；发现成本高，则会说"今天成本比较高，明天再观察一下"，因为第二天没准儿会有变化。成本确实会每天变化。我们以一条计划为例。如图 6-14 所示，这条计划 2019 年 8 月 8 日 18 点开始投放，接下来几天除了调高预算没做任何调整，花费也比较多，比较有代表性。

2019-08-09 18:17:07	修改	修改预算: 500000.0 -> 1000000.0
2019-08-08 20:59:53	修改	修改预算: 5000.0 -> 500000.0
2019-08-08 18:21:36	抖音审核	修改状态: 启用 -> 启用

图 6-14　计划的操作日志

我们看 8 日到 11 日这 4 天的数据。如表 6-5 所示，8 日的成本是 30 元，第二天没做任何调整，成本降到了 26 元，转化数还增加了，只能说"投胎投得好"。

表 6-5　4 天的数据

时　　间	总花费（元）	转　化　数	转化成本（元）
2019-08-08	78 667	2635	29.85
2019-08-09	482 972	18 436	26.20
2019-08-10	436 743	16 179	26.99
2019-08-11	259 192	9694	26.44

在不做调整的情况下，成本每天也会变化。所以发现成本高，可以等一天再看看。除了成本以外，计划能不能花钱，0 点前后也会不一样，并且可能前两个小时就能看出来。如果 0:00—2:00 这个时段花钱多，今天账户量大概率会增加，反之今天账户量很可能会减少。还是这条计划，我们在后台的"报表"→"计划报表"部分选择分时数据，然后和前一天对比，看看数据走势。

(1) 9 日前两个小时比 8 日消耗多，全天消耗也多，如图 6-15 所示。8 日花了约 8 万元，9 日花了约 48 万元。

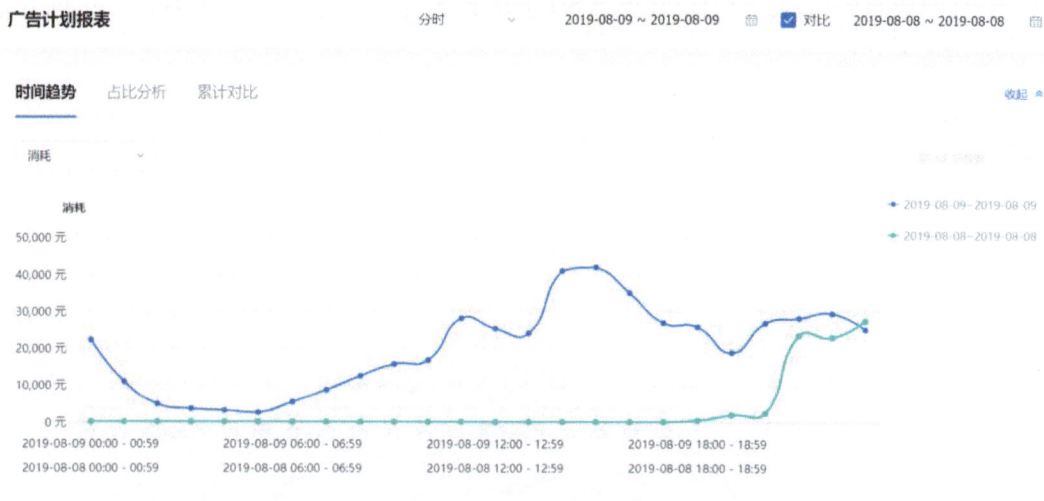

图 6-15 广告计划报表

(2) 10 日前两个小时比 9 日消耗少，全天消耗也少，如图 6-16 所示。9 日花了约 48 万元，10 日花了约 44 万元。

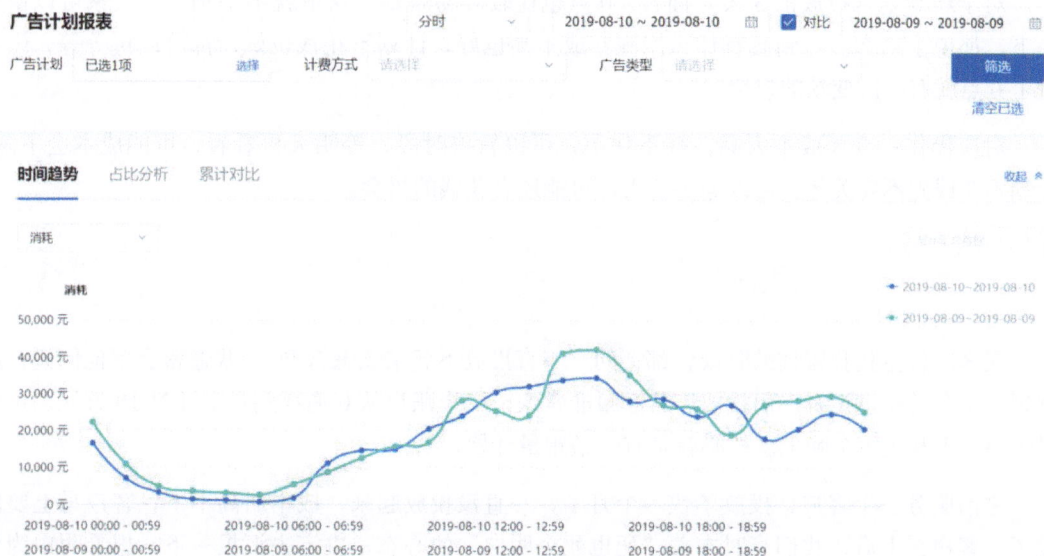

图 6-16 广告计划报表

(3) 11 日前两个小时比 10 日消耗少，全天消耗也少，如图 6-17 所示。10 日花了约 44 万元，11 日花了约 26 万元。

图 6-17　广告计划报表

对于新计划（投放前 3 天）而言，0 点也比较容易爆量。这里就不举例了，大家可以留意一下。那说了这么多，到底有什么用呢？成本高也好，计划不花钱也好，都可以再等等，因为过了 0 点就有一次变动的机会。

对应操作：今天成本太高，扛不住了，可以暂停时段，等明天再看看，可能成本会下降。计划不花钱先不要关停，可以等 2~3 天，可能还有花钱的机会。

6.2.8　爆量就是一瞬间的事

很多广告主找我咨询的时候，都会问"一直投放不起来该怎么办"。我通常会跟他们说：虽然现在 1 个转化也没有，但投放广告起量非常快，一个账户从 0 消耗到日消耗过 10 万元，可能只需要 1 天甚至 1 个晚上。核心就是有一条跑量计划。

之前服务一个客户，投放了快一个月了，一直没投放起来，成本居高不下，客户马上要停投了。客户在上海，我们当时本着"死也死个明白"的心态，决定去汇报一下，想弄明白为什么没投放起来。没想到有条计划突然跑起来了。

我们再看一个跑量计划的分时数据。如表 6-6 所示是一条当天新投放的计划，表现好的时候 1 个小时就花了约 2 万元。

表 6-6 分时数据

时间	消耗（元）	直接支付 ROI	转化成本（元）
2022-01-21 09:00~10:00	0.93	0%	0.00
2022-01-21 10:00~11:00	17.74	0%	0.00
2022-01-21 11:00~12:00	18.35	0%	0.00
2022-01-21 12:00~13:00	17.41	0%	0.00
2022-01-21 13:00~14:00	3744.42	167%	178.31
2022-01-21 14:00~15:00	5646.51	306%	58.82
2022-01-21 15:00~16:00	13 475.69	286%	62.97
2022-01-21 16:00~17:00	23 095.86	311%	64.51
2022-01-21 17:00~18:00	16 952.69	287%	65.20
2022-01-21 18:00~19:00	9965.53	334%	56.62
2022-01-21 19:00~20:00	13 107.91	350%	59.31
2022-01-21 20:00~21:00	21 323.03	317%	57.63
2022-01-21 21:00~22:00	20 683.01	263%	72.32
2022-01-21 22:00~23:00	4839.51	504%	33.38
2022-01-21 23:00~24:00	0.00	0%	0.00
2022-01-22 06:00~07:00	0.00	0%	0.00
2022-01-22 07:00~08:00	6409.92	330%	65.41
2022-01-22 08:00~09:00	61 613.39	341%	55.36
2022-01-22 09:00~10:00	32 057.90	313%	62.01
2022-01-22 10:00~11:00	0.00	0%	0.00

根本原因当然是巨量引擎、腾讯广告等大媒体的用户基数足够大，一条广告计划几个小时之内就能出现在上亿用户的手机里，所以爆量就是一瞬间的事。

包括以付费流量为主要流量来源的直播间，日销售额从约 1000 元涨到约 15 万元，可能只需要 1 周，起量是非常快的，如表 6-7 所示。

表 6-7　起量非常快

日　　期	消耗（元）	直播间成交金额（元）	广告成交金额（元）	直接支付 ROI
2021-12-10	164	1033	80	49%
2021-12-12	743	1192	596	80%
2021-12-13	3788	7586	7288	192%
2021-12-14	11 603	23 005	22 350	193%
2021-12-15	16 909	29 041	28 059	166%
2021-12-16	36 571	97 956	94 373	258%
2021-12-17	54 905	151 626	144 125	262%

对应操作：不起量不要着急，爆量就是一瞬间的事。

6.2.9　计划的生命周期一般是 3~7 天

人会经历出生、壮年、死亡，计划也一样，没有一条计划可以永远投放，最终都会"死亡"。为了方便理解，我们把计划的几个时期命名为"幼年期""壮年期"和"老年期"。幼年期也叫启动期、学习期，这个时候计划还在积累数据；壮年期是计划跑量的主要阶段；到了老年期，计划每天能带来的量很少，但不会一点也没有。

能跑量的计划，壮年期一般是 3~7 天。如图 6-18 所示是一条非常能跑量的计划，它的壮年期有 6 天，8 月 11 日到 8 月 16 日。

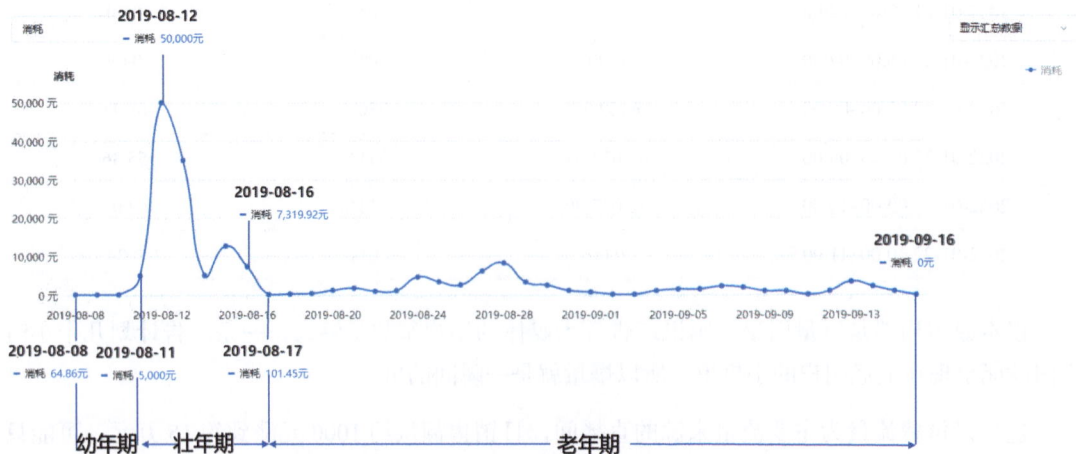

图 6-18　跑量计划的生命周期

当然，也有超级计划能打破这些规律。我见过投放时间最长的计划存活了 1 年多，如图 6-19 所示。后来创建这条计划的投手都离职了，它还一天能花几万元。这种计划极少，可遇不可求。

消耗	转化数	平均转化成本	展示	平均	投放时间
19667.23	3327	5.91	468269	42.00	
19667.23	3327	5.91	4682 69	42.0 0	2019-07-01 至 2029-0...

图 6-19 超级计划

总结：计划必然会衰退，要持续培养计划。

6.2.10 数据会有延迟

1. 转化数延迟的原因

先回到转化出价的概念。转化出价是"媒体根据转化效果帮助广告主进行优化，但按照曝光或点击计费"。"转化"是广告主自己定义的，可能是用户下载一个 App 并注册，也可能是下载一个游戏并付费。但无论是哪种转化行为，从用户看到广告那一刻起，到发生广告主定义的转化行为，不会 1 秒之内就发生，而需要一点时间。

用户看广告需要花时间，如果是视频，可能会看几十秒；下载 App 也需要时间，打开 App 注册需要等待接收验证码；如果是游戏，可能需要玩一会儿才会充钱，这都是用户发生转化行为正常需要的时间，也就造成了转化数延迟。

举一个典型的例子，比如你对接的转化目标是次留，那你投放当天的转化数就是 0，到了次日转化数才能回传过来——因为时间没到，还没有发生转化行为。

除了用户发生转化行为需要一定时间以外，还有一些原因会导致数据延迟。比如广告主把数据回传给媒体，媒体处理后更新到后台的报表里，这都需要时间，这个过程起码是分钟级的。

所以，**转化数延迟是由于用户行为和媒体处理数据都需要时间导致的**，是正常现象。

知道这些有什么用呢？要明白转化需要时间，不是一瞬间就完成了，用户行为越靠后端，**转化需要的时间就越久。**

"我其实不在意转化数延迟，这跟我没什么关系，我担心的是成本高。"这可能是投手们的心声。

我深深理解这种感受，刷新数据的一瞬间就像查看考试分数一样忐忑。接下来我们看看转化数延迟对成本有什么影响。

2. 转化数延迟对成本的影响

还是回到转化出价的原理上。转化出价的计费点一般是展示或者点击，也就是用户看见广告或者点击广告的一瞬间钱就扣除了，所以消费数据是准确的；但转化数延迟了，所以导致瞬时的转化成本比较高，如图 6-20 所示。

图 6-20　转化成本

这个瞬时成本高不由人决定，也不是投手的错。相反，此时比较考验投手的判断：是转化数延迟了还是没有转化呢？其实挺难区分，只能说**不要因为瞬时成本高就关掉一条计划，可以先等等看**，比如 5 分钟，可能是数据还没回传过来。

那怎么办呢？分享一点经验：(1) 看是不是在赔付期内，如果满足媒体的赔付条件，就不用判断，直接放开预算投放；(2) 看计划的历史转化数，如果是积累了一定转化数的老计划突然爆量，那么可能是数据延迟，可以继续投放；(3) 如果不满足媒体的赔付条件（或者媒体干脆没有赔付服务），并且是刚刚跑起来的计划，那就要小心一点，要控制预算，不要消耗太多，可以等一会儿（比如等 2 个小时），看看成本会不会下降。

再说说回转化数延迟对成本的影响。

因为转化数的延迟基本是稳定的，比如 10 分钟，所以账户的转化数可能一直都延迟 10 分钟。广告后台的数据是以小时为维度来显示的，比如 22:00 的转化数会有一部分是 21:00 的消费带来的，对 22:00 的转化数来说相当于"进"；22:00 的转化数也有一部分 23:00 才展示，相当于"出"。如果消耗均匀的话，"进"大致等于"出"，成本基本上是稳定的。图 6-21 是各小时转化数之间的"遗留"现象示意图，展示的是大家常说的"余量"现象。

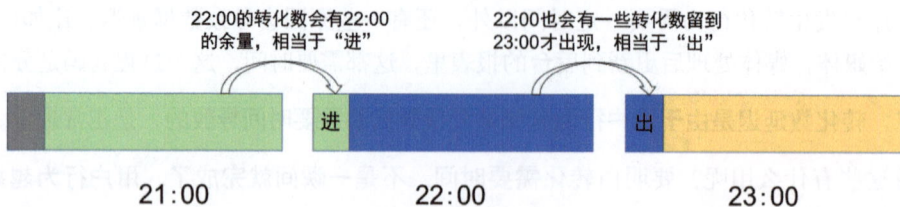

图 6-21　余量现象

有几种情况需要特别注意。(1) 新计划。新计划没有上一个时间点的消费带来的转化数，没有余量来拉低成本，而此刻产生的转化数会有延迟，相当于"只出不进"，所以成本会比较高。(2) 计划消费突然增加。比如一条计划上一个小时消费 1000 元，产生了 100 个转化；这一个小时消费涨到 1 万元，产生了 700 个转化。那么上一个小时的余量基本可以忽略不计，"出"大于"进"，瞬时成本也可能会高。同理，前一天消费少，第二天消费多，成本可能也会上涨。(3) 相反，如果前一天消费多，第二天消费少，那么因为有前一天的余量，所以"进"大于"出"，转化成本正常会相对低一些。如果成本没有降低，说明今天账户成本真的涨了。

梳理一下重点。

- 用户发生转化行为需要时间，不是一瞬间就完成了，具体的转化时间和广告主对转化的定义有关，转化定义越靠后端，转化需要的时间就越久。
- 用户转化需要一定的时间，但费用是用户看见或点击了广告就被媒体实时扣除的，这就导致了转化成本的数据差，报表上的瞬时成本会比较高，这是正常的。
- 转化成本高不都是由于数据延迟导致的，也可能是没有转化。具体原因很难区分，因此不要因为瞬时成本高就关掉一条计划，可以先等等看，可能是数据还没传过来。
- 用户行为、媒体处理数据需要的时间基本是稳定的，所以账户数据延迟的时间也基本稳定，自己可以观察一下。
- 数据延迟可能导致成本高，也可能导致成本低，具体要看余量"进"和"出"的相对多少。
  - 在消费大幅增长的时候，"进"的少，"出"的多，成本可能会高；
  - 在消费大幅下降的时候，"进"的多，"出"的少，成本可能会低；
  - 如果账户消费比较均匀，那么可以忽略延迟带来的影响，因为"进""出"抵平了。

对应操作：在消费大幅增长的时候，要有心里预期，把成本打折，再来判断成本是否还是高；在消费大幅下降的时候，知道这是有余量的缘故，实际成本没有这么低。而如果消费大幅下降，成本还是高，就说明成本真的高了。

6.2.11 账户内计划的二八定律

二八定律指在任何一组事物中，最重要的只占其中一小部分，约 20%，其余 80% 尽管占多数，却是次要的。在广告账户里存在类似的现象，并且两极分化更严重。为了方便记忆，我们也以 20% 和 80% 作为参照，即一个账户的少部分（20%）计划贡献了大部分（80%）消耗的现象，甚至有时 5% 的计划贡献了 80% 的消耗，头部效应非常明显。例如一个账户里有 50 条计划正在投放，可能 80% 的消耗是其中三五条计划贡献的，剩下 40 多条贡献了 20% 的消耗。也就是说大部分计划测试失败，这是普遍现象。

看一个比较典型的案例。巨量引擎上的一个账户，一年总消耗约 800 万元，总计投放约 1000 条计划，如果这些计划消耗比较均匀，那么每条计划消耗约 8000 元。但实际情况呢？我们将账户里的计划按消耗占比绘制成饼图，如图 6-22 所示。可以看到，消耗排名第一的计划占总消耗的近 25%，前 5 条计划的消耗加起来占账户总消耗的 60% 以上。

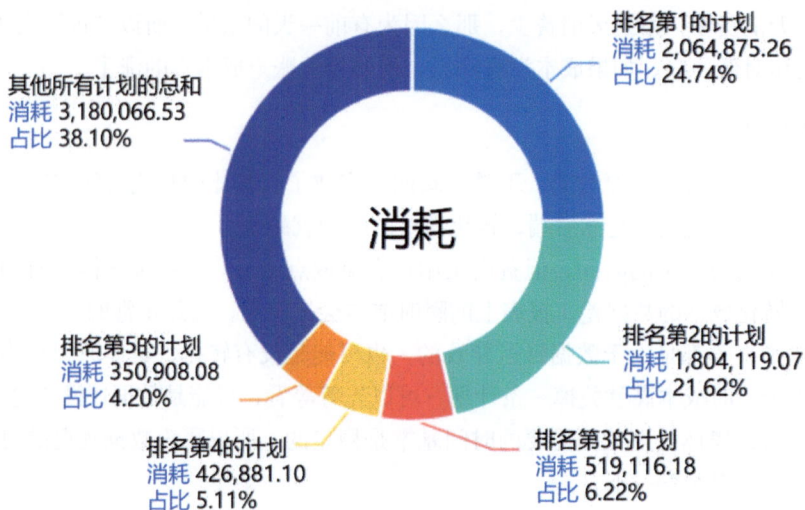

图 6-22　计划消耗饼图

对应操作：要重点培养计划，测试出一条跑量计划是广告投放的核心。

6.2.12　账户起量有概率，没人能做起来所有账户

我在面试新人的时候，必问的一个问题是"你有没有做死过账户？"对方如果说没有，我是不相信的。没有人能做起来所有账户，包括花过几十亿元的顶级投手。

为什么呢？因为做任何事，成功概率都没有 100%。

投放能否起量，产品本身影响最大，产品本身不吸引用户，广告投放再用力，还是无济于事。转化链路是主要因素，比如一家公司做家政服务，有一个抖音号，那转化链路是让用户直接填手机号还是发私信？这是需要测试的。投放的 KPI 也是重要因素，同样投放一款产品，要求一个下单成本 100 元和 500 元，能买到的用户量一定不同。KPI 又由公司所处发展阶段、盈利能力、市场策略等决定。此外还有素材投入，一周产出 10 套素材和 200 套素材，投放结果肯定不一样。

投放结果由上述所有因素共同决定。虽然结果最终呈现在广告投放上，但其实早就注定了。

你可能会说，也有同一款产品不同投手同时操作，但投放结果不一样的情况。有的人一天花不掉 1000 元，有的人一天能花 20 万元。当然，这非常常见。如前所述，投放起量是很突然的，虽然两者量级差了 200 倍，但追上可能只需要 1 天。另外，即使追不上也很正常。对于需要投放很多产品的代理来说，30% 的产品能起量，就已经很好了。对于在甲方必须把一款产品投放出去的工作人员，你要相信只要坚持做正确的事，早晚会起量。甲方本来投放权限就会更大一些。

我见过很多投手该做的都做了但就是不起量，内心受挫。我自己也经常遇到这样的情况。但其实一切都会过去，要么某一天账户突然起量，要么放弃，投放别的产品。大家的情况都一样。

听到我说"没人能做起来所有账户"，希望大家心里能放轻松。账户做不起来不是因为自己能力不够，是因为起量是有概率的，而优秀的投手起量的概率更大。如果能保证 100% 起量，那还做什么投手，做抖音达人多好。

对应操作：调整心态，不是只有你有时做得不好，大家都一样。

6.3 数据规律对应的优化方法

利用好广告系统的数据规律能够事半功倍。接下来我们谈谈如何应用。

6.3.1 心态：做投放不要管原因，只想怎么操作

在讲账户调整的具体方法之前，先来聊一个心态问题，一个不管是一线投手还是老板都会困惑的问题。

1. 这是什么原因

和一个读者聊天，他在巨量引擎做电商投放，往天猫店引流，转化目标是店铺调起，考核 ROI（属于转化目标和考核目标不一致的情况）。他说一条计划的初始预算是 1000 元，ROI 是 70%，把预算上调到 3000 元以后，ROI 就下降了，这是什么原因呢？

这是什么原因……我也不知道。我能看到的就是媒体后台的数据报告，从这里也看不出原因。

这时候，当然可以问问媒体，他们能看到更多数据，权限也更高。但媒体的朋友说"转化目标以后的数据、转化出价不受控制"。

确实如此，广告主连 ROI 的数据都没传给媒体，媒体想帮你优化也有心无力。

所以还是找不到原因。而且，这还是常态。

不止这种情况找不到原因，还有很多情况也不好弄明白。

比如，投手经常有这样的疑问。

- ❑ 一条计划昨天花了 7000 元，今天只花了 200 元，这是为什么？
- ❑ 一样的计划在不同账户里，怎么数据表现不一样呢，有的一天能消耗 10 万元，有的消耗不到 100 元……是不是受账户质量度的影响？
- ❑ 媒体最近是不是控制流量了？只有那些消耗大的账户还能跑，新账户跑不出去啊。

为什么有的计划 CPM 很高，钱还是花不出去？比如图 6-23 所示的两条计划：上面这条的 CPM 约为 3304 元，消耗只有约 2432 元；下面那条计划的 CPM 约为 23 006 元，消耗只有约 1564 元。后来它们都没跑起来。

有太多这样的问题萦绕心头，久久不能明白。

展示数 ⇕	平均千次展... ⇕	点击数 ⇕	平均点击单价 ⇕
736	3304.01	19	127.99
68	23006.18	6	260.74

图 6-23 计划没有跑起来

2. 原因很复杂

不明白原因也没什么，先聊点别的。

我是股票小白，之前看到一篇关于股票的文章，很受启发。文章讲的是大环境对股价的影响，大家议论纷纷，我心里也跟着瞎猜。但作者淡定地说"到买点就买，到卖点就卖"，读到这句话令我醍醐灌顶。是的，股市变幻莫测，普通股民想搞清楚股票涨跌的原因，耗尽精力也不得要领。但如果不思考原因，只琢磨要不要买，就容易多了，只关注股价是否达到买卖点就行。这个买卖点对应到广告投放广告里就是成本和消耗。

可以把广告投放看作一个链条，由"技术—产品—运营—投手"几环组成。投手处在链条最末端，是系统的"用户"——系统设计好之后，交给投手使用。投手作为"用户"，不管账户现象背后的原因。

如果你要问"一条计划为什么不起量"，就相当于问"为什么这个股价会跌"，原因纷纷杂杂说不清。广告投放涉及数亿用户，每个用户的行为又捉摸不定，参与系统设计的人也未必能准确说出原因，投手作为一个"用户"，更没有条件能搞明白。

可能还有人不信。我们仔细分析一下，为什么投手不擅长找原因。

第一，没有学习的机会，系统的核心算法都是保密的，系统规则能对外公开的很有限。

第二，即使对外公开，我们也未必能明白，系统规则不是一两句话能说清的，涉及很多技术性的东西。

偶尔道听途说两个说法，也没处求证；好不容易找两个"明白人"问问，他们的说法可能还不一样……这就是为什么投手要了解系统规则。

这么看来，投手有多大概率能明白账户问题背后的原因呢？可以说小得可怜。我们了解的系统规则，多停留在"江湖传说"的层面，再加上自己的主观揣测。所以，除了媒体官方公布的资料里介绍的基础规则是靠谱的，你听说的规则不一定是对的。

> **提示**
>
> 媒体写在资料上的规则一般比口头讲的靠谱。

3. 看操作反倒简单

问原因很复杂，操作就容易多了。操作就是广告后台的那些选项，毕竟任谁都越不过后台。

媒体把交由投手决定的选项列在后台，投手只能在这个范围内发挥。所以对投手来说，后台的选项就像是"程咬金的三板斧"。

一条计划不管因为什么原因没量了——不管是计划被用户投诉了，还是自然衰退了，或者今天大盘竞争激烈导致它跑不出去，要么等两天看能不能起量，要么关停重新创建，或者放宽定向、提高出价，别无他法。

你听说的规则不一定是对的，但数据是准确的。所以简单来说，做账户只看成本和消耗就行了。比如前面我说要多开户，但你开了两个账户，量足够了，就不用管"多开户"的规则；再比如有人说出价带 .99 比整数容易起量，但你出价用整数能跑起来，就不用管这个说法。（最好试过 3 次以上再得出结论，一两次尝试的偶然性很大。）

看数据、调账户就是简单又准确的方式：成本可接受就放量；成本不可接受，就想办法降低成本或者放弃；消耗少了，就刺激消耗；不想花钱了，就限制消耗。

4. 案例：你猜想的原因可能反倒会限制你

不问原因只看数据还有一些好处。看数据得出的结论是简单、有效的，而自己猜想的原因可能是错的，反倒会限制你。

举个例子。

还是前面讲的那个做电商投放的读者，他觉得人群包是必备的，用和不用效果差别很大。所以，他的新计划一般都加人群包，同时设置预算为 1000 元，效果好的话再把人群包放开，同时把预算调到 3000 元左右。不过他发现人群包放开之后，好像系统找人不准了，ROI 随之降低，不知道该怎么办。

下面是我们两个人的对话。

> 我：你觉得放开人群包效果就变差了是吧？
>
> 他：是的。
>
> 我：那为什么要放开人群包呢？
>
> 他：我觉得不放开人群包钱花不出去啊。
>
> 我：人群包的覆盖人群有多大？
>
> 他：小的人群包覆盖两千万，大的话两个亿。
>
> 我：一般覆盖用户过千万就能跑很多量了，两千万的受众一天花几万元足够了，预算 3000 元不会被用户量限制。更重要的是，不用推测覆盖人群是不是窄了，只看消耗就行。钱能花出去，就不用调整人群包；消耗达不到预算，再用手段刺激消费，也不一定要放开人群包。

因此只要盯紧成本和消耗，用好后台提供的"三板斧"就行了。（别的也很难想明白。）

总结：账户问题背后的原因很复杂，看操作反倒简单。

6.3.2 账户调整的基本思路

这里有一个潜在的思路——逐条计划分析。看一个案例，如图 6-24 所示。一个客户找我咨询，说他手里的账户只要一放量，就会严重亏损。我跟他说不能只看整个账户的数据，得分计划来看，比如一条计划在预算为 1000 元的时候效果还行，预算调到 3000 元效果变差了，那就让预算保持在 1000 元。然后新建计划，一定能测试出跑量且 ROI 不错的计划。

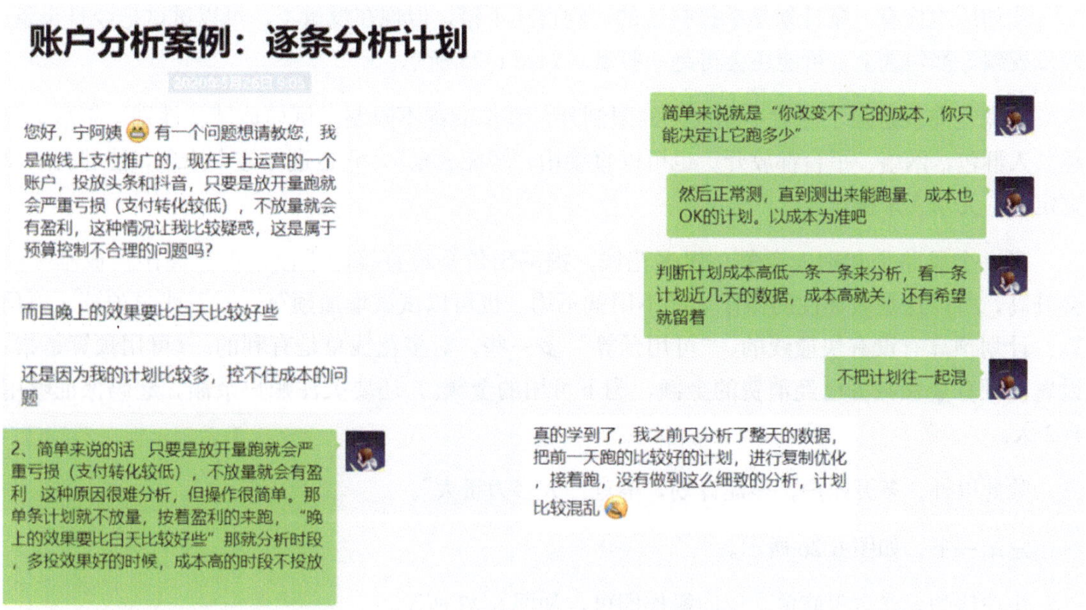

账户分析案例：逐条分析计划

图 6-24 账户咨询案例

其实看到这个问题时我很惊讶，我一直以为大家都是逐条分析计划的，没想到他以前只看整个账户的数据。

逐条分析计划的思路简单来说就是，**成本高的少花钱，成本低的多花钱。**

衡量成本高低的方法也很直接，就以 KPI 为尺度：比 KPI 高就是高，比 KPI 低就低。但要注意一点：KPI 是 KPI，也要看现实情况。如果觉得整个账户的成本都高，就要找出哪一条计划相对较好，成本最低的那条计划就是，因为别无选择。可以沿着这条计划的思路继续做，一点一点来。

那怎么能少花钱，怎么能多花钱呢？

先说怎么能多花钱。

创意越好越容易花钱。这里先不聊创意，而假设创意是一定的。除了创意，还有哪些影响因素？多花钱也就是让更多人看到你的广告，而这些人需要在你选定的人群范围内。那什么决定目标人群范围呢？产品和定向。

所以多花钱的方法可以是：**增加投放的广告位、放宽定向。**

比如原本你有一条计划是单投抖音的，跑得还不错，但现在没量了，可以试试把今日头条、西瓜视频等都勾选上，可能还会再跑一些量，如图 6-25 所示。

放宽定向就是除了绝对不能放开的限制外，其他的都不限制。例如地域、性别、年龄、兴趣、人群包、网络、平台都放开。也可以直接用"智能放量"，它也遵循这个原理，能够自动放宽定向，无须人来操作。

另一个思路是和别人竞争。想多花钱，**提高出价**是最直接的手段，但提高出价成本一般会升高，所以这是破坏性的操作，能不用就不用。也可以试试**增加预算**，看看账户预算、组预算、计划预算有没有快撞线的，"可用预算"多一些，对多花钱总是有利的。（可用预算是指：设置的预算金额减去已经消费的金额，剩下可用的金额。）还要关注账户余额，起码保证够用1~2 天。

除此以外，**多开账户**，**多建计划**，毕竟"人多力量大"。

总结一下，如图 6-26 所示。

少花钱的思路也很简单，反向操作即可，如图 6-27 所示。

图 6-25　增加广告位　　　　　图 6-26　如何多花钱　　　　　图 6-27　如何少花钱

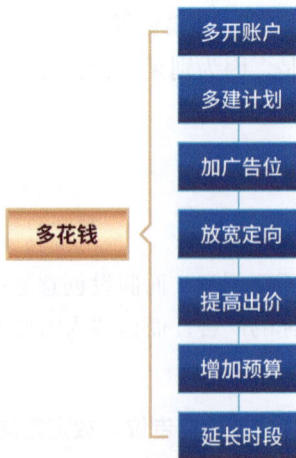

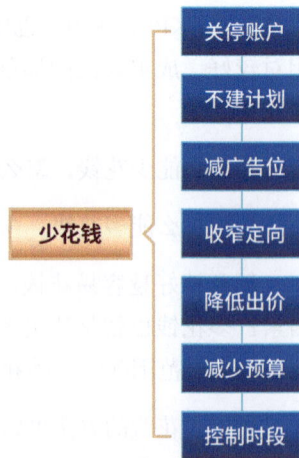

6.3.3 四两拨千斤的办法：培养跑量计划

6.2.11 节讲过广告投放的二八定律，即一个账户的少部分（20%）计划贡献大部分（80%）消耗的现象。所以不用再抱怨"新建的计划全在学习期失败了，账户 3 天花不到 100 元，怎么办"，这很正常，大家都这样，全行业都是大部分计划测试失败。

但好在测试出一条计划就能扭转局面。我曾经服务过一个客户，他当时比较想放量，因此代理们竞争得比较激烈，我们当时一天花 5 万元，但有一个新代理一天花了 100 万元，我们都大为震惊。后来了解到他们是因为有一条计划跑起来了。

所以，"怎么测试计划"应该是最简单实用的方法论了，毕竟所有营销思路最终都得落实到计划设置里。但是媒体对"怎么测试计划"讲得很少（媒体讲的多的是产品功能的用法和创意思路）本节我就来讲讲，算是独门秘方了。

1. 计划分类：天才计划、潜力计划、炮灰计划

我们把计划根据ROI和量的情况分成3类：天才计划、潜力计划和炮灰计划，如图 6-28 所示。

它们各自的特点和对应的操作介绍如下。

天才计划往往是账户里的支柱计划，但不一定是因为你做对了什么。这类计划的数量很少，但是效果很突出。对它的操作很简单——调高预算。这类计划的生命周期比较长，一般有 3~7 天，甚至半个月乃至一个月。

潜力计划要么能花钱，要么成本比较低（ROI 高），消耗和成本（ROI）有一项比较好，另一项有点问题。这类计划的特点是生命周期

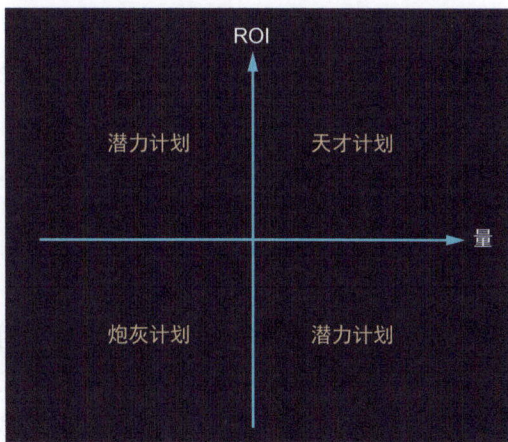

图 6-28 计划分类示意图

短，可能只能跑一天，第二天就没量了。总有客户问我为什么他的计划一天就死了，因为它不是天才计划，只是潜力计划。

但也不能放弃这样的计划，如果消费少，就设法促进消费：要么提高出价，要么放宽定向、调高预算，要么等一等，可能过一两天就开始花钱了。

如果是成本高的话，没有特别好的解决办法，一般的做法是收窄定向。而以我的经验来看，收窄定向后成本一般不会降低。更直接的做法是降低出价，或者等两天，让系统帮忙优化成本。

对于潜力计划，我们能做的比较有限。执行了上述操作之后，如果效果还是不好，就把它归作炮灰计划，直接放弃。

炮灰计划的特点是要么一天花不到 50 元，要么有点量但成本很高，直接关停就可以了。

图 6-29 做了总结。

把计划分类还有一个好处——能够更让我们更容易接受"为什么有的计划不跑量"。没有人的账户里都是天才计划，大部分计划是潜力计划和炮灰计划。怎么办呢？继续测试，直到测试出天才计划为止。

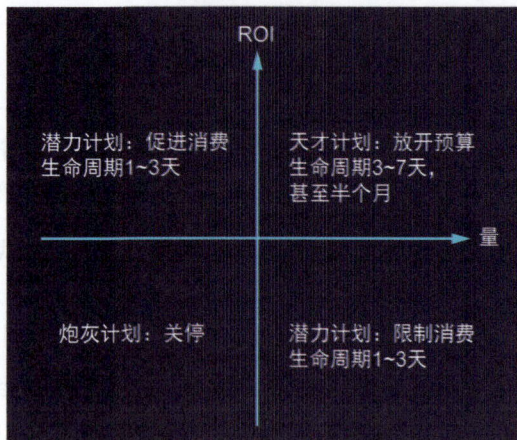

图 6-29　各类计划的特点及对应操作

总结一下。

- □ 天才计划：ROI 高，量大。
- □ 潜力计划：ROI 低，量大；ROI 高，量小。
- □ 炮灰计划：ROI 低，量小。

各类计划的数量比例大致是：0.1∶2.9∶7，为了方便记忆，就写成 0∶3∶7。它们贡献的量级反过来：7∶3∶0。

2. 怎么测试出跑量计划

根据广告投放的"皇冠模型"，一条计划由创意、定向和竞价三部分组成。所以，如果想提升计划的效果，肯定要从这三部分着手。具体方法见相关章节。这里讲前面没讲到的两个方法。

首先是"撞流量"。在广告投放中有一些东西是我们能决定的，比如媒体功能的使用、创意，但也有一些东西是我们无法决定的，比如几条计划用了同一个素材，只有一条的 ROI 比较高，其他的都不行，这种现象没办法解释，只能说不同计划遇到的流量不同。那对于我们不能够决定的东西，该怎么办呢？用没有什么技术含量的方法，比如多开账户、多建计划，提高撞上好流量的概率。

其次是多使用媒体的新功能。新功能一般是有红利的，之前腾讯广告两个投放端升级成一个新投放端，先使用新投放端起量非常快；媒体新出的出价方式，比如每次付费出价、ROI 出价，用了都更容易起量；新的定向功能，比如行为兴趣定向刚开始推出时，使用得当的话效果很好；媒体的新广告位，……

顶级投手对媒体的新功能都非常关注，而觉得媒体推出什么功能跟我没关系、用两下感觉效果不好就不用了的投手，注定业绩平庸。有的大公司甚至将媒体白名单功能的优先试用权当成核心竞争力。

再多说一句，为什么要积极使用媒体的新功能。想想媒体为什么会推出这个功能，媒体功能本质上是把人的经验产品化，肯定是为了解决问题。而且新功能用的人少，竞争就小，更容易起量。所以，即使你现在不太会用，也不要直接放弃，再研究研究用法，多试几次，甚至过一段时间再用。

还有一点，一条计划一旦开始跑量了，注意不要拖它的后腿，除了调高预算之外，别的尽量都不要调整了。如图 6-30 所示是培养跑量计划的操作要点。

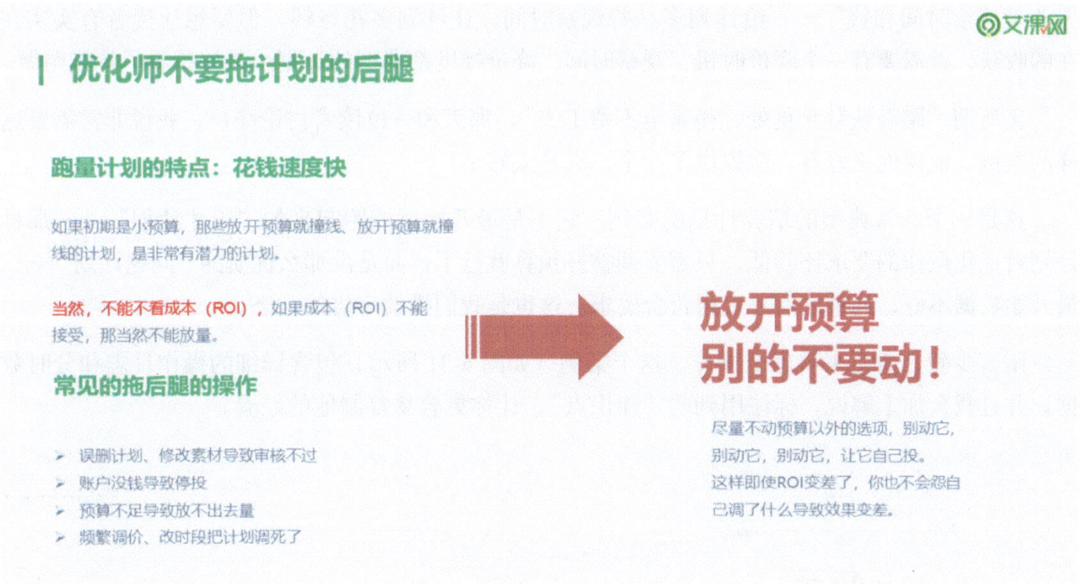

图 6-30 培养跑量计划的操作要点

特别要强调的是，除了预算别的不要调整，这是信息流广告领域的一个共识，按转化出价的计划经常调容易夭折。

那预算怎么调呢？先设置成小预算，看看效果如何，如果可以接受，就调高预算；如果不可接受，就等一等。（不要立即关掉计划，也许是数据没有缓存过来，如果是深度转化的话，还是需要一些时间的，比如投放游戏考核付费的话，用户得玩一会儿才会选择充钱。）如果数据不是太差，一般建议看看第二天的数据再决定要不要关，不要关得太早。如果轻易关停一条计划，会陷入恶性循环：新建—关停—新建—关停，最后钱没少花，计划也没测试出来。

跑量计划有什么特点？

很多时候它是爆量计划，花钱的速度很快，很快会撞预算。这样的计划比较有可能成为账户里的支柱计划。

6.3.4　案例：培养出了一条计划，4 天内账户成本下降 50%

这是一个真实的案例，由一个非常优秀的优化大哥提供，感谢他的慷慨分享。

我一直想写文章谈谈培养计划的思路，但是缺少好的案例。因为培养计划的思路很简单，无非是"给时间和钱"——给计划多一些观察时间，让计划多花点钱，但要想让读者有实实在在的收获，就需要有一个降价时机、观察时间、降价幅度都典型的计划，最好是看了就能照做。

正所谓"踏破铁鞋无觅处，得来全不费工夫"，那天和一位读者讨论账户，我说非常需要这样的案例，他说他正好有，就提供了一个，真是太好了！

这是一个非常典型的培养计划的案例。它不是最开始就能跑起来的"天才计划"——那种计划对优化操作的要求比较低，只需要调整好预算就行了；而是没那么优质的"问题计划"——最开始数据不好，调整之后才变得符合要求。这也是我们投放广告的常态。

闲言少叙，直接来看怎么操作。这个案例（如图 6-31 所示）包含详细的操作日志和分时数据，并且我会加上解说，标注用到的"知识点"，让你更容易复制他的经验。

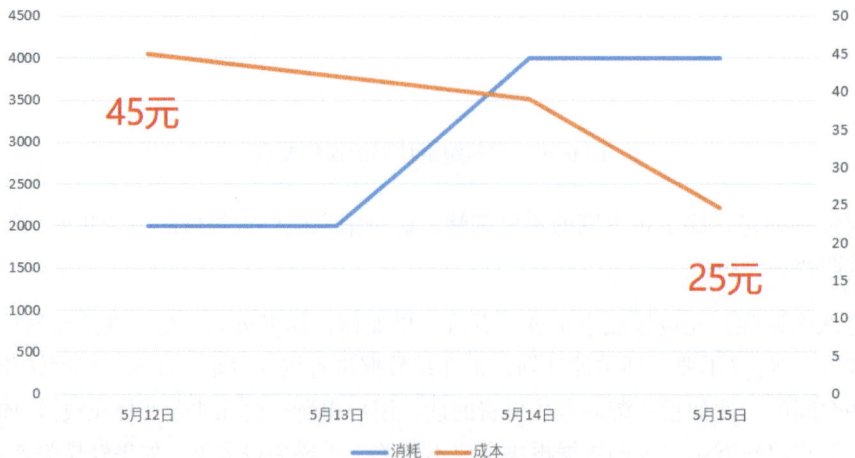

图 6-31　4 天内账户成本降了近 50%

1. 产品背景

对方是一个网服类客户，转化目标是付费，要求成本控制在 30 元以内。近期实际账户成本在 45 元左右，超标 50%，客户限制预算为 2000 元。账户出价 52 元，远高于 KPI，但仍然跑量困难，2000 元预算需要 12 个小时才能花完。

解说：花钱快慢是能否降低成本的关键指标。如果计划花钱快，就有很大希望降价之后继续跑量；如果计划花钱慢，则很容易降价之后直接死掉，没量了。（知识点 1，花钱快慢。）现在账户设置 2000 元预算，相对较小，还需要 12 个小时才能花完，属于花钱比较慢的情况，因此判断现有计划不够优质。

因为投放效果不好，所以换了一个投手，5 月 12 日，新优化开始介入。新投手（也就是案例提供者）了解完账户信息后，没做任何操作，只是和客户沟通，请求将预算增加到 1 万元，并且许诺成本能降到 30 元以内，需要 3~5 天，但请求被拒。

解说：客户不吃这一套。客户没准儿想的是：代理口口声声说要先花钱，成本才能降下来，可降不下来找谁去？不同意！

2. 操作过程

- **第一天：5 月 12 日**

请求增加预算被拒之后，新投手当天晚上开始用巨量引擎的"微电影"功能做视频素材，如图 6-32 所示。

图 6-32 "微电影"入口："推广"→"巨量创意"→"创意工具箱"→"微电影"

选择用巨量引擎工具自己做素材，是因为给设计部门提需求，快的话也得两天产出素材，不如自己做效率高。用巨量引擎工具做的素材虽然比较简单，但有的效果还不错。

制作的素材如图 6-33 所示。

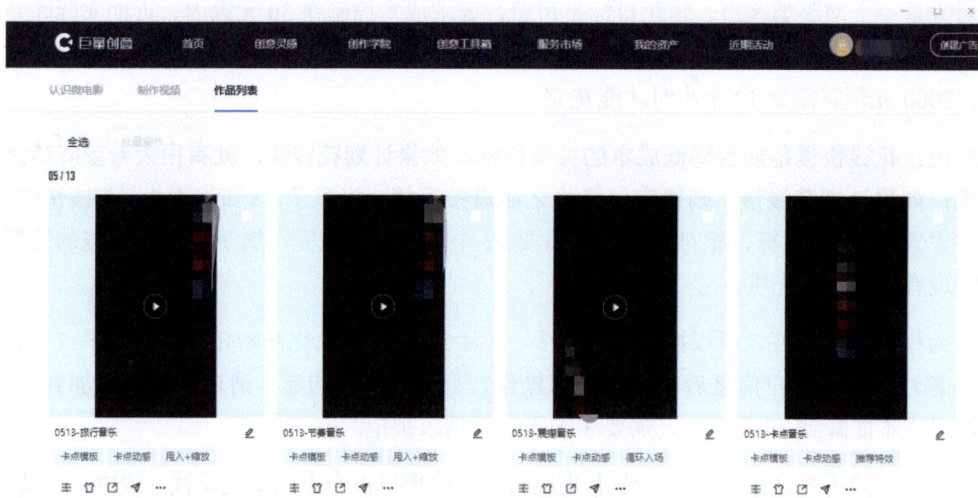

图 6-33　素材制作

解说：投手接手账户后做素材还是非常重要的，素材是决定知识点 1 "花钱快慢"的关键。素材好，花钱速度就快；素材差，花钱速度就慢。

- **第二天：5 月 13 日**

9:56，之前的计划竞争力都不太强，全部关掉，如图 6-34 所示。

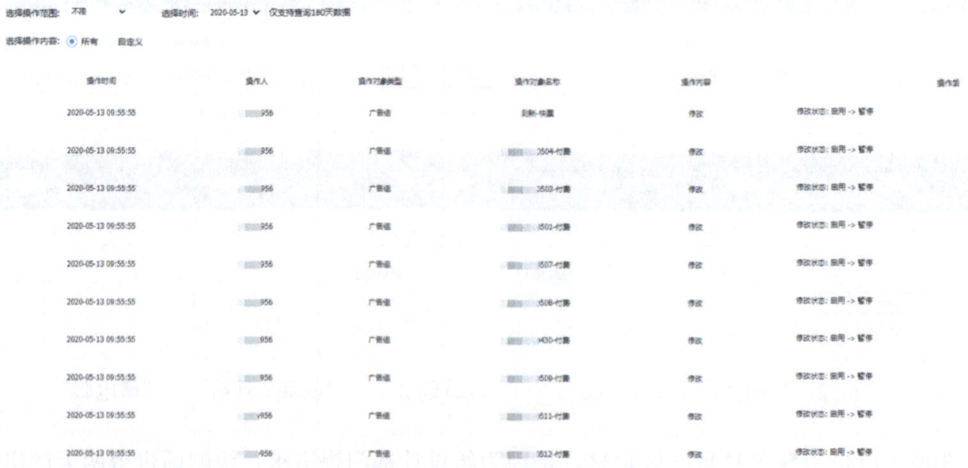

图 6-34　历史计划操作记录

解说：接手老账户后，一般要先归拢之前的计划。效果不好的计划可以直接关掉，重新测试。新测试的计划比一直跑不起来的老计划投放起来的概率更大。

截至当天下午新计划开启前，老计划共消耗约 1108 元，成本约为 48 元，如图 6-35 所示。

时间	总花费(元)	展示数	点击数	平均点击单价(元)	点击率(%)	转化数	转化成本	转化率
2020-05-13 00:00 - 00:59	0.00	44	0	0.00	0.00	0	0.00	0.00
2020-05-13 01:00 - 01:59	0.00	24	0	0.00	0.00	0	0.00	0.00
2020-05-13 02:00 - 02:59	0.00	14	0	0.00	0.00	0	0.00	0.00
2020-05-13 03:00 - 03:59	0.00	14	0	0.00	0.00	0	0.00	0.00
2020-05-13 04:00 - 04:59	0.00	33	0	0.00	0.00	0	0.00	0.00
2020-05-13 05:00 - 05:59	54.12	6166	51	1.06	0.83	1	54.12	1.96
2020-05-13 06:00 - 06:59	260.37	41435	225	1.16	0.54	6	43.40	2.67
2020-05-13 07:00 - 07:59	278.26	34717	232	1.20	0.67	2	139.13	0.86
2020-05-13 08:00 - 08:59	244.77	40140	221	1.11	0.55	2	122.39	0.90
2020-05-13 09:00 - 09:59	253.23	41119	269	0.94	0.65	5	50.65	1.86
2020-05-13 10:00 - 10:59	17.31	5087	44	0.39	0.86	2	8.66	4.55
2020-05-13 11:00 - 11:59	0.00	736	1	0.00	0.14	1	0.00	100.00
2020-05-13 12:00 - 12:59	0.00	547	1	0.00	0.18	0	0.00	0.00
2020-05-13 13:00 - 13:59	0.00	11	0	0.00	0.00	1	0.00	0.00
2020-05-13 14:00 - 14:59	0.00	2	1	0.00	50.00	1	0.00	100.00
2020-05-13 15:00 - 15:59	0.00	1	0	0.00	0.00	1	0.00	0.00
2020-05-13 16:00 - 16:59	0.00	6	0	0.00	0.00	1	0.00	0.00
	1108.06	170096	1045	1.06	0.61	23	48.18	2.20

图 6-35 账户消耗分时数据明细

解说：KPI 是成本控制在 30 元以内，实际成本约为 48 元，很高。

当天下午做好了 5 个轮播素材，开始上计划。18:36，抖音审核通过，开启投放。此时出价 45 元，之前出价都在 52 元左右，如图 6-36 所示。

2020-05-13 18:37:54	管理员	广告计划	0513-付费-卡点轮播-简初晉乐-视频5	抖音审核	修改状态：审核中 -> 应用
2020-05-13 18:37:53	管理员	广告计划	0513-付费-卡点轮播-简初晉乐-视频5	审核	修改状态：新建审核中 -> 审核通过
2020-05-13 18:36:29	管理员	广告计划	0513-付费-卡点轮播-抖音商初晉乐-视频2	审核	修改状态：应用 -> 审核通过
2020-05-13 18:36:29	管理员	广告计划	0513-付费-卡点轮播-抖音商初晉乐-视频2	抖音审核	修改状态：应用 -> 应用
2020-05-13 18:36:26	管理员	广告计划	0513-付费-卡点轮播-抖音商初晉乐-视频2	抖音审核	修改状态：审核中 -> 应用
2020-05-13 18:33:33	管理员	广告计划	0513-付费-卡点轮播-清湖湖晉乐-视频3	审核	修改状态：审核中 -> 应用
2020-05-13 18:33:33	管理员	广告计划	0513-付费-卡点轮播-绕湖湖晉乐-视频3	抖音审核	修改状态：审核中 -> 应用
2020-05-13 18:30:55	管理员	广告计划	0513-付费-卡点轮播-等节喜晉乐-视频4	抖音审核	修改状态：应用 -> 应用
2020-05-13 18:30:54	管理员	广告计划	0513-付费-卡点轮播-等节喜晉乐-视频4	审核	修改状态：审核中 -> 应用
2020-05-13 18:29:16	管理员	广告计划	0513-付费-卡点轮播-那个少率-视频1	抖音审核	修改状态：应用 -> 应用
2020-05-13 18:29:15	管理员	广告计划	0513-付费-卡点轮播-那个少率-视频1	审核	修改状态：审核中 -> 应用

图 6-36 新计划出价

解说：因为之前账户成本都在 45 元左右，新计划如果直接出价 30 元很可能跑不起来，所以先出价 45 元试试。

在 18:36 开启投放之后，接下来 2 个多小时里，跑量计划消耗约 633 元，成本约为 49 元，点击率为 1.28%，转化率为 3.42%，如图 6-37 所示。

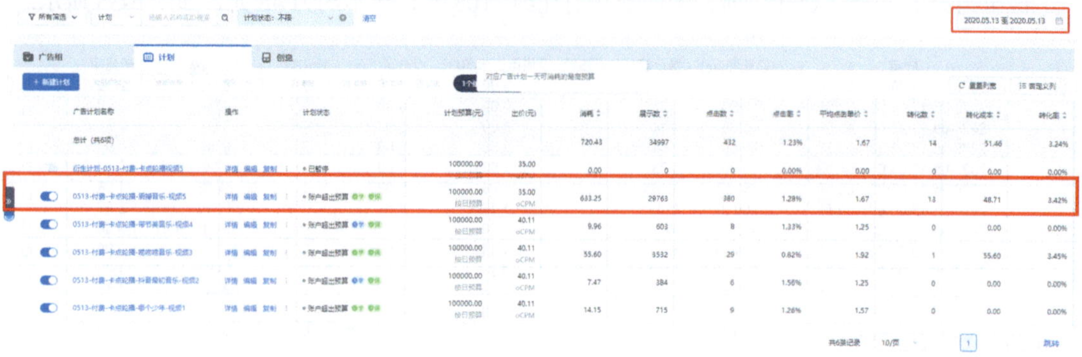

图 6-37 好计划的证明

我当时的分析是：出价 45 元，预算很快能消耗完，说明计划的质量没问题。虽然转化成本约为 49 元，但这是一条好计划！

（对于点击率、转化率这两个因素不做分析了。当然，起量的时间节点也很重要，20 点左右是流量高峰期，计划更容易花钱。）

还有一点思考分享给大家：跑量计划有 13 个转化（虽然现在经常说巨量引擎模型需要至少 5 个转化，但是感觉需要 20 个以上转化计划才能跑稳），成本约为 49 元，可见计划质量没问题，但是成本高。如果不压价，调高预算放这条计划跑，只要质量好，成本可能会降下来，但也有可能不下降，因此还要考虑客户的要求。所以采取压价，23:11，所有计划（包括没跑出来的）调整出价为 40.11 元，如图 6-38 所示。

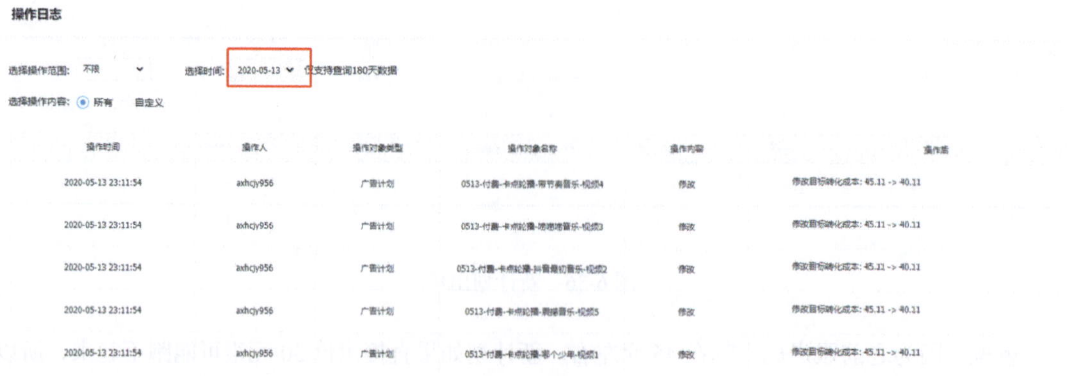

图 6-38 操作日志

解说："如果不压价，调高预算放这条计划跑，只要质量好，成本可能会降下来，但也有可能不下降，因此还要考虑客户的要求。"这句话可以参考 5.1.3 节，**出价和成本的关系是：让转化成本≤出价是系统的基本规划，至于具体能小多少不确定。**（知识点 2，成本和出价的关系。）

如果计划本身质量好，那么可能出现"出价 45 元但成本是 20 元"的情况——成本和出价相差很大。但这个差值不确定，甚至会不会有也不确定，所以还是降价更保险。

23 点的时候 2000 元预算花完了，当天最终成本约为 43 元，如图 6-39 所示。

组编 ⇅	消耗	展示数	点击数	平均点击单价	点击率 ⇅	转化数 ⇅	转化成本	转化率 ⇅
总计共24张记录	2000.00	240648	1681	1.19	0.70%	47	42.55	2.80%
2020-05-13 20:00 - 20:59	313.86	21239	177	1.77	0.83%	4	78.42	2.26%
2020-05-13 21:00 - 21:59	475.14	32166	348	1.37	1.08%	12	39.60	3.45%
2020-05-13 22:00 - 22:59	0.00	177	0		0.00%	0		0.00%
2020-05-13 23:00 - 23:59	0.00	65	0		0.00%	2		0.00%

图 6-39　当天最终成本

- **第三天：5 月 14 日**

早上 6 点之前，2000 元预算已经花完。到 11 点的时候，成本约为 44 元，如图 6-40 所示。

时间	总花费(元)	展示数	点击数	匀点击单价	(点击率(%))	转化数	转化成本	转化率
2020-05-14 00:00 - 00:59	297.07	8248	105	2.83	1.27	2	148.54	1.90
2020-05-14 01:00 - 01:59	589.88	25660	352	1.68	1.37	7	84.27	1.99
2020-05-14 02:00 - 02:59	307.82	11872	174	1.77	1.47	7	43.97	4.02
2020-05-14 03:00 - 03:59	219.57	9409	126	1.74	1.34	10	21.96	7.94
2020-05-14 04:00 - 04:59	411.28	15573	263	1.56	1.69	4	102.82	1.52
2020-05-14 05:00 - 05:59	174.38	8603	135	1.29	1.57	7	24.91	5.19
2020-05-14 06:00 - 06:59	0	321	5	0	1.56	1	0	20
2020-05-14 07:00 - 07:59	0	239	3	0	1.26	2	0	66.67
2020-05-14 08:00 - 08:59	0	163	2	0	1.23	0	0	0
2020-05-14 09:00 - 09:59	0	110	2	0	1.82	4	0	200
2020-05-14 10:00 - 10:59	0	86	1	0	1.16	1	0	100
	2000	80284	1168			45	44.44	

图 6-40　转化数延迟

解说：这是典型的"转化数延迟"的例子，账户在 6 点之后没有消耗，但是转化数还有零星增加，成本会略有降低。这也是信息流广告里非常常见的现象，一般过一段时间转化数会增加一点，但是数量不确定。这条计划停投之后产生的转化数占比是 8÷45 ≈ 18%。

我的分析：压低出价了计划还能跑，而且消耗得比较快，是好现象。唯一的问题是，成本约为 44 元，还是很高。**这时候做优化要有培养计划的意识：调高预算继续跑。**所以，虽然成本高，还是和客户沟通，申请增加 2000 元预算。

解说：成本降了，有了信任基础，客户也愿意配合。

增加预算之前，我又做了一个大胆的操作，对跑量计划继续压价，调整出价为 35 元，如图 6-41 所示。

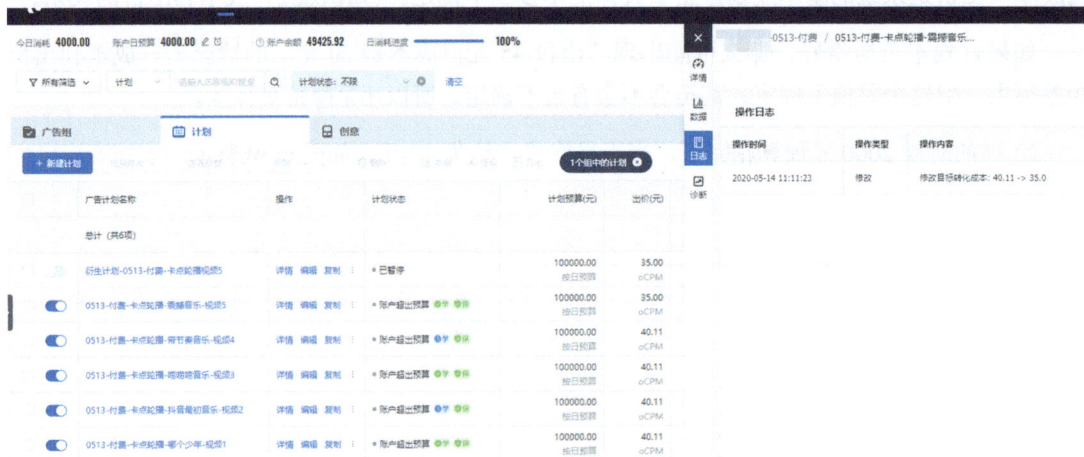

图 6-41 对跑量计划继续压价

解说：这里冒险的地方是现有成本 44 元高于出价，降价之后计划可能会死。推测他这么做的原因一方面是没办法，如果不降价，无法保证成本能降到 35 元以内，但如果出价 35 元，系统就会尽力帮你把成本优化到 35 元（知识点 2，成本和出价的关系）；另一方面是凌晨一般花钱比较慢，这条计划 6 点前能花完预算，说明消耗速度还不错，有潜力。（知识点 1，花钱快慢。）

结果 2000 元预算中午两个小时就花完了。

解说：还能花钱，说明计划没死，而且花得很快，2 小时撞线，说明非常有希望，真是太好了！

当天新计划最终的成本约为 39 元，如图 6-42 所示。

图 6-42 新计划当天最终的成本

解说：这时候可以尝试再增加预算。换作是我的话，看客户好不好沟通，可能的话尽量再申请增加预算。今天的消费趋势不错，不想错过这个机会。

因为转化成本正常应该低于出价，现在出价 35 元，成本约为 39 元，还不太正常，需要让系统帮忙调节。可以再增加预算，看随着花钱成本能不能降到出价以下。像这位优化大哥的做法，放着不动，第二天再投放，相当于交给系统来调节，因为 0 点之后成本可能会变化，并且这么做风险更小：把测试成本分摊到两天，避免一天成本高还花太多钱。

成本高过出价的时候计划可以先放着不动，第二天再投放，成本可能就降下来了（知识点3，0 点有变），详见 6.2.7 节。

- **第四天：5 月 15 日**

没做任何操作，客户没再增加预算。当天消耗 4000 元，成本约为 25 元，如图 6-43 所示。至此，新计划培养成功。

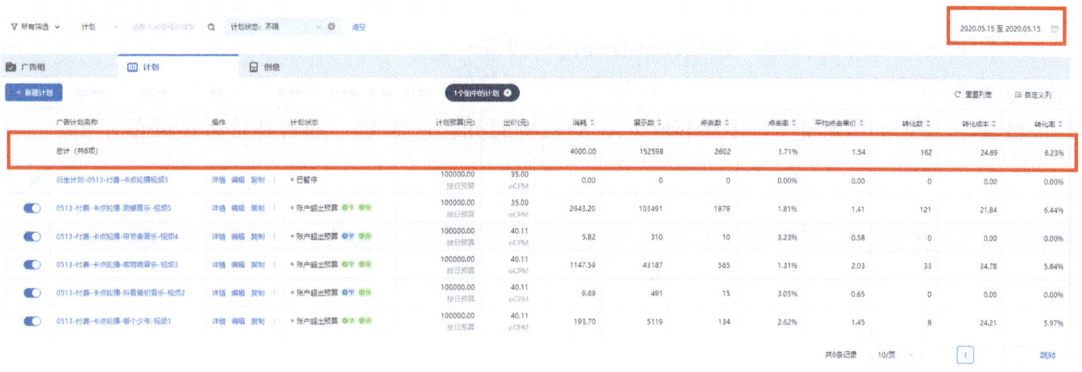

图 6-43 新计划培养成功

解说：最终在出价 35 元的情况下成本约为 25 元，我确实没有想到，算是意外之喜。前一天成本约为 39 元，今天能降到 35 元以内就很好了，结果超出预期。大家操作的时候可能不会这么顺利，继续降价，还是有可能满足客户的要求。因为**成本能否低于出价不由投手控制，但让成本小于等于出价是系统的基本规则**，是可控的。（知识点 2，成本和出价的关系。）

3. 操作过程及经验总结

KPI 是成本控制在 30 元以内，现有成本约为 45 元。

5 月 12 日，做新素材。

5 月 13 日，关停老计划，18:36 开启新计划，出价 45 元，发现 1 条计划比较能跑量，2 小时消耗约633元,成本约为49元;23:11预算撞线,成本约为43元,为了进一步降低成本,出价降到40元,此时没有预算可消耗,要看第二天的消耗情况。

5月14日,6:00之前2000元预算已经花完,成本约为44元;11:11,增加2000元预算,对跑量计划继续压价,降到35元;当天最终消耗4000元,成本约为39元。

5月15日,没做任何操作,消耗4000元,成本约为25元,如表6-8所示。

表6-8 跑量计划

日 期	消耗(元)	成本(元)	出价操作
5月13日	2000	43	从45元降到40元
5月14日	4000	39	从40元降到35元
5月15日	4000	25	无操作

经验总结:

❑ 消费能力是降价基础,能花钱就有降价的可能;

❑ 成本高的时候不要立刻关停,计划是可以培养的;

❑ 培养计划的核心是"给时间和钱",给系统时间自己调节,随着花钱逐渐降低出价。

第三天：将方法应用到实战

我们能服务的客户是有限的，为了让更多的朋友能高效地解决自己的广告投放问题，我总结了 4 个有代表性的实战案例，分别对应巨量引擎、巨量千川、腾讯广告和快手，希望对大家有所帮助。

第 7 章

商家抖音生意经营十问

有一天我的公众号收到一条私信，企业主张总想找我咨询广告投放，如图 7-1 所示。

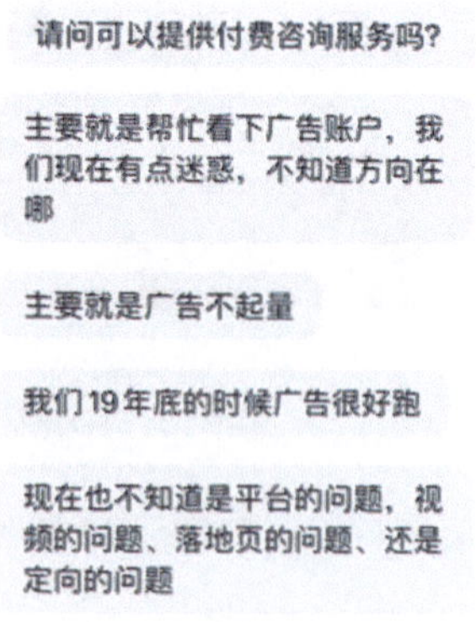

张总是做新奇体验行业的，主营真实飞机驾驶体验和直升机空中游览业务，2021 年 60% 以上的营收来自抖音广告投放。公司面临的主要问题是近半年获客成本增加、量级减小、营收骤减。四处请教、尝试各种方式后，收效甚微，他慢慢失去了对这种获客方式的信心。这个时候他找到了我。咨询结束之后，张总说："宁阿姨解答了我的很多疑惑，为我们指明了方向，让我们坚定了信心，收获颇多。"

过了一段时间，张总跟我反馈公司业绩有了明显增长。

这个客户的问题在抖音的中小商家中很常见，很有代表性。咨询过程中客户做了笔记，我对笔记略加整理，形成了本章。

请问可以提供付费咨询服务吗？

主要就是帮忙看下广告账户，我们现在有点迷惑，不知道方向在哪

主要就是广告不起量

我们19年底的时候广告很好跑

现在也不知道是平台的问题、视频的问题、落地页的问题、还是定向的问题

图 7-1　咨询信息

7.1　我的项目适合在抖音做吗

张总：您看我的项目适合在抖音上做吗？

宁阿姨：适合。

抖音是短视频平台，新奇的产品用视频呈现出来就很吸引人。像懒人被子、姓名印章等没什么大用但比较新奇的东西，在抖音上都很好卖，如图 7-2 所示。

图 7-2(a)　带两个袖子的懒人被子

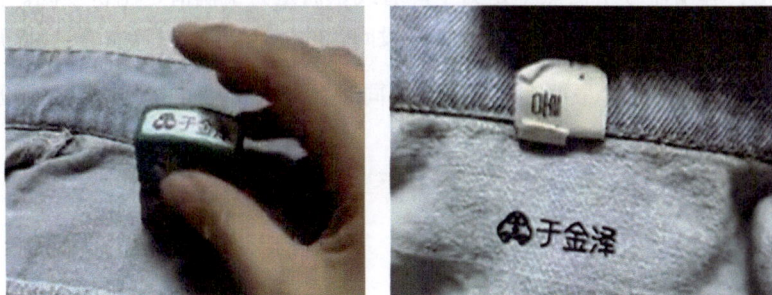

图 7-2(b)　姓名印章

　　飞行体验新奇又能给人以感官刺激，非常适合在抖音上获客。而且公司曾经 60% 以上的获客来自抖音，这说明这个项目在抖音上肯定可以做，而且可以做大，业绩翻 10 倍、20 倍都没有问题。

7.2　广告成本变高还没量怎么办

　　张总：您这么说我就有信心了，谢谢。再跟您说一下具体的投放问题。

我们投放的是一个落地页，让用户在上面填手机号，后续再推动转化。

2019 年刚投放的时候，计划随时开随时关，都能跑出去，素材也不用经常换，一条计划可以跑一个多月，成本十几块钱。到了 2020 年，计划跑不出去、成本升高的情况开始出现，而且越来越严重。只有偶尔在节假日之前，我们不惜一切代价也要投放的时候，像春节、五一、十一前，计划才能跑出去，但是成本比较高，一个表单快 100 块钱了。

宁阿姨：产品的盈亏平衡点是获得一个手机号多少钱？

张总：170 块。

宁阿姨：现在不计成本投放是 100 块钱一个销售线索，离 170 块的盈亏平衡点还很远啊，为什么不提高出价投放呢？

张总：但是成本不是已经很高了吗？还要提价吗？

宁阿姨：成本高低是相对而言的，不是看绝对值，有的产品一个销售线索 500 块钱也会投放。出价高低主要看利润率和竞争激烈程度。利润率越高，竞争越激烈，就越得提高出价。现在抖音上很多商家采取薄利多销的模式，牺牲利润率换取规模。

张总：明白了。我们可以通过提高出价来提升规模。

宁阿姨：对！算出盈亏平衡点不是为了踩着线，而是为了搞清楚出价空间。假设现在其他什么都不变，出价提高 30%，量级提升 50% 是没问题的，这样企业净利润还会提升。

当然，提高出价是下策，最好在成本不变的同时提升量级，而这就需要提升投放效果了。

7.3 我们做什么可以立马提升效果

张总：那您看我们现在投放上的问题大吗？

宁阿姨：大，问题主要出在素材上。您的素材现在大概是 40 分，如果提高到 70 分，可以在获客成本不变的情况下实现量级翻倍。

张总：那我们的素材问题出在哪儿呢？

宁阿姨：方向不对。您的产品是感官体验类型的，可以说您的产品不是体验开飞机，而是广告视频。

卖实体的东西，比如书包或者玩具，大家对商品的理解都差不多，但是您的商品是纯体验，大部分人对它一无所知，用户购买的其实就是素材带来的感受。视频拍得好玩，大家就会觉得好玩；拍得不好玩，用户没办法自己想象。

您现在的视频偏技术思维。"教你开飞机",谁想学开飞机?学会了也没飞机开啊。

大家一般的诉求是穿上机长服,坐上直升机,拍两张照片,发个朋友圈。

这个类型的产品有三个素材方向:

☐ 高清、酷炫的体验;

☐ 真实用户体验类(现在做得挺多了,能达到 80 分,已经挺不错了,但拍摄比较随意,不够专业);

☐ 达人测评、教程类,相对于一般用户体验更专业。

另外,产品加上价格,大家会更容易购买,如图 7-3 所示。大部分人没体验过,不知道它价值几百块还是几千块。

建议花大力气拍摄高质量的飞行体验视频、酷炫的镜头、身穿飞行服的美女帅哥、在高空俯瞰、飞行尖叫的瞬间……这些画面会吸引人。

这一个素材方向反复拍至少 30 条视频,一定能爆量。

参考如图 7-4 所示的这个账号发的视频,都是高空跳下去那一瞬间的画面,非常吸引人,就算不投放广告都有自然流量。

图 7-3 视频案例

图 7-4 视频案例

张总：您觉得现在视频拍得过于生活化了，对吧？

宁阿姨：对，内容应该很"做作"，高于日常生活。要有一些"噱头"，比如一个又瘦又美的姑娘，穿着很漂亮的制服来拍摄，大家就会想：哇，我也想拍！

而且你们拍得不够专业，建议找一个专业团队。

张总：我们之前还真的没找过专业团队，在您看来他们的价值体现在哪儿？

宁阿姨：首先，视频内容是表演，得找演员拍，找用户拍是不行的，用户只能表现真实；其次，视频节奏得加快，内容得吸引人，现在主要是拍用户的体验过程，很写实但节奏太慢了、不吸引人。您的视频第一句是"您是从哪里来的"……前三秒肯定得是刺激、吸引人的镜头。这个账号的视频和您自己的视频，您更愿意看哪个？

在抖音搜"飞行体验"，看看竞品视频都是怎么做的，可以作为参考。

张总：那需要花多少钱呢？

宁阿姨：花两万块钱就能看到一定效果。一条一两千块，能拍十几二十条。还可以找达人来拍一些视频。

7.4　找达人探店效果不好，是不是应该找更贵的达人

张总：我们找过三个达人，但是问题很大。第一个达人有 100 多万粉丝，第二个有 50 多万粉丝，第三个粉丝很少。我们当时觉得还挺便宜的，因为不用付额外的费用，然后请他们过来体验，但是基本没有效果。

宁阿姨：您付出的成本就是让他们免费体验，对吧？

张总：对，我们没有花多少钱，就是三个人免费体验飞行，以及来回的接送、吃饭，差不多 6000 块钱。

宁阿姨：他们拍的视频您可以拿来投放广告吗？

张总：可以，但我们没有用，用了效果会好一点是吧？

宁阿姨：对。跟达人合作要批量地做，有的电商公司甚至安排专人对接达人，他的工作就是私信达人。咱们不用安排专人，但您得明白不可能一次推广就火。大部分达人推广没效果，但是有一个火了就可能带来几十上百个订单。得把它当成拍素材一样，尽量谈成纯佣金形式的，减少人力成本，按照广告视频的素材成本来核算成本。

张总：还有一个问题，比如说同样是有 100 多万粉丝，会不会价格高的达人，效果更好一点？

宁阿姨：不会，价格跟效果无关，大部分达人推广没什么效果。可以给达人高的分成，但是要以纯佣金的形式。

提前谈好合作模式，拿到他们的视频授权，您发在主页或者投放广告，二次利用。

7.5　还有什么关键问题是我们疏漏的

张总：您看我们还有别的什么主要问题？

宁阿姨：您应该把抖音号做起来，这样会有一些免费的订单。其实广告视频和找达人的问题解决了，就可以把那些视频拿来发在抖音号上，会有一些自然流量。而且账号上视频多了，用户也会产生信任感。

7.6　抖音号私信效果好吗，可以投放吗

张总：说到抖音号，我们之前尝试过投放抖音私信，能够跑出去，而且成本也不高，所以我比较困惑，为什么投放私信能跑出去，投放表单提交跑不出去？

宁阿姨：因为不同投放方式的转化率不一样，eCPM 就不一样。您投放私信出价多少？

张总：5 块。测试计划设置三四百块钱的预算，可能 10 分钟就花完了。

宁阿姨：后端效果怎么样？

张总：说实话没统计过，目前数据量比较少，还没有单独追踪。但感觉通过私信跟用户联系、让用户留手机号的成本，比直接投放表单提交要低一些。可能用户点开私信的心理压力小一些吧。您觉得我们是不是应该再去试一试，看一看这种方式的转化价值。

宁阿姨：对。转化链路是非常主干的设置，优先级比素材还高，产出素材需要时间，但投放私信马上就可以做。给您几个具体的建议。

(1) 降低出价。用之前效果最好的素材和定向，然后降低出价投放。现在出价 5 块，300 块钱预算 10 分钟就花完了，说明计划很有竞争力，然后把出价降到 1 块，预算不变，看花钱速度如何，之后不花钱再提到 1.5 块、2 块。一点一点提，找到量和成本的平衡点。

(2) 做好私信后面的承接。尽量及时回复客户私信，让客户留手机号或微信号，然后马上打电话或加微信，提升转化率，以期尽快成交。

(3) 把账算明白，成交用户来自私信投放的单独标出来，算出投放私信获得一个用户手机号和成交的成本分别是多少，跟投放表单提交比怎么样。花 3000 块钱预算就能判断出这种方式的效果。

这些事放下电话您就可以开始干，优先级非常高。

7.7 多创建计划会不会互相抢量，应该创建多少计划

张总：还有一个问题，之前跟抖音的直客（官方销售）交流的时候，他说计划之间会互相抢量，所以我现在不敢多创建计划。是不是确实存在这种情况？

宁阿姨：竞争是肯定存在的，但是对于您这种一年花几十万元、一周创建 5 条计划的投放体量来说，可以忽略不计。

张总：是不是可以这么创建计划——两条计划的素材不一样，标题不一样，但是定向人群差不多？

宁阿姨：一点问题都没有，甚至什么都一样都可以。竞争不是你死我活，在您这个量级，变化微乎其微。

有的时候可能一个素材就有 100 条计划，钱还是能花出去，而不是因为第三条计划的素材雷同，就一点量都没有了。

通常的做法是，一个素材至少创建 5 条计划，准备 5 套文案，用程序化创意投放，搭配不同的定向、视频封面和出价。比如第一条作为基准计划，第二条变一下定向，第三条再变一下定向，第四条变视频封面，第五条变出价。

7.8 素材跑量是玄学吗，怎么判断素材好不好

张总：怎么判断一个素材好不好呢？是不是很难从计划的表现和数据看出来？

宁阿姨：看它能不能花钱就行了，不花钱就是素材不行，能花钱并且成本符合要求就是好素材。

张总：比如说一条素材跑了两三天，也在不同的计划里面创建过，但都没量，就说明这个素材不行对吧？只能通过结果来判断。

宁阿姨：对。

张总：五一前有一条计划跑出去了，但我们从中找不到任何好的点。到十一前的时候，所有素材都跑不出去，但是只要把那个素材的开头用在新素材里，就会跑得更好一点，感觉很玄幻。

宁阿姨：哈哈，是的。为什么一个素材能跑量，没有人能解释清楚，因为它代表的是千千万万用户的感受，而我们每个人只有各自的理解。

虽然不明白原因，该怎么做却很简单。像您那样把某个视频的开头用在其他视频里，就是广告投放的一个通用方式，大家喜欢那个开头，那就可以多用。把那个视频用一样的脚本"翻拍"一遍，也可能跑得很好，这些都是经过验证的有效方式。

7.9　需要开几个账户？是不是这个账户不行，所以跑不起来

张总：您说的账户冷启动是指计划处在学习期吗，还是有别的意思？现在我们的账户是处在冷启动阶段吗？它曾经也有跑得好的时候。

宁阿姨：这个不重要，就是业内常见的叫法，一般计划没跑起来就叫冷启动。一条计划一天能有 6 个转化就算过了冷启动阶段。

张总：明白。我还有一个问题，账户会不会有自己的生命周期或者模型？比如说我们现在这个账户已经投放 2 年多了，过去半年表现都不好，需要新建一个账户吗？

宁阿姨：账户会有影响，但影响比较小。巨量引擎有 4 个层级：账户、组、计划和创意，影响最大的就是计划。账户和计划的关系，有点类似于家和孩子，孩子学习好不好，跟家庭环境有一点关系，但它不是最主要的因素，关键还是孩子自己。

同样是这个账户，投放表单提交效果不好，投放私信不就花钱很快嘛！主要看计划。

张总：明白。那我们可以暂时不用新建账户，不然感觉会分散精力，不如先盯着最重要的问题。

宁阿姨：新账户比一直不花钱的老账户更容易跑起来。现在这个账户投放私信能跑起来，就没必要换账户。要是跑不起来了，就再开一个账户。

换账户是很小的事情，把老账户关掉，取出余额，重新开一个，常规流程 2 天就能搞定。

张总：换账户需要把原来的关掉是吧？

宁阿姨：对。花钱不多，没有必要投好几个账户。

张总：还有，我们在不同地区产品客单价不一样，有的 500 多块，有的 1000 多块，需要分不同账户投放吗？

宁阿姨：没有必要。

7.10 什么时候应该招专人或由代理公司来做投放

张总：我们之前一直比较排斥代理公司，因为他们不了解产品，感觉也无法剪辑出适合的视频，另外沟通产品细节也很麻烦。在您看来找代理运营是否可行？

宁阿姨：现在这个阶段，建议自己运营，因为您还在探索投放的主干设置，像素材风格、素材上的预算投入、投放私信还是表单提交，这些东西都很重要，自己做效果更有保证，等摸索出框架后面就很简单了。

代理公司可以用，您的投放体量小，专门招人成本太高了。

张总：体量小的话，代理公司不会认真对待吧？

宁阿姨：看具体的人。您需要的时候可以找我，我来推荐靠谱的人。

张总：好的，非常感谢。

宁阿姨：也很高兴跟您交流。

总结一下，张总需要做三件事情：首先，投放私信，把账算明白，看一下获客成本；其次，找专业的人来拍视频，多拍一些炫酷、摆拍的视频；最后，可以提高出价，获取更大的量级。

过了一段时间，张总跟我反馈公司业绩有了明显增长。他们找了 100 多个探店达人，提高了佣金比例，采用纯佣金模式，获得了一些订单，其他事项还在持续优化中。我也很开心能帮到他。如果你也在抖音经营上遇到困难，可以找我聊聊。读这本书的目的都是想解决问题，因此我为本书读者提供了专属优惠，咨询费直降 1000 元，有需要可以加我微信：ningayi3。

第 8 章

案例：30 天打造 GMV 从 1000 元到 100 万元的爆款单品直播间

说出来你可能不信，有个团队第一次做直播，才 1 个月，单场销售额就从 1000 元涨到了 100 万元。

某年 12 月 9 日第一场直播，销售额约为 1000 元，如图 8-1 所示。

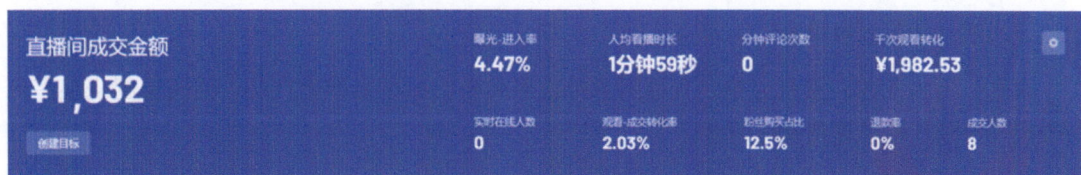

直播间成交金额	曝光-进入率	人均看播时长	分钟评论次数	千次观看转化	
¥1,032	**4.47%**	**1分钟59秒**	**0**	**¥1,982.53**	
创建目标	实时在线人数	观看-成交转化率	粉丝购买占比	退款率	成交人数
	0	**2.03%**	**12.5%**	**0%**	**8**

图 8-1　销售额

次年 1 月 9 日单场直播 GMV 过百万元，月 GMV 过千万元，ROI 达到 350%，如图 8-2 所示。

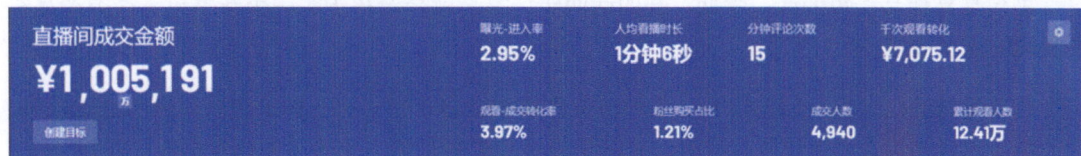

直播间成交金额	曝光-进入率	人均看播时长	分钟评论次数	千次观看转化	
¥1,005,191 万	**2.95%**	**1分钟6秒**	**15**	**¥7,075.12**	
创建目标	观看-成交转化率	粉丝购买占比	成交人数	累计观看人数	
	3.97%	**1.21%**	**4,940**	**12.41万**	

图 8-2　销售额

他们是怎么做到的呢？为什么那么多直播间做了 2 个月，每天销售额不到 2000 元、在线人数不超过 10 个，亏得一塌糊涂？差距在哪儿？

这个直播间是卖书包的，代播公司叫设计进化论。我是设计进化论的直播战略顾问，这个项目的广告投放也是我们团队负责的。

一般谁也不愿意把自己来之不易的经验和盘托出，但既然写书，肯定要写硬核的内容。经过和设计进化论的老板朱总、直播间负责人池老师多次沟通，我把这个项目复盘的经验详细分享出来。

本章会从整体视角来谈怎么做直播间，非常适合以下读者：

- ❑ 想转型做直播带货的广告公司；
- ❑ 正在做直播带货的商家，想从同行的项目里吸取一些经验；
- ❑ 想在短视频制作上寻求突破，看一个优秀的短视频团队怎么做素材。

8.1　对直播间运营要求最低的模式：单品付费直播间

宁阿姨：为什么选择付费模式？

朱总：因为要想获得自然流量，困难且不稳定，我们不一定能做起来。而且媒体要赚钱，自然流量一定会越来越少。付费模式虽然有损部分利润，但能更稳定、更快速地扩大直播间的规模，整体来看利润可观。这样做更有把握。

宁阿姨：为什么做单品？

朱总：因为简单。素材好拍，直播间承接也更简单。如果做多款产品，就需要围绕很多产品去拍摄视频，很难找到合适的点。

宁阿姨：您是怎么选品的？

朱总：首先看市场需求，我会想 100 个人进直播间的话，会有多少人买这个东西。如果市场太小就很难做。

书包是易耗品。短的话一学期，长的话两年，家长就会给孩子买一个新书包。这类产品符合兴趣电商的逻辑。

相关素材的可操作空间比较大。单品付费直播间全靠素材引流，而书包可拍摄的点比较多。我们拍摄教育相关人群也比较有经验，有跑量模特和素材套路，更容易发挥素材的优势。

书包这个类目没有大众熟知的品牌，是典型的品类＞品牌。用户不会太在意品牌，更容易在直播间下单。现在抖音上的竞争不算太激烈，2022 年初大盘广告 ROI 仍有 300%，利润空间还可以。

价格适中，有一定溢价。利润很薄的产品没办法支撑投放费用，无法用付费模式。价格在 79~200 元比较合适。客单价太高，就需要做长线生意，需要反复"种草"的用户才可能购买，而我们做分销，希望马上能看见销量。

宁阿姨：您觉得这个直播间做起来的根本原因是什么？

朱总：我们能持续产出爆款短视频。

8.2 单品付费直播间生死存亡的关键：短视频

对于付费直播间，生死存亡取决于能不能测试出一条计划，而这本质上又取决于能不能测试出一条素材。

每测试出一条跑量视频，直播间的销售额就会上一个台阶。从 1000 元涨到 10 万元是因为测试出一条跑量视频，从 10 万元涨到 50 万元是因为第二条跑量视频，冲到 100 万元是因为又测试出一条跑量视频。

这个直播间 90% 以上的成交来自付费流量，付费流量中 85% 以上的成交来自短视频引流。所以短视频是决定直播间生死存亡的关键。如果跑量视频青黄不接，直播间销量就会很惨淡。

设计进化论的跑量视频是什么样的？

视频短、节奏快、套路全。

他们对套路的运用可谓炉火纯青，所用的素材堪称"广告投放素材套路合集"。**做素材最重要的就是看过大量跑量素材**，如果自己做过大量跑量素材，重复运用跑量套路自然驾轻就熟。

因为图书形式的限制，无法展示视频，大家可以加我微信 ningayi3，发送"短视频"即可领取本节对应视频。

1. 反转

反转一直是典型的跑量套路，所以投放这款产品的时候也拍了这种视频：开头是美女语气严厉地质问，后面加上反转，突然喜笑颜开，以此引入产品。

按说这个套路不新鲜，但这个视频一上线，当天 GMV 就过百万元了，如图 8-3 所示。

视频脚本如下。

图 8-3 反转形式的跑量案例

女：这么轻的书包你抢到了吗？

男：没有。

女：送这么多东西你也没抢到吗？

男：也没有啊。

女：没抢到就对了！老公，快点进这里。

2. 便宜

"1、2、3、4……"拍一送一堆的话术无论在短视频还是直播间里，都很有效。这样的素材永远能跑量。

如图 8-4 所示是一条爆量素材，这条视频开头有一句引导"就快开学了"，并且加上背景音乐烘托热闹的气氛。有的素材不加这些也能跑量。

视频脚本如下。

就快开学了，一件、两件、三件，姐姐们对拍一发三的活动感兴趣吗？直接进我的直播间，卖完就没了。

虽然老套，但优惠容易吸引人，因此这个套路永远好用。

图 8-4　以便宜为卖点的跑量案例

3. "道歉体"

道歉体也是经典套路。为什么广告会先说对不起？因为以矛盾开头很吸引人。但台词不是关键，重点在于演得真实。典型的道歉体是领导西装革履地带领众人道歉，如图 8-5 所示，这样的视频很容易火。

这个视频的台词非常简单。

对不起，

我们通知晚了，

新号品牌大促，

拍一发三，

快进我的直播间！

演员的表演很好，讲话字正腔圆、铿锵有力，加上仓库场景，很有真实感。

图 8-5　运用"道歉体"的跑量案例

这是这个直播间测试出来的第一条跑量视频，当天 GMV 就过 10 万元了。

看完这几个视频，你有没有发现什么共同点？

对！这些视频其实跟书包没什么关系，这些套路用在衣服、洗发水、玩具等产品营销上一样好用。

我们能从中总结出什么经验？

要多看跑量素材，不是只看自己所处行业的，而要看各个行业的跑量素材。虽然行业不同、内容不同，但形式上有可以借鉴的地方。

那有没有跟商品强相关的素材呢？

有，我们把这类素材叫作"种草"。

4. 种草

如图 8-6 所示是另外一个书包品牌的视频，有 4 万多个点赞，肯定属于爆量素材了。一般的带货视频，有 2000 个点赞，带货效果就很好了，而点赞量过万就是难得的爆量素材，至少花了 10 万元广告费，销售额有几十万元。

视频脚本如下。

想让你家孩子两三年不用换书包的看过来，

可以让孩子两三年都不用换的书包，

需要具备以下五个条件，

最后一个条件很重要。

第一，得扛造。

艾奔书包采用的弹道牛津布经过测试，非常耐磨抗撕裂。包体采用邦迪尼龙线缝合，提手和肩带都做了加固，整个背包的承重力和耐撕扯能力更强。

第二，得能装。

装 600 g 的篮球、一个学期的课本，一点问题都没有。三个舱位，合理分区，满足日常生活需求。

第三，得好背。

S 型肩带，贴合肩膀，减负减压；3D 海绵背垫，空气导流，柔软舒适。

图 8-6 "种草"形式的跑量案例

第四，要好看。

经典设计，越看越好看。

第五，得耐脏。

面料防泼水，小雨天的雨水，一抖就落。可水洗，不掉色。脏了洗洗，又像新的一样。

来我直播间，更多颜色任你选。

可以看到，脚本写得很好，卖点都很打动人，演员的表现力也不错。"种草"类的视频，关键是台词让人感觉真实可信；一旦有一点虚假，效果就天差地别，一件都卖不出去了。

8.3　素材的拍摄：大浪淘沙

这么多素材是怎么做出来的呢？

做素材都是大浪淘沙，数量是必不可少的。这个直播间最多的时候有 4 个拍摄组同时在拍。

设计进化论的产出效率很高，2 个月拍了 100 多条原创素材，加上混剪、"翻拍"，一共产出 500 多条素材，平均一天 8 条。

他们的拍摄效率也很高，一周拍一次，一次大概能拍 60 条。

我曾经接触过另外一个团队，在此之前，他们公司自己没做过一条视频，后来在我的强烈建议下开始做短视频。我找了两个素材让他们参考，结果演员演技不到位，"翻拍"的时候抓不到重点，成品就是东施效颦。

这就是专业和业余的区别。专业团队从选演员到演员表现、跑量套路样样深入；业余团队也挑模特、写脚本，但是样样浅尝辄止。

成功不属于专业团队，属于谁呢？

如果你想找专业的团队合作，欢迎来找我聊聊。我们可以提供直播间运营及投放咨询服务。本书读者加我微信 ningayi3，发送"短视频"可以享受专属优惠。

想了解巨量千川投放的更多细节和方法论，可以报名我的千川投流速通班，从而吸收我花过 5 亿元广告费提炼的精华，助力商家迅速提升销量。

第 9 章

免费榜 Top1 的重度游戏首发投放复盘

　　游戏历来是各广告平台上消耗最大的行业，在投放上也比较领先。本章我们以 2022 年上线的一款重度游戏的数据规律为参考。经过和这款游戏的甲方投放负责人、代理、同行业的其他产品负责人多次交流，我虚构了一款重度游戏《幻海》，来讲一下游戏行业在腾讯广告平台的投放。

9.1　投放节奏

　　一款游戏在研发、测试完成之后，就会开始投放。投放可以分成 4 个阶段：预约期、首发期、稳定期和衰退期，如图 9-1 所示。稳定期和衰退期都以 ROI 为导向稳定投放，首发期大家都非常重视，所以本章着重介绍首发期的投放方案。这款游戏从开始投放预约到首发，共计约 1 个月的时间，总计在腾讯广告平台消耗了约 700 万元。我们看一下具体的投放策略。

图 9-1　一款游戏的投放阶段

　　《幻海》在正式上线前 27 天，先投放了预约，消耗约 200 万元，占整体预算的 30%。因为 Android 用户没办法像 iOS 用户一样，产品上线后自动下载，所以预约基本只投放 iOS。预约获取用户的成本较低，在 20 元左右，而且后续的付费率较常规用户能高出近 30%，还可以在产品上线的时候带动冲榜，提高产品声量。

　　在投放预约时，随着上线时间逼近，按照"小预算—中预算—大预算"的节奏推进。

　　在游戏上线后，会正式买量，《幻海》的大推时间是 5 天。上线当天花钱最集中，消耗了 300 多万元。因为 iOS 用户的回收效果更好并且当天要冲榜，所以主要投 iOS 激活，消耗占比为 44%（如表 9-1 所示），激活成本约为 50 元；其次是注册，占比 14%，注册成本约为 60 元；

最后是付费，占比 12%。同时配合品牌广告和行业媒体的公关稿一起造势，《幻海》冲上了 App Store 免费榜 Top1。

表 9-1 《幻海》预约 + 首发投放预算分配

投放目标	预算占比
投放预约（跳转按钮点击）	30%
激活	44%
注册	14%
付费	12%
总计	100%

过了大推期就是日常稳定买量，以 ROI 为导向。

预约 + 首发这 1 个月的时间，详细的消耗如表 9-2 所示。

表 9-2 《幻海》预约 + 首发的详细投放消耗

日 期	投放消耗（元）	日 期	投放消耗（元）
13 日	3000	29 日	83 508
14 日	5000	30 日	75 036
15 日	5000	1 日	67 169
16 日	5000	2 日	90 834
17 日	15 731	3 日	100 666
18 日	9005	4 日	127 185
19 日	30 733	5 日	114 307
20 日	26 778	6 日	108 753
21 日	28 652	7 日	107 209
22 日	28 031	8 日	232 493
23 日	29 467	9 日	563 106
24 日	30 807	10 日	3 431 280
25 日	26 767	11 日	1 044 965
26 日	33 059	12 日	349 029
27 日	82 165	13 日	192 739
28 日	77 002	14 日	83 163

整个投放过程中，最紧张的就是首发当天。接下来我们看一下首发当天的投放策略。

9.2 首发当天的投放策略

投放量级大的游戏，在大推的时候，可以向媒体申请流量扶持，这样能用比较低的价格获得流量。媒体也会提供投放策略，有专人支持。

除了媒体方面的支持之外，要做好首发当天的投放，投手本身的准备工作至关重要。我们从账户、广告设置、素材三个方面来讲。

9.2.1 200 个账户同时投放

在腾讯广告平台投放，需要准备非常多的账户才能起量。《幻海》上线当天消耗了 300 万元，200 个账户同时投放。

虽然账户很多，但真正能跑量的并不多，头部效应比较明显。Top30 的账户贡献了 60% 的消耗，头部账户能花 10 万元；倒数 60 个账户的消耗占比只有 1%，单账户消耗不足 1000 元，如表 9-3 所示。

表 9-3 账户的消耗情况

账户消耗排名	消耗占比	单账户消耗
Top30	60%	10 万元
第 31~60	26%	1 万 ~4 万元
第 61~140	13%	不足 1 万元
第 141~200	1%	不足 1000 元

账户按照投放目标分配，以激活为目标的账户有 136 个，以注册为目标的有 48 个，以首次付费为目标的有 16 个，如表 9-4 所示。

表 9-4 账户分配

投放目标	账 户 数
激活	136
注册	48
首次付费	16
总计	200

每个账户投放 30 条广告（消耗不多的账户创建得少），整体投放了约 4000 条广告。

9.2.2 定向

这款游戏的受众是成年男性，所以基础定向选择了 18~45 岁的男性。

核心使用的定向功能是人群包。人群包以媒体推送为主，主要围绕付费来找用户。

在使用人群包的时候，需要考虑用户精准度和量级，所以不会只投放这个品类的高付费意愿用户，也会投放其他品类的高付费意愿用户，同时还会把这些用户作为种子人群，进一步拓展成千万量级的人群包。《幻海》用的人群包有：

- ❑ 游戏 – 全品类历史付费人群
- ❑ 卡牌 – 高潜付费用户
- ❑ 二次元高潜付费人群包
- ❑ 模拟经营活跃付费用户
- ❑ 魔幻 – 大 R 拓展 3000 万
- ❑ ……

每条广告的整体用户覆盖数在 5000 万左右比较好，如图 9-2 所示。

图 9-2 定向设置

9.2.3 创意

创意最重要的是方向。游戏的素材方向一般有以下几类。

(1) CG 动画类：主要为有关游戏宣传、剧情播放的动画，目的是宣传或者展示游戏。素材常用的有人物实拍 CG、游戏角色特效互动类、剧情 CG 等类型。

(2) 游戏玩法：主要介绍游戏的特色玩法，如下所示。

    1) 宣传游戏中的社交属性，可实现互动匹配，能够吸引"游戏＋社交"类人群。

    2) 打怪场景＋人物升级：通过打怪爽感体验与人物升级，带给玩家沉浸式体验。

(3) 展示类：通过展示游戏中的场景地图、人物角色、武器道具等，吸引游戏玩家。

(4) 游戏解说＋攻略玩法＋福利：通过游戏解说与攻略介绍，让新手玩家在了解游戏的同时，能够获取走出新手村的攻略，最终以福利引导转化。

(5) 录屏类：通过录屏形式体验游戏真实感，获取用户信任。

一般会尝试很多方向，但最跑量的创意方向往往只有一个，素材的消耗很集中。表 9-5 所示是一个花了 20 万元的账户的数据，前两个素材占了 90% 以上的消耗，剩下 16 个素材的消耗占比不到 10%。

表 9-5　素材消耗情况

素　材	花费（元）	素　材	花费（元）	素　材	花费（元）
素材 1	122 352	素材 7	1161	素材 13	6
素材 2	103 629	素材 8	655	素材 14	2
素材 3	8761	素材 9	117	素材 15	0
素材 4	5913	素材 10	100	素材 16	0
素材 5	2056	素材 11	80	素材 17	0
素材 6	1585	素材 12	13	素材 18	0

想找到跑量的创意方向，需要做很多尝试。采用创意树的思路，"从多到一，再从一到多"，先尽可能多地想创意方向，一旦测试出一个跑量创意，就迅速延展出大量类似的素材。把跑量素材做混剪、替换前 3 秒、"翻拍"等都属于常规操作。前面投放预约的时候积累的素材经验，在首发的时候会发挥重要作用。

在腾讯广告上投放图片也有流量，所以可以准备一些图片，和视频同时投放。

9.3　数据规律

首发当天《幻海》一共投放了约 4000 条广告，能积累 10 个转化的广告占比不到 10%，绝大部分广告不起量。但起量广告能贡献比较多的消耗，不到 5% 的广告贡献了约 80% 的消耗。

如表 9-6 所示是一个比较典型的账户，共 61 条广告，累计消耗 124 077 元，其中消耗最多的广告花费了约 9 万元，占比约 74%。

表 9-6 典型账户

广 告	花费（元）	广 告	花费（元）	广 告	花费（元）
广告 1	91 912	广告 22	9	广告 43	0
广告 2	11 609	广告 23	8	广告 44	0
广告 3	6363	广告 24	5	广告 45	0
广告 4	5912	广告 25	5	广告 46	0
广告 5	2263	广告 26	2	广告 47	0
广告 6	2056	广告 27	2	广告 48	0
广告 7	1336	广告 28	2	广告 49	0
广告 8	590	广告 29	2	广告 50	0
广告 9	562	广告 30	2	广告 51	0
广告 10	546	广告 31	2	广告 52	0
广告 11	244	广告 32	0	广告 53	0
广告 12	135	广告 33	0	广告 54	0
广告 13	108	广告 34	0	广告 55	0
广告 14	104	广告 35	0	广告 56	0
广告 15	100	广告 36	0	广告 57	0
广告 16	72	广告 37	0	广告 58	0
广告 17	45	广告 38	0	广告 59	0
广告 18	33	广告 39	0	广告 60	0
广告 19	25	广告 40	0	广告 61	0
广告 20	10	广告 41	0	合计	124 077
广告 21	9	广告 42	0		

而那些没积累到 10 个转化的广告，也会花一些钱，但成本比较高，这种现象叫作"空耗"，任何广告主、任何平台都无法避免。《幻海》的空耗率约为 10%。这就要求跑量广告的成本要比 KPI 更低。比如激活成本的整体 KPI 是 50 元，那么跑量广告的激活成本要控制在 45 元，这样和其他不起量的广告综合起来，才能达到 KPI。

这款游戏的投放很成功，很快冲到了 App Store 免费榜 Top1。后续的投放主要看回收效果，回收效果好就可以进行常规投放。

第 10 章

免费小说平台从 0 到千万日活投放复盘

你是不是对一夜之间风靡网络的"歪嘴战神"感到迷惑？

你是不是对遍布手机的小说广告感到不可思议？

你是不是也曾想过：网文真的这么好看吗？到底是怎么火起来的？

作为内容型 App 的一种形态，小说 App 受众广、用户停留时间长，有巨大的市场潜力，所以 2019 年爆发了激烈的抢用户大战。

这个行业是怎么发展起来的？这些风口上的公司是怎样制定买量策略的？我采访了多位从业者，包括头部小说 App 公司的 CEO、投放负责人、一线投手等，综合采访内容写成了本章。

投手平时的主要操作是从 1 到 100 的过程，本章我们从生意的视角完整地分析一款产品的发展和买量思路。免费小说平台在买量的时候，巨量引擎和腾讯广告量级居首，而磁力金牛（快手的商业化平台名称）的增长速度很快。本章介绍的投放策略涵盖各个渠道，在操作细节上着重讲解投放快手。

10.1　产品的诞生

一切的源头是付费小说龙头公司阅文的财报。

根据字母榜的报道，米读小说负责人 Spike 称："财报数据显示，2017 年，阅文拥有 1.91 亿月活用户，但月平均付费用户只有 1110 万人，付费比率只有 5.8%。这么多用户来看小说，但看到付费章节的只有 5% 左右，免费模式很有可能把剩下的 95% 吸引过来，而且当时行业主要是付费平台，没什么人做免费平台。"

2018 年 5 月，在免费网络文学阅读领域的赛道还一片空荡的时候，米读免费小说率先上线，开始了"免费看书，广告获利"模式的尝试。

10.2　从 0 到 1 的市场策略

从 0 到 1 是验证产品的阶段。

免费小说本质上是典型的广告生意。一只手买量，让用户在平台上免费看小说，从而获得用户的时间；另一只手卖量，在用户使用平台的时间塞广告，获得收益。收益 ÷ 买量成本，就是 ROI。

做投放之前，最关键的一环是算好账。新客一次性购买，收入逐渐产生，需要为此提前做好模型的数据预估。预估用户整个生命周期内的总收益，再根据 ROI 的要求，反推出前端的KPI：激活成本、次留成本、次留率分别是多少，用来制定投放指标。

2018 年 6 月，米读首次实现了盈亏平衡。广告收入可以覆盖平台运营的成本，这个模式成立。

根据砍柴网的报道，2018 年 7 月，Spike 面临一个重要的选择：是在地面快速奔跑还是搭乘高速列车。Spike 选择了前者。规模化投放就是搭乘高速列车。

10.3　从 1 到 100 的市场策略

米读做得早，做决定的过程尤其值得思考。我综合了几款小说产品的市场策略，虚拟了一款产品——土豆小说。

一个模式验证成功之后，竞争对手就会迅速跟上。而越早投放，越能享受到流量红利。看一下相关数据：免费小说 App 的激活成本早期只要 3 元，2020 年 4 月，激活成本约为 10 元，涨了 2 倍；到 2022 年 4 月，激活成本约为 15 元，较最初涨了 4 倍。因此，需要抢时间投放。

产品验证、打磨没问题之后，就要尝试"大力出奇迹"。广告投放都以效果为导向，产品没有品牌，做品牌广告没有意义。可以等到产品日活超过 3000 万再打造品牌。

要投放效果广告，首先要选择媒体。小说的受众很广泛，所以会在各个广告平台投放，最后根据 ROI 结果决定是否放量。不同广告平台的次留率不同，导致前端激活成本的要求不同，比如要求 ROI 达到 100%、次留率达到 40%，激活成本可以放宽到 12 元；要求次留率达到20%，激活成本只能控制在 6 元，相应的量级就会小很多。

ROI 达标的话，可以不限制预算。巅峰时期，土豆小说单日的广告花费超过千万。

巨量引擎和腾讯广告流量最大，快手上的流量增长速度很快。用户 99% 来自付费流量。冲榜之后应用商店会分配免费流量。

投放上有两个关键点：选书，素材。留存情况主要由书决定，能否起量则主要取决于素材。

免费小说平台在投放的时候，流量会呈现明显的集中态势，比如平台有 10 万本书，可能 50% 的流量是由 Top10 小说带来的。爆款书单本就能带来超百万新增用户。所以选什么样的书投放很关键。那怎么选呢？

有几个考量因素：评分、热度、是否原创、字数、是否完结等。本身好看、评分高的书值得推；热度高的书同理，需要高度关注竞品信息，媒体也会提供热门书单，如图 10-1 所示；推原创的书能降低用户被别的平台抢走的概率，同时也有利于平台的长期发展；字数低于 50 万的书很容易看完，不适合投放；连载中的书相对完结的书更能增强用户黏性。综合下来，评分高、字数在 50 万以上、连载中的书是最优的，再结合一定比例的原创书。

	A	B	C	D	E
1	书籍类型	书籍名称	ctr	cvr	
2	玄幻小说		2.65%	5.56%	男频
3	穿越小说		2.52%	4.72%	女频
4	都市言情		2.98%	3.71%	女频
5	都市小说		1.21%	8.32%	男频
6	穿越小说		2.10%	7.94%	女频
7	玄幻小说		1.83%	7.00%	男频
8	都市言情		3.00%	6.00%	女频
9	都市言情		5.14%	2.94%	女频
10	古代言情		10.44%	1.51%	女频
11	玄幻小说		12.21%	1.18%	男频
12	玄幻小说		2.80%	4.01%	男频
13	穿越小说		2.17%	7.04%	男频
14	都市言情		2.43%	4.86%	女频
15	都市小说		3.54%	2.27%	女频
16	玄幻小说		14.88%	1.88%	男频
17	乡村小说		2.39%	7.65%	男频
18	古代言情		2.55%	4.50%	女频
19	现代言情		4.44%	2.21%	女频
20	穿越小说		2.29%	6.58%	男频
21	穿越小说		12.97%	1.74%	男频

图 10-1 热门书单

选好书之后，关键就是制作素材。一本书可以做多个素材，素材也有头部效应，但没有书那么集中，50% 的流量是由约 60 条素材带来的。

现在抖音集团、腾讯广告、快手等媒体的投放已经很智能了，广告系统能够比较精准地找到用户，所以广告效果很依赖素材。

在小说产品上，这个现象更甚。因为一般的产品比较固定，比如社交应用、游戏，所以素材创意也比较固定。小说产品则不同，每个小说平台都有大量的书，每本书里都有丰富的情节，这些都是素材内容的来源，所以小说产品的素材可发挥的空间很大。

而且素材呈现的效果好坏，决定了用户是否会被吸引看这本书。所以，能否起量主要由素材决定。一条爆量素材当天消耗就能过百万，带来过万激活。

小说产品对素材的投入也很大。一般的广告素材，纯剪辑类的，单条成本在 50 元左右；真人拍摄的，单条成本在 500~1000 元；小说的广告素材成本可能上万元，就像拍一个短剧。而且高质量的小说素材，确实能捧红演员，之前很火的"歪嘴战神"就靠拍小说素材出圈，签了《贪玩蓝月》的游戏代言，从群众演员变成了艺人。

既然素材这么重要，怎么才能做到极致呢？土豆小说参考了番茄小说的模式，先设立一套高效的素材产出机制。

10.4　执行方案

整体的执行方案分成素材产出、媒体功能使用两个部分，下面分别展开。

1. 素材产出机制

土豆小说将广告投放服务商（简称代理商）和素材制作供应商分开，分别支付服务费，各占广告消耗的 1% 左右。

素材制作完成之后，素材供应商将其上传到自主研发的广告投放系统，经由土豆小说市场部工作人员审核，审核通过之后所有代理商可以共用。

这样做的好处是什么？

能极大提升素材利用率，如 3.3 节所述，减少素材浪费，避免错过原本能起量的素材。

同时，素材制作供应商产出的多是制作成本比较低的剪辑类素材，土豆小说自己也会拍摄高质量的真人剧情类素材，单条素材的成本是几千元甚至上万元。真人素材起量概率更高，但因为剪辑类素材数量更大，每月产出几千条，所以 80% 以上的流量是剪辑类素材带来的。

除了素材之外，还有几个媒体功能起到了重要作用。

2. 主要媒体功能

(1) 次留双出价

投放大体是通投。因为对小说产品来说，次留是很关键的指标，所以次留双出价是标配，而且确实能保证次留率稳定。

(2) 互动落地页

小说的素材方向主要有两个：一是单本小说，另一个是网赚。

网赚的 ROI 在很长一段时间内都不错，网赚类素材搭配互动落地页带来了一些增量。图 10-2 所示是一个互动落地页点击之后分步骤的页面。

图 10-2　互动页素材

接下来谈谈具体的操作细节，重点说一下投放快手。

3. 快手的投放特点

很多人认为在快手上投放广告 ROI 不高，但其实有一些网服、电商产品在快手上的投放效果很好。快手也很适合小说产品的投放，2022 年土豆小说在快手日消耗 20 万元左右，每天新增激活 1 万左右，每天新建的组（巨量引擎叫"计划"）约 50 个。

相比巨量引擎，快手的投放有一个明显的特点——素材的消耗量更大，一般要翻倍。因此需要做好素材储备，素材量跟不上，效果很难保证。

快手的小说投放还有几个常用的定向功能：快手网红、APP 行为和行为意向。这些功能在找目标用户时会比较有用。

其中，"快手网红"定向可以选"读书"下的"阅读"和"听书"类目，如图 10-3 所示。

图 10-3 "快手网红"定向

"APP 行为"定向选择"新闻阅读"下的"听书""小说"和"漫画"类目，如图 10-4 所示。这几类人群比较相似，都可以投放。

图 10-4 "APP 行为"定向

“行为意向”定向选择网络小说相关的选项，如图 10-5 所示。

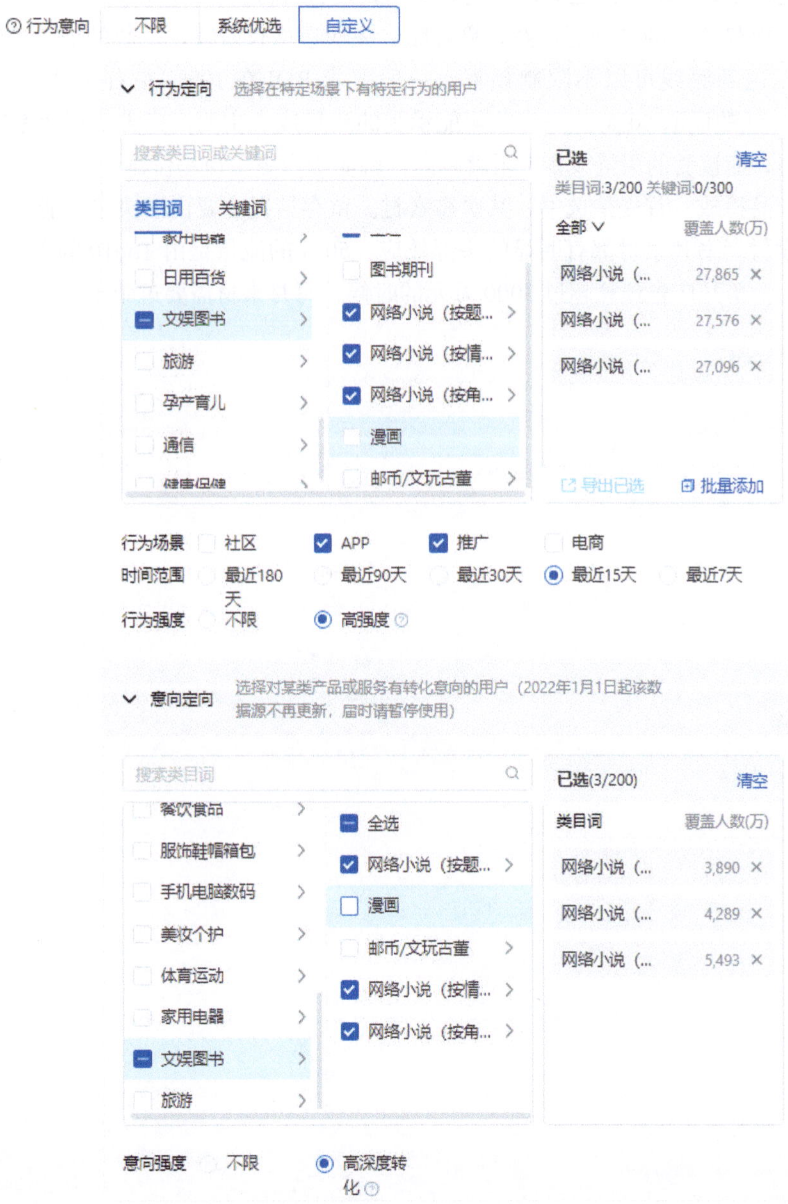

图 10-5 “行为意向”定向

总结一下免费小说平台的投放案例，有以下几个要点。

- 产品是根本，产品推出之后需要先验证模式是否可行。
- 广告投放最关键的是跑通链路，算好账。在快速增长阶段，一般的增长策略是制定 KPI 底线，达到底线可以不限制预算。一般要求 ROI 在 100% 左右（要求高一些的话取 120%，低的话取 80%）。一家公司能承受的买量成本主要由广告变现效率决定。变现效率越高，能接受的买量成本上限就越高，就能抢占更多市场份额。
- 小说产品投放，首先是选书，其次靠素材。留存情况主要由书决定，能否起量则主要取决于素材。书和素材都有明显的头部效应，50% 的流量是由 Top10 的书、Top60 的素材带来的。单月广告预算超过 3000 万元的时候，每月素材需要过千条。

第 11 章

行业洞察杂谈

讲完了广告投放的具体操作，接下来聊聊观点和思路，从"授人以鱼"转向"授人以渔"。

本章我们聊聊做广告投放的秘密武器（思路）、顶级投手的共性、常见投放事故、常见谣言辟谣，以及困扰乙方朋友的甲乙方关系和投手的职业发展路径。

11.1　做广告投放的秘密武器

我做广告投放有一个秘密武器，是我目睹了许多次"爆量"之后总结出来的思路。

我跟一些顶级操盘手交流过这个思路，发现大家不约而同都在用，并且都因此获得了巨大成功。

这个思路就是：保持开放。

广告投放中各方的关系如图 11-1 所示，其中广告主投放广告是为了触达用户，广告系统是投放的渠道。

图 11-1　广告投放各方关系

投手服务与广告投放的流程，每个环节都要了解：

❑ 要了解广告主的产品，分析产品卖点；
❑ 要了解广告系统的功能，会使用媒体后台；

❑ 要了解用户，知道用户喜欢什么内容；

❑ ……

其中产品和用户需求密不可分，对用户的分析最终都体现在创意上，所以我们把投手的日常工作简化成"使用广告系统"和"想创意"两个方面。

接下来从这两个方面讲讲如何使用这个思路。

11.1.1　使用广告系统时要保持开放

广告系统有很多功能，但没有哪一个百试百灵，用了就能起量。

因为计划最终能不能跑起来，肯定是看 eCPM（代表媒体能从这条广告计划获得的收益）。我们不可能因为用了某一个功能，就忽略素材、出价、产品本身的转化率等因素对 eCPM 的影响。广告系统存在的意义是让所有广告主公平竞争。

但用好系统功能，确实能带来一些起量的机会。你可能已经熟悉了一些功能，总结了一些经验，知道它们怎么用；同时觉得另外一些功能不行，只用过几次或者干脆没用过。

这无可非议，我也是这样。

然而，随着从业时间越来越久，会发现有一些人的经验和你的不同："啊？你用微电影剪辑的素材好几个都爆量了？你觉得微电影好用？我试了觉得用它做的素材很烂。"

于是你打算再用用微电影，希望能起一些量。

在这样不断发现"原来这个功能也有人用得很好"的过程中，你原有的经验会被打破，思路会拓宽。

这是一个投手的必经之路。接下来分享一些我的经历，一些"当时我就震惊了"的时刻。其中有一些是大众功能的极端用法，另一些是小众功能的成功案例。

1. 新计划用大预算来测试

我刚入行的时候，领导做事小心谨慎，他建议我们新计划要设置 500 元的预算，效果好再调高；出价要尽量低一点，控制成本，不要冒险。这是中规中矩的做法，我现在也认为这样做没什么问题。

但时间久了，总会遇到一些不那么中规中矩的案例，它们为我打开了新世界的大门。

对于新计划，我一直设置 500 元的预算，后来有一个账户我没做起来，但别人做起来了，于是我去了解他是怎么做的，结果发现他的新计划直接设置 5000 元的预算，我非常吃惊——居然还能这么做？

虽然他不一定是因为新计划预算设置得高才把账户做起来的，但这件事还是给了我一些启发：可以多给新计划一些机会，不要总是花 500 元去尝试，发现效果不好就关掉，可以多花一些钱再做判断。

再说说小众功能，都是我珍藏的案例。

2. 开屏

时间回到 2017 年初，那时候小黄车还在风风火火地投放广告。我作为一个代理商的小投手，发愤图强，想把这个业务做起来。但是不管怎么努力，一天只能花 3 万~5 万元，而其他做得好的代理一天能花 20 多万元。

于是我开始打听：他投放的是什么？怎么就投放起来了？

"视频"。

当时我就震惊了。那可是 2017 年啊，图文当道，抖音还没商业化呢，他当时还是在内涵段子上投放视频。

为什么他能想到投放视频呢？媒体说让投放视频的时候，我们连连后退，觉得这哪儿能投放起来。没想到真的有人投放起来了。

后来一个偶然的机会，我遇到了那位投手，聊天中他告诉我，"因为我们主要做游戏广告投放，而投放视频的效果很好，所以在这个项目上我们也尝试投放视频，结果发现效果很好"。

这着实给我上了一课——做广告投放要保持开放。

小黄车的故事还没讲完。知道别人投放视频有效果，我们这边也没有什么进展。因为做视频是项系统工程，而当时我们的条件有限，视频产出很少，所以做视频这条思路就搁置了，继续闷头测试。

忘了因为什么，当时我试用了一款叫作"开屏联播"的产品，可以在联盟产品的开屏界面上投放广告（现在改名叫"开屏"，在"投放范围"中点击"穿山甲"能看到入口），如图 11-2 所示。

开屏，听起来就很贵，感觉只有大品牌才会投放，但其实它的价格很低，我 2017 年投放的时候一个点击才一毛多钱，而点击率有百分之十几。

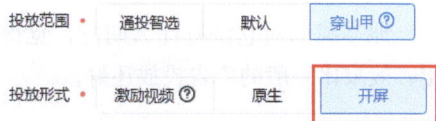

图 11-2　投放范围

虽然忘了为什么投放开屏这么小众的形式，但效果显著，消耗涨到了 13 万元，成本也可以接受，我们的消耗整体提升了一个量级。

当时投放的开屏图片如图 11-3 所示。

谁能想到这个开屏广告居然效果很好呢？

不管怎么说，开屏广告在我的投放生涯里留下了绚丽的一笔，至今记忆犹新。

有了这个成功案例，接下来会怎么做？当然是给别的产品也投放一遍开屏广告。但是效果都很差，比一般的广告投放效果要差很多。

我也就逐渐放弃了，认为开屏能投放起来是小概率事件。没想到，时隔两年我又听到一个成功案例。

"电商促销的时候用开屏投放红包素材，效果很棒！"

图 11-3　开屏广告案例

听到这个消息，我的瞬间反应是：居然有人投放了开屏这么小众的形式！而且效果还很好！马上又觉得逻辑上说得通，人们看见红包就会下意识地点击，在开屏位置投放红包素材能给用户更强的刺激，效果好也正常。

总的来说，**开屏能投放起来不容易，但如果找到了合适的方向，也能有一些量，毕竟总体投放少、竞争小。建议大家谨慎尝试。**

3. 穿山甲

和开屏类似，当时还有一个口碑不太好的产品"穿山甲"（2017 年的时候还叫"资讯联盟"）。这是巨量引擎自有产品以外其他媒体的流量，一般称作联盟流量。

早期做广告投放的人，很多是从搜索广告转行过来的。在搜索广告里，联盟流量就意味着"不怎么好的流量"，大家都不愿意投放。所以到了广告投放领域，大家自然而然地抵触。

这个产品刚推出的时候，媒体引导代理商使用，刚好领导让我负责这件事，于是我每天催促大家使用资讯联盟。我们组的投手被逼无奈，给一个贷款产品投放了联盟流量。

原本我们对它没有什么期待，觉得效果差是肯定的，只希望不要太差。结果成本居然很稳定，效果比一般的广告投放还好。

然后我们就在别的产品上尝试，有的是客户完全不同意投放联盟流量，有的是投放效果不理想，总之整体效果不太好。我开始认为联盟流量能投放起来是个别现象，整体还是比较差。

我对它的看法发生转变是在一年后，2018 年。

有一次我和一个朋友聊天，她提到了穿山甲，"穿山甲的流量可好了，用户次留率也很高，我们投放短视频，有个客户一天花了二三十万元！"

大家不是都说联盟流量"前端可能还行，后端很差"嘛，怎么变成"流量可好了"？

我不明白，她也不明白。然后她继续说道，"当时媒体鼓励投放穿山甲，在穿山甲消耗有额外的返点，光返点都返了几十万元！"

只能感叹自己视野还是太狭窄，你看人家，思路开放，不就投放起来了？从此以后我对穿山甲的看法彻底改变，现在我的观点是：**穿山甲可以尝试，谨慎一些可以单独创建计划投放，不建议完全放弃。**

这样的故事还有吗？

当然有。一个做二类电商的朋友说："我投放一款产品一直没投放起来，后来把素材、货源给了别人，他第一天就出了 1000 单！用的是自动出价！"说完他长叹一声，从此我对自动出价肃然起敬。

还有投放管家这个产品，很多人觉得它不行，我们自己心里也有点打鼓，后来去见一个客户，他说"我们一天消耗几十万元， 一半都是投放管家消耗的。"从此无论多少人说投放管家效果不好，我都对它抱有希望。

这样的案例还有很多……

这当中有偶然，也有一些我们不能把握的因素（比如媒体的扶持等）。我们能做的就是**保持开放的心态**——总有投手会借着一些新产品平步青云。另外，大部分公司和投手对新功能没什么兴趣，开通了权限也不用，总觉得效果不好，但是顶级投手对此都很积极。

所以，我们可以**更积极地尝试小众功能**，那些自己觉得不行的，没准儿别人用着挺好。

11.1.2　想创意时要保持开放

每个人都有自己的审美，对于一张图或者一个视频，我们会觉得好或者不好，这是我们基于过往经验做出的判断。

但每个人的判断都是有局限性的，受限于自己的经历和感受等因素。我们能做的，就是一方面努力拓宽思路，探索不同的创意方向；另一方面不要直接否定自己完全瞧不上的素材，不妨试一试。

举几个例子。

1. 编发的素材方向

首先是素材方向。我做短视频平台投放的时候，常用的素材是跳舞、唱歌、有强烈冲突的故事、奇怪的新闻，等等。

投放了一段时间之后，我和一个也投放过这类产品的同事聊天，问他有没有什么好的方向，他说："你可以投放编发。"

"什么？"

"编发，编头发。"

我从来没想到编头发也能作为一类素材，觉得这是一个小众到可以被忽略的需求。

但他说他投放的效果很好。我试了一下，效果真的还可以。

后来反思，媒体平台上某一类需求会有一些教学视频，我们可以把它作为素材方向，比如编头发。那么教化妆、教做菜、教跳广场舞好像都可以咯？前两个我没看过，教跳广场舞我在西瓜视频上见过，播放量还很高，效果应该不错。

除了"编发"这个素材方向以外，还有一些素材在形式上更难理解。

2. 白底红字

白底红字，没有任何修饰。"我要钱"三个大字做成了组图，如图 11-4 所示，2018 年在巨量引擎上投放贷款产品，这类素材能做到注册成本低至 3 元。这是一个读者提供的案例，当时我做同类产品投放，成本在 40 元左右，他的成本真的低到不可思议。

图 11-4　简单素材的案例

2016 年我在理财产品广告上用过这类素材，像"赚钱啦""发红包"之类的红字，效果还挺好。

3. 镊子夹卡片

"镊子夹卡片"这个案例我真的不能理解，如图 11-5 所示。

你要说上面白底红字的图是过于简单、毫无设计的素材，那这张图都让人怀疑：这是素材吗？

好吧，可以算它是素材，它是图片格式，尺寸符合媒体要求。

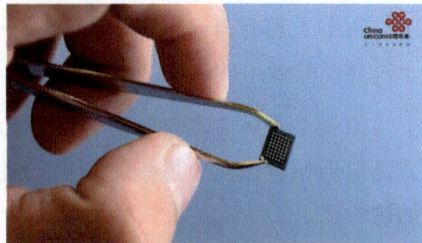

图 11-5　"镊子夹卡片"案例

可是图中没有任何产品介绍——手机卡广告常见的"多少钱的套餐包含多少流量、多少分钟通话"……这上面都没有，只有一个镊子夹张小卡片，加一个联通的 logo，但它在巨量引擎和腾讯广告上的投放效果都很好。

这个案例也是一个读者提供的，而且不是个例，他还做了许多类似的魔幻素材，效果都很好。

这真的刷新了我对"素材"的理解。

人是多种多样的，我们个人对创意的理解往往比较狭隘，对创意保持开放的态度，更有利于广告投放。

似乎存在一个矛盾：投手要总结什么功能 / 创意好、什么不好，然后多用好的，放弃不好的，这是珍贵的"投放经验"；同时要保持开放——觉得不好的也不要完全放弃，可以再试试。那经验还有什么意义？

别急，这的确是个矛盾，我也考虑了很久。但其实二者能融为一体，我们可以用 80% 和 20% 来做区分——用 80% 的精力去实践你认为好的功能和创意，用 20% 的精力去实践你不看好的功能和创意。这样既能应用经验，又留出了一些可能。

做广告投放是一个概率事件，建议大家保持思路开放。

世间万物皆是如此，长辈告诉我们，"想要身体好就不能挑食"，也是一种保持开放吧。

11.2　操盘 10 亿元广告费、年收入过百万的顶级投手有什么共性

写书和公众号文章以后，我有机会和很多投手交流，其中就包括顶级投手，比如日预算千万元，连续两年自己占据大盘 90% 消耗的投手；为业内顶级游戏公司做投放，连续两年业绩第一的投手；年预算超过 10 亿元，连续几年自己占据大盘 50% 消耗的传奇投手……

加上很多老板问我应该怎么招人，应该看什么能力。

所以，我总结出了投手的能力模型，各位投手可以将其作为努力的方向，各位老板可以用作招人的依据。

介绍这个模型之前，先说说顶级投手没有什么。

11.2.1　顶级投手没有什么

1. 顶级投手没有秘密。

每一个投手都曾经无数次想，"为什么别人比我账户做得好？他到底有什么绝招是我不知道的？"

这几年我跟行业里"传说中"的投手，以及媒体的产品、技术、运营人员交流，发现并不存在什么绝招，毕竟任谁都越不过后台。

可能有极少数匪夷所思的操作（比如投手和媒体有账户权限的人结婚，可以每天看同行的账户，当然，这是不合规的），但绝大部分是后台的显性操作，只是会做得更极致。

顶级投手没有秘密，只有一些朴素的共性。具体是什么共性？下面详述。

2. 顶级投手也不能保证每天都起量

一个成功的企业家，不能保证每一桩生意都成功；一个顶级投手，不能保证每天都起量。

可能是方法有问题，可能是素材没跟上，也可能是运气不佳，但顶级投手一定会反思，所以"你有没做起来的账户吗"是个好的面试问题。

3. 成为顶级投手，入行时间不重要

有人入行半年就业绩卓著，有人入行一年闪闪发光，不一定要入行六七年。我觉得自己跟刚入行半年的时候相比，做账户的能力差别不大。但是时间长了，经验会变多。比如之前肯定会有一些盲区，有一些功能从来没用过，也觉得自己不需要，但是慢慢发现这种投放方式效果也还可以；看过的跑量素材会比较多；遇到的"极限案例"会比较多，比如转化成本 2 元和 1000 元的产品分别要怎么投放；之前只是试探着做，比如出高价，但工作时间久了，一个方法会在多款产品上得到验证，行动会更坚定；最关键的是综合能力得到提升，比如沟通能力、总结能力。

所以，甲方老板在招人的时候，入行 3 年的投手不一定比入行半年的投手做得好。做得好的，3 个月就能达到及格，6 个月就能达到 8 分。

4. 大部分时候 6 分投手和 10 分投手没有太大区别

很多事情做到及格其实就够用了。就像炒土豆丝，家庭主妇跟酒店大厨在刀工、火候上会有细微差别，但吃起来差别不大。

10 分的投手和 6 分的投手，大部分时候投放结果相差不大，可能都是测试一些素材、创建一些计划就起量了。

但如果赶上好的机会，差距就体现出来了。10 分的投手能力更全面，能发现一些不易察觉的问题，细节上会做得更到位；6 分的投手有自己的盲区，一定会有疏漏。而投放依赖账户模型，这些细微的差别作用在账户上，投放效果可能就会相差较大。

顶级投手不是一定能起量，但投放起来的概率更大。

所以，如果你的产品投放量不大或者对投放要求不高，那么找几个普通投手就够了，就像

炒土豆丝用不着请大厨；但如果要大量投放，或者从零开始做推广，那么需要一个高水平的投手，他的价值一定能覆盖你多支付的成本。

11.2.2 投手能力模型

我总结出了投手的能力模型，如图 11-6 所示。

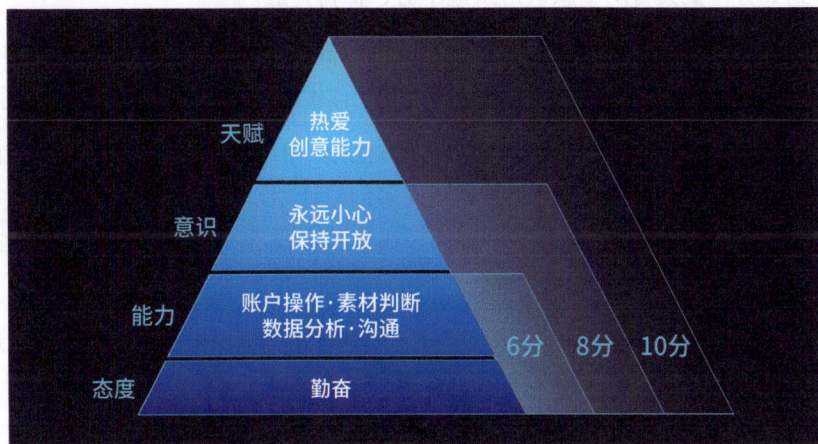

图 11-6　投手能力模型

(1) 做广告投放，最底层的是态度：要勤奋

投放这个活儿特别熬人，得一直盯着数据，再聪明的人不盯数据也不行。我见过的顶级投手都特别拼，"长"在账户上，几乎没有私人生活。

(2) 基本的专业能力：账户操作、素材判断、数据分析和沟通能力

账户操作包含会用媒体功能、理解数据规律并做出相应的调整。

投手不需要自己做素材，但一定要有判断能力，能提供素材方向。这说来也不难，很多创意是旧元素的新组合，看过大量跑量素材后，起码能给素材团队提供参考，从而产出跑量素材。

因为能实时看到投放数据，所以数据分析能力非常关键。最基础的数据分析是总结规律，看到哪条计划跑量了，不要放过它，马上看它用了什么素材、什么媒体功能；更进一步的是跨计划、跨账户甚至跨产品分析规律。

无论在甲方还是乙方，投放都是一个综合性岗位，需要跟其他部门沟通协调。乙方要跟甲方、销售人员、素材团队沟通。甲方要跟自己的老板、技术人员、产品人员、财务人员等沟通。

做直播要跟直播运营、主播沟通。

态度和能力没问题，就能达到及格，是一个 6 分的投手。

如果达不到 6 分，会怎么样？跟 3 分投手的投放结果会有很大差别吗？会。3 分的投手会犯很多基础性错误，一个错误可能会造成巨额损失。下一节的事故合集讲的就是 6 分以下的投手经常会犯的错误。

(3) 想达到 8 分，要具备两个意识：永远小心、保持开放

投放属于精细操作，转化目标选错了，计划可能会跑飞（指脱离控制，花了很多钱但效果很差）。每天做大量投放操作，非常容易出现失误，无论你做了多长时间，所以永远要小心谨慎。

保持开放指什么呢？行业里会有一些固有的方法论，但顶级投手不局限于大家的观点，能拓展出不一样的投放思路。比如现在大家都在说多创建计划，但就有人一个账户只有 5 条计划在投放，只要不是爆量计划（一天七八个转化，成本符合要求的都不保留）就都关掉，只保留消耗最猛的超级计划，避免计划竞争太多，一天消耗几百万元，跑了一个多月。

再比如资源位，大家都说开屏广告位不好，有人就能把腾讯的闪屏广告位投放起来，得到了很大的量。

顶级投手对媒体的新功能都很积极，并且能用好，从而获得红利。

(4) 顶级的投手，要再加上创意能力和热爱

先说创意能力。广告投放的终局一定是回归到广告的本质，创意对投放结果的影响会越来越大。顶级投手一定会参与甚至主导素材制作。有一位投手，其公司产出的素材公用，她挑素材比别人准，就能起量。她天天看素材，各个行业的都看，看哪个跑量素材有可借鉴之处，就会拿来用。看过大量跑量素材是共通点，更进一步是自己能产出原创素材。哪怕只是形式上的微创新，都有可能带来巨大的突破。突破指什么？可能一天消耗 500 万元。

最后一项是热爱。因为热爱，所以会有强烈的意愿，在遇到困难的时候，可以坚持到底。电影《这个杀手不太冷静》有一句台词"成功，只比未成功，多坚持了一次"。真的是这样。起量比不起量，可能只差一个晚上。

11.3　事故合集：投放这么做，轻松赔得"倾家荡产"

做广告投放这一行，每天都在和钱打交道。做得好，花出去的钱就是数字；做得不好，分分钟赔得"倾家荡产"。但凡涉及赔付，投手大都记忆犹新，不敢忘记。但我不希望投手等到自己出事才学到教训，所以搜集了一些操作失误的案例，用作警示，提醒大家做账户时务必小心——不然一出现失误，自己没赚着钱不说，还得给公司倒贴钱。

来看一些现实的案例。

1. 没看账户

案例 1：投放巨量引擎 – 金融行业账户

某个十一假期，投手两天没看账户，10 月 3 日进入后台一看，有条一直不花钱的老计划前一天突然爆量了。以前每天花不到 100 元，前一天花了近 10 万元。转化成本虽然低于出价，但是后端效果很差。这条计划产生的消耗全部赔付了。

经验：**投手至少每天早晚看一眼账户**，哪怕是周末、十一、过年。广告在投放，你就要对数据负责。

案例 2：投放微信 – 金融行业账户

广告主说："我们当时本来也要放量，但是投手那天没看账户，也没跟我们说花多少钱，直接就花了 100 多万元，成本还挺高，后来赔付了。做优化还是要盯着成本和消耗金额，最好能提前说一下。"

经验：即使广告主要求放量，**如果当天消耗速度比平常快很多，也要及时通知广告主**，让他知晓目前的成本和消耗情况，看是否愿意继续放量。

2. 不设置预算

案例 1：投放巨量引擎 – 金融账户

广告主有明确的日预算要求，但是可以沟通增加预算。投手为了计划更好地花钱，把预算设置为 9 999 999 元。平常都这么做，没出过问题，但这次过了半小时刷新一看，已经花出去几万元了，远超广告主的日预算限制。广告主认为代理商误操作导致花超预算，要求赔付。最后代理商赔了 2 万元。

经验：作为代理商投手，**如果广告主有明确的日预算要求，一定要将"账户日预算"卡死，宁可少花，不要多花**。如果要增加预算，先和广告主沟通，获准后再加。

案例 2：投放快手 - 电商账户

目标转化成本为 40 元，但是账户花钱困难，投手将出价提至 60 元。按照以往的经验，即使提价，账户消耗也比较慢，可以边消耗边降价，就和往常一样没有设置预算。这个组当天晚上 7 点开始花钱，到第二天早上 8 点看账户，已经花了近 3 万元，意外爆量了。转化成本是 63 元，大约是目标成本的 1.5 倍，如表 11-1 所示。

表 11-1 设置预算

时　间	花费（元）	成本（元）
2020-1-3 19:00	53	53
2020-1-3 20:00	1546	57
2020-1-3 21:00	1039	74
2020-1-3 22:00	4688	66
2020-1-3 23:00	2605	65
2020-1-4 0:00	826	49
2020-1-4 1:00	878	80
2020-1-4 2:00	731	61
2020-1-4 3:00	580	64
2020-1-4 4:00	307	61
2020-1-4 5:00	674	61
2020-1-4 6:00	3709	60
2020-1-4 7:00	5535	56
2020-1-4 8:00	5601	70
合计	28 774	63

经验：**出高价测试的时候，一定要设置预算。**你不知道什么时候会爆量，一旦爆量，预算可以兜底，否则就会损失惨重。

案例 3：投放巨量引擎 - 电商账户

电商客户有排期，预算都是每日调整的，之前都需要在凌晨手动设置，这次忘记修改了，本该设置 5000 元预算，结果沿袭前一天的 20 000 元，投手早上醒来一看，预算已经花完了，来不及调整了。

经验：如果预算是每日调整的，那么一定要设置好第二天的预算。可以使用"预算定时任务"功能，如图 11-7 所示。

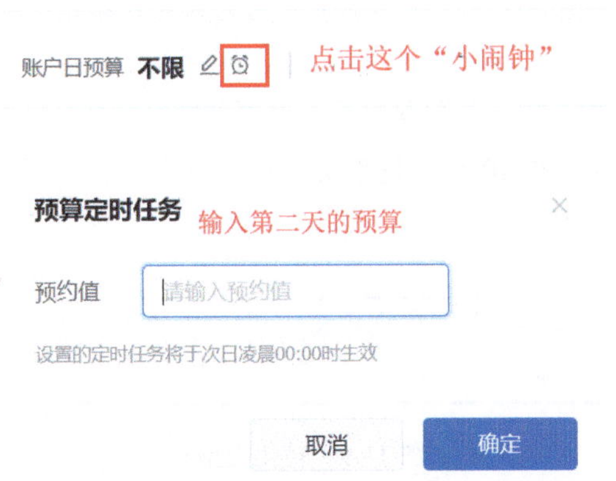

账户日预算 **不限** ✎ ⏰ │ 点击这个"小闹钟"

预算定时任务 输入第二天的预算 ✕

预约值 │ 请输入预约值

设置的定时任务将于次日凌晨00:00时生效

取消　　确定

图 11-7　预算定时任务

案例 4：投放巨量引擎 – 保险账户

投手复制了账户里的一条跑量计划，原计划不限制预算，新计划正常预算为 500 元，但是投手没有修改预算，直接开始投放，1 小时就花了 6000 元，并且成本非常高。投手自己承担了成本外的花费，如图 11-8 所示。

< 转账记录查询 🎧 ⋯

币种：人民币 手续费：0.00 元

-3,637.00元

招商银行　　　招商银行

72 公司

转账附言 转账

转账渠道 手机银行

图 11-8　投手承担了额外的花费

经验：**复制跑量计划的时候，容易直接按照原有设置进行投放**，但新计划一般要设置预算，所以**要留意预算和出价的修改**。

3. 转化类型弄错

案例 1：投放巨量引擎

　　广告主要求注册成本控制在 **40** 元，投手给"转化类型"选择了"激活"，而正常应当选择"激活且注册"，如图 11-9 所示。

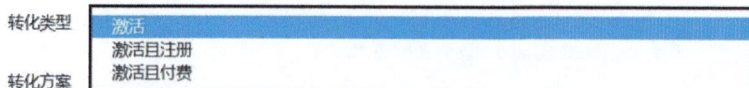

图 11-9　转化类型

　　出价也是按照注册的要求定的，当天晚上计划爆量，消耗了约 **8** 万元。第二天分析数据，发现激活数和转化数一样，才意识到转化类型选错了，如图 11-10 所示。

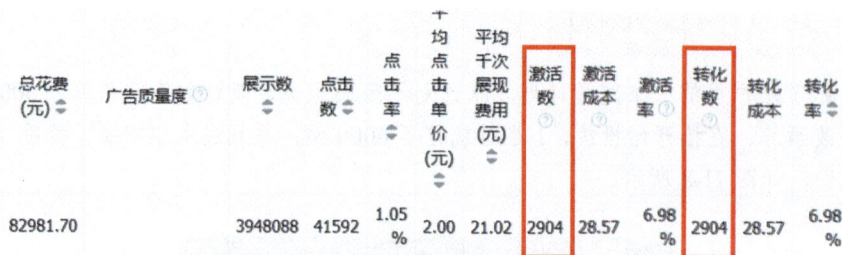

总花费(元)	广告质量度	展示数	点击数	点击率	平均点击单价(元)	平均千次展现费用(元)	激活数	激活成本	激活率	转化数	转化成本	转化率
82981.70		3948088	41592	1.05%	2.00	21.02	2904	28.57	6.98%	2904	28.57	6.98%

图 11-10　投放数据截图

　　所幸当天的转化成本比出价低很多，并且注册率比较高，成本能满足要求，广告主没有追究。

案例 2：投放巨量引擎 - 社交账户

　　广告主要求转化类型选择"注册"，投手误选了"激活"，并且将转化跟踪命名为了"激活且注册"，如图 11-11 所示。后来该投手离职，这个账户交接给了其他人。新投手一直把它当成正确的转化跟踪来用，成本也按照注册的成本进行优化，2 个月之后才发现设置出错，已经产生了几千个转化。代理公司对此进行了赔付。

转化ID	转化名称	转化状态	全部转化目标
	激活且注册	• 已激活	激活

图 11-11　转化目标选错

经验：**转化类型怎么选，一定要仔细仔细再仔细**。乙方投手最好和广告主截图确认，转化目标要选什么，然后再操作。很多朋友出现过这类问题。

另外有一个小建议，在计划层级"自定义列"的选项中，勾选"转化目标"这一项，如图 11-12 所示。这样可以在计划层级直接看到转化目标选的是什么，不用深入到转化跟踪那里看，这样误选能早点发现。

图 11-12 "自定义列"选项

4. 出价调错小数点

案例 1：投放巨量引擎 - 行业不清楚

投手出价的时候漏掉小数点，并且为了容易跑量没有设置账户预算，上完计划之后也没有随手关闭广告组，等待审核的期间去干别的事儿了，结果计划过审后开始疯跑，一会儿的工夫账户余额全部花完了。

案例 2：投放巨量引擎 – 理财

我有一次想把出价从 0.2 元调到 0.5 元，结果调成了 50 元，500 元预算瞬间花完了，看到成本的时候自己都惊呆了。但因为设置了预算，所以影响不太大，广告主没有追究。

案例 3：投放应用商店 – 游戏

投手想将一个关键词的出价调整到 8.5 元，结果漏掉了小数点，出价850元，产生 2 个下载，消耗 1700 元。

案例 4：投放应用商店

我自己经历过，因为 iPad 出问题导致出价错误，点击确认后立刻改回来还是花了一些钱，从此我再也不敢用 iPad 调整出价了。

经验：**调整出价的时候 0 和小数点要额外注意**，调错了事就大了，尤其在小尺寸屏幕上很容易弄错。

5. 投放时间选错 / 关停不彻底

案例 1：投放巨量引擎 – 电商账户

投放时间设置错误。电商节客户各个品类的投放都是按照排期进行的，尤其是预热的产品，例如 11.1~11.10 投放，结果 11.10 忘记关停了，导致 11.11 也有消耗。

案例 2：投放巨量引擎 – 小说账户

广告主临时停投，投手只将投放时间改到下周，没有直接关停计划，下周自动开始投放，赔了广告主 5000 元。

经验：投放时间这里容易踩的坑是，比如今天是周三，广告主要求关停投放，于是投手把这周剩下的几天都关停了，但周一、周二没关停，到了下周一自动开始投放。

案例 3：投放巨量引擎 – 行业不清楚

广告主采取阶段性投放，账户余额花完之后没做调整，没有关停计划。过了一段时间再投放，把钱打到账户里，账户自动开始投放，花了很多钱。但是安装包已经失效，导致赔付。

经验：关停比预算更需要严格控制，关停就是 1 分钱都不要花了。**全账户要关停的时候，直接用开关关停，不要用时段，**否则太容易遗漏。

可以做这几步操作：**(1) 用广告组关停；(2) 广告计划状态选择"不限（包含已删除）"，**如图 11-13 所示，**然后全选关停；(3) 账户预算设置成系统允许的最低值。**

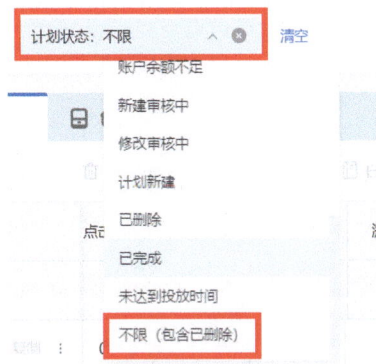

图 11-13　状态不限

6. 没有排除指定用户

案例 1：投放巨量引擎 - 短视频平台投放账户

客户给了一些排除包，要求投放的时候加上。我操作的时候有两条计划误把排除包当成定向来用了。原本要排除的用户往往是看到广告更容易转化的，所以导致排除包用错的计划消耗得特别快，但是后端成本不满足要求，造成赔付。

案例 2：投放巨量引擎 - 教育账户

客户给了排除包用来拉新用户。他们对老用户和新用户的考核成本不同。有两条计划漏加这个排除包，但迅速起量了。虽然一个小时之内发现了，但是已经花了 1 万多元。客户也要求赔付，因为其中很多是老用户，导致成本不达标。

案例 3：投放巨量引擎 - 阅读平台投放账户

广告主有一款用户量很大的产品，又推出了极速版，要求将原有 App 用户用"App 行为定向"排除。但是投手没有排除，导致账户消耗特别快，就这么跑了几天。复盘的时候发现其中很多是老用户，造成了大额赔付。

经验：客户要求排除什么用户，就一定要排除。常见要排除的是人群包和地域定向。

另外，**选完定向之后，可以看一下预估用户覆盖数，看人群量级对不对**，如图 11-14 所示。比如不限制定向的话用户覆盖数应当在亿级，结果这次只有几十万，就得回头看一下是不是什么地方弄错了。

图 11-14　用户定向

7. 出价方式选错

案例 1：投放快手 - 社交账户

广告主要求激活成本控制在 2 元，"优化目标"正常要选"激活"，投手误选了"行为数"，并且按照激活成本来出价，花了约 1894 元才发现，此时激活成本是目标成本的近 50 倍，如图 11-15 所示。

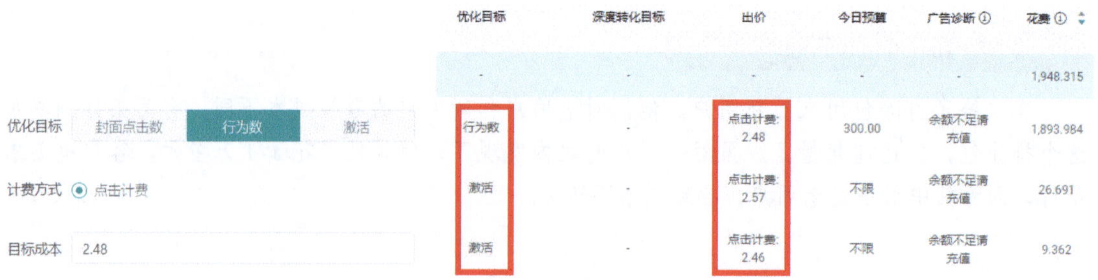

图 11-15　优化目标选错

案例 2：投放应用宝 – 工具产品

出价方式选错，本该是 OCPA，选成了 CPC，出价高出 10 倍，导致赔了 4 万元。

经验：出价方式很重要，失之毫厘，差之千里，一定要注意！

8. Android/iOS 系统选错

案例 1：投放巨量引擎 – 工具账户

系统选错，本该是 iOS，选成了 Android，成本很低所以放量，导致赔了 10 万元。

案例 2：投放巨量引擎 – 电商账户

推广落地页形式的 App 调起，本该定向 iOS 系统，结果忘记设置了，变成通投。在 iOS 水平的出价下，跑量飞快，1 个小时消费 4 万多元，大约是平常的 15 倍，90% 消耗在了 Android 系统。

案例 3：投放巨量引擎 – 小说账户

老板对投手说："刚刚我看账户，发现下载方式是落地页的计划，应该投放 Android 设备，却选择了'不限'。这是很严重的失误。"如图 11-16 所示。

图 11-16　平台选错

经验：Android 和 iOS 系统的选择是一个敏感点，成本考核上有很大的差异，需要注意。尤其是用落地页投放的时候，系统不会自动识别是 Android 还是 iOS，需要自己选一下。

9. 智能放量放开了必须限制的定向

本来要投放本地，但智能放量的"可放开定向"选了"全选"，导致得到的线索全是外地的，如图 11-17 所示。

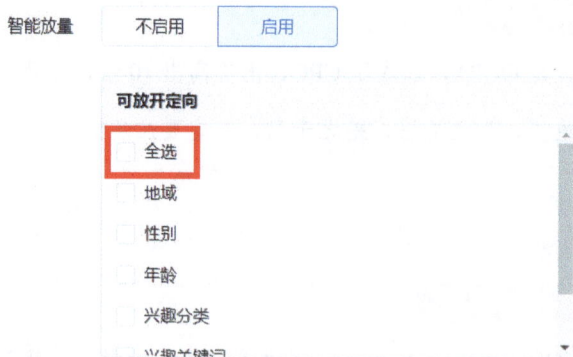

图 11-17 可放开定向选错

经验：定向上有硬性要求的时候，智能放量的"可放开定向"一定不要"全选"。

10. 批量修改出错

案例 1：投放巨量引擎 - 短视频平台投放账户

有账户之前投放应用安装完成，按照安装出价。对接之后按照激活 / 注册出价。投手改出价的时候批量修改，把之前投放安装的出价也改高了。

案例 2：投放巨量引擎 - 游戏投放账户

有一次我想把计划预算从 1 万改成 1000 元，批量修改，直接把出价也改成 1000 元了，导致 4 万元 10 分钟就花没了，成本好几百元，而正常出价是 20 元。

经验：批量修改容易疏忽，得额外注意。要明确区分的关键信息可以在计划名里写出来，像安装出价和注册出价，这样更醒目。

讲一个及时止损的办法。

每天创建的计划多了，不容易发现问题，推荐一个很好的方法：**检查跑量计划。一旦有计划跑起来，第一时间从头到尾检查一遍，把转化目标、出价、落地页里加的链接、预算等都过一遍。**

有一个案例我印象很深：一个小说产品的广告主，同时投放 App 下载和快应用，但是考核成本不同，快应用的考核成本低一些。投手误把快应用的计划当成 App 下载的来出价。这两条计划一开始没花钱，过了一周突然起量。起量之后投手也没核对，直接和广告主沟通放量。第二天看到次留成本之后，才发现数据不对，仔细检查后发现这两条计划其实是投放快应用的（用落地页投放的 App 下载，而落地页里添加的是快应用的链接）。

后来反思，虽然账户里计划很多，可能核对不过来，但跑量的就那么两条。如果计划刚开始跑量时就仔细检查，可以大大减少损失。

检查跑量计划的工作，代理商的组长、总监或者广告主也可以做。

看了这么多操作失误的案例，大家也别害怕，人都难免有出错的时候。上述案例里就包括一些很优秀的投手。关于出错，有个客户是这么说的，如图 11-18 所示。

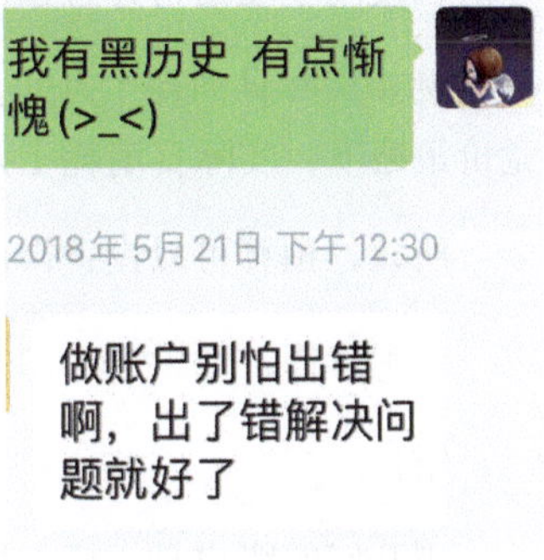

总结一下。

投手容易出现的 10 个失误：

(1) 没看账户

(2) 不设置预算

(3) 转化目标弄错

(4) 出价调错小数点

(5) 投放时间选错 / 关停不彻底

(6) 没有排除指定用户

(7) 出价方式选错

(8) Android/iOS 系统选错

(9) 智能放量放开了必须限制的定向

(10) 批量修改出错

3 个简单的应对方法：

(1) 投手至少每天早晚看一眼账户

(2) 必须设置预算

(3) 一旦有计划跑起来，第一时间从头到尾检查一遍

> 我有黑历史 有点惭愧 (>_<)
>
> 2018 年 5 月 21 日 下午 12:30
>
> 做账户别怕出错啊，出了错解决问题就好了

图 11-18 不怕出错

11.4 辟谣：这些广告投放的做法，80% 是错的

1. 定向没用，通投比定向效果好

错！

巨量引擎公布过数据：在 SMB 业务线（中小客户），定向类计划的 7 天冷启动通过率约为 41%，而非定向类计划仅为 23%。所以加定向能提升冷启动通过率。

2. 出价 23.99 元比 24 元强，出价带 .99 比出整数更容易起量

错！

出价带 .99 没有任何特殊意义，也不需要特意设置成整数。

3. 预算设置成 9 999 999.99 元，系统会认为这是优质客户，能分配更多流量

错！

预算设置成 9 999 999.99 元没有任何意义。

当使用手动出价并且预算远大于当日消耗的时候，设置高预算无助于让系统多分配流量。

例如实际日消耗 1 万元，预算设置成 10 万元和设置成 9 999 999.99 元没有区别，但在有的竞价策略下，实际日消耗 1 万元，预算设置成 1.5 万元和设置成 10 万元会有一点区别。

所以，预算可以设置得比消耗高一些，但不需要高太多来骗系统分配流量，骗不到的。

4. 账户刚开好的时候就有 AB 之分，有的账户天生能跑

错！

刚开好的账户是一模一样的，"白纸一张"，跟在哪个代理商下面开、账户 id 是多少没有任何关系。大家都在同一条起跑线上。广告投放的确有随机性，也有运气成分，但跟开户本身没有关系。

5. 不同代理商端口下开户分到的流量有区别，有的代理商说在其下开户更容易起量

错！

无论在哪里开户，一个账户刚开好的时候，分配到的流量没有任何区别。

不同端口的服务能力可能有差异，但端口本身没有任何差别，媒体不会区别对待。

6. 自定义创意比程序化创意更容易起量

错！

使用程序化创意，系统会预估其效果，筛掉预估效果差的创意，筛选出优质创意投放。自定义创意不会经过提前筛选，所以程序化创意更容易起量。

7. 新建计划数越多，越容易起量

错！

相似计划数量太多会有坏处，会导致它们都跑不出去，反而浪费了新建的计划。

日预算在 2000 元以内，每天创建 5 条以内的计划就可以（要能过审）；日预算在 5000 元以上，可以每天创建 10 条以上。

8. 一次性新建 30 条计划，分时段开启跟同时开启效果一样

错！

相比完全集中同时开启，分散开启会更好。

具体开启的方法有：(1) 早中晚各开启 5 条；(2) 每 2 小时开启一条，流量高峰期多开启 2 条。

9. 在凌晨投放计划更容易起量

错！

凌晨确实是特殊时段，因为竞争环境变了，像预算这样的指标会重新计算，所以流量会有变化。可能更容易起量，也可能原本有流量，但后来没流量。在流量高峰期（晚高峰、节假日）投放计划，因为大盘流量充裕，所以更容易起量。

10. 提前囤计划不好，不如新建的计划容易跑量

错！

是不是新计划跟"是否曝光过"有关，跟创建时间无关。一条计划只要没曝光过，就是新计划。

排除素材、出价等因素不谈，单从新建的动作上来讲，提前新建然后关停、过两天再开启，跟创建好马上就投放没有差别，不会影响跑量。

计划能不能跑量，跟素材、产品等很多因素有关，但跟是不是提前囤好的没关系。

这就要求计划新建完之后关停的速度够快，要在审核通过之前关停，这样才能保证计划没投放过。如果投放过再关停，即使曝光很少，也不算全新的计划了。

这是广告系统的基本逻辑，抖音集团、腾讯广告、快手都是这样的。投手们可以放心地囤计划！

11. 账户里有大量停投的不怎么花钱的计划，影响质量度，必须删除

错！

关停和删除在效果上没有任何区别。

停投的计划不删除不会影响账户质量度。

12. 重复上传一模一样的创意，会被系统打压

对！

系统不鼓励重复的创意，建议略微做一些差异化。

13. 听说投放信息流要多准备几个资质开户，这样能规避频控、更容易跑量

对！

用多个资质开户能规避系统频控。

14. 创意标签蹭热度能获得更多曝光

错！

创意标签越精准越好，不要蹭热度。

创意标签的作用是帮助系统找到匹配的受众，标签越精准，越有利于计划起量。

蹭热度的标签只会误导系统，导致计划死亡，不能帮助起量。

15. 历史跑量的老账户比新账户更容易起量

对！

历史数据模型好的老账户，预估 CTR/ 预估 CVR 都会比较优秀。

16. 用工具创建的计划，系统会打压，最好手动创建计划、少用工具

错！

用工具创建的计划和人工创建的计划没有任何区别。工具都是基于媒体的 API 产生的，如果用工具创建的计划不好，媒体为什么还要提供这个 API ？纯粹是谣言！

17. 媒体在分配流量的时候，有一个维度叫"账户活跃度"，也就是要保证账户一直有操作，媒体才愿意分配流量，所以我们要经常调整出价，最好半小时调一次

错！

使用转化出价，不要经常调整出价，不然会把计划调死，"最好半小时调一次"纯粹是谣言。

11.5 甲方比乙方"高人一等"吗

甲乙方关系曾经给我带来无尽的痛苦，甚至我做公众号"三里屯信息流"之初，就是被甲方骂到怀疑人生，想骂甲方……相信很多朋友受到过甲方的责难甚至人身攻击。这些年过去，我终于能以更平和的心态来面对甲乙方。本节我们讨论一下甲乙方关系，希望给深受甲方折磨的乙方一些安慰：乙方为什么会存在？乙方是有价值的吗？乙方怎样能服务好甲方？

1. 甲方"高人一等"吗

是的。

甲方出钱，乙方赚钱。花钱的一方姿态高、说了算，决策权上确实"高人一等"。

你找淘宝客服投诉的时候，也很硬气吧，毕竟花钱了嘛。

2. 乙方的工作更"低级"吗

是的。

乙方也叫外包，什么样的活儿会外包出去呢？公司肯定会把核心的东西握在自己手里，把技术含量低、烦琐但又必须做的事情外包出去，比如内容审核。

广告投放是重要的，甲方会定好策略和方法，乙方只负责执行。广告代理是劳动密集型产业。

所有的外包都一样，有一篇文章这样形容外包产品经理，我看了之后特别想跟作者握个手：

> 外包产品经理总是在对接客户需求，按照客户的要求画原型，催开发进度，然后交付产品。永远在做别人的东西，没有自己对用户、对市场、对行业的思考；永远在做从 0 到 1，没有上线运营的机会，没有获取用户反馈的机会；当然也有好处，沟通协调能力、项目管理能力、抗压能力倒是突飞猛进。

广告投放的外包也很类似。但现在甲方自己做投放也越来越多了，他们一般认为投放是公司的核心能力，即使是执行也不能交给外人。

所以，你只想把投放这件事做好，当然可以，一年赚 30 万元也不难，但天花板确实比较低。

3. 乙方有价值吗

有。

没价值谁会给你钱呢？

比如苹果公司自己做产品设计，但会找代工厂完成产品的生产。你说代工厂有没有价值？

那具体有多大的价值呢？

看广告投放效果。

如果一个人的投放效果长期优于同行，那他的价值非常大。我认识一个投手，他连续 3 年占据一个大甲方 50% 的投放量，其他所有代理占了剩下 50%，你说他重不重要？但大部分人的投放效果差异不大，那么具有的就是基本行业价值。行业价值就是投手有一定专业性，能完成甲方交代的活儿。

如果你做事靠谱、态度积极，甲方也很愿意跟你合作。毕竟不靠谱的乙方很多，甲方也容易被坑。

4. 为什么有人愿意做乙方

首先，门槛低、招人多。大部分乙方投手没机会去甲方工作。乙方接受新人，小白从乙方好入行。

其次，能赚钱。一些优秀的人做乙方，年薪能达到几十万元。

这些都是从员工的角度来看的。你想没想过为什么会有老板愿意做乙方？我见过一些乙方公司的老板，都是从甲方出来的。那他们为什么放着甲方"颐指气使"的工作不干，跑来乙方受气？

这就要从生意的角度来看问题。乙方的生意模式简单、门槛低，是一门可以做的生意。虽然乙方的工作技术含量不高、利润率低（约为流水的 2%），但是容易把规模做大，也能赚钱。而以生意为导向，客户的态度好坏微不足道。

5. 甲方的日子非常好过吗

世界是一张大网，每个人都只是其中一个结点，无时无刻不受着其他结点的牵制。

所有的甲乙方都是相对的。乙方的对接人通常是甲方的市场人员。对乙方来说，他是甲方，对他的领导来说，他就是乙方了。

而且甲方一般都有严格的任务指标，业绩压力非常大。

只要赚钱，就没有容易的。很多 CEO 过得都不容易，更何况一个员工呢。

6. 乙方要怎么跟甲方相处

(1) 态度积极

我采访过网易、美团的原用户增长负责人，他说："认真做事永远是第一位的，而绝非业务能力。哪怕是优化能力很强的代理，如果对你不够重视，给你分配的团队比较菜，甚至是新人为主，想拿你练手，那结果肯定好不到哪儿去。"

从我的视角来看，所有乙方都说自己能力好，但这不容易看出来，不是马上就能有好结果，甚至结果可能很差，但态度是马上就能看出来的。而且你的态度好，甲方也愿意多给时间甚至帮助你，这样更容易有好的结果。所以，态度积极、回消息速度快肯定是基本素养。

(2) 有好结果

如果只是发消息秒回，但投放数据一直很差，甲方也不会继续合作。他们也有业绩要求，不可能一直留着没成绩的代理。能有好结果肯定是最重要的。

(3) 不要太在意甲方的态度

说实话，对于甲方的态度你无能为力，这主要取决于对方是什么样的人以及你的投放结果怎么样。

而且乙方容易对甲方的态度过度解读。很多时候甲方并没有恶意，只是没必要那么客气。我的一个朋友说她在乙方的时候，回消息都是"嗯嗯，好的呢"；去了甲方，回消息就变成了简单的"好"。毕竟花钱的人总是硬气一些。

我的一个甲方，天天骂我骂得狗血喷头，我离职的时候他还让我去他们公司工作（当然，我拒绝了）。态度差并不代表他不认可你。可能他很忙所以语气不好，也可能他就是横。不管怎么样，关注事实、解决问题，尽量不看态度。

心情不好的时候自我调节一下。明白这是一份工作，乙方的工作性质就是这样，甲方也有难处。你的工作内容包含受气，你的工资里包含精神损失费。甲方没有高人一等，很可能他挣的钱还没你的多。

可以跟同事吐槽一下难搞的甲方，他骂人的时候别太当回事，**练就"不走心的好态度"的本事，这是乙方的生存指南**。

归根结底，别把甲方的态度当回事，关注事实就行了。

11.6 职业路径：干了两年投放，还能干点儿什么

本节是我在巨量引擎的一次官方渠道分享会上分享的内容，大家的反馈很热烈，于是我整理出了文字版，作为给读者职业生涯的参考。

11.6.1 投手这个活儿，我们都把它想小了

这一节的标题是抄张楠（抖音集团 CEO）的（捂脸）。

先聊聊投手的工作内容和对应的核心能力。

信息流广告这个行业，新人不断涌入。一方面是因为行业发展快，需要很多人，另一方面是因为**投手这个活儿特别费人**。

这个活儿没有消停的时候，每天都被成本、量、客户的责难包围。没有节假日和休息时间，还很受气。不管早上多早、晚上多晚，一天都被账户"绑"着。很少有人能几年一直扛下来。

干着干着，我们自己也会想，这个活儿的价值是什么呢？

思考投手的价值，需要我们先跳出日常工作来看。

拿我自己来说，我不是广告专业出身的，起先什么也不懂。领导扔给我一个后台，简单讲了一下，然后告诉我要在上面投放广告了。

我不觉得自己当时懂投放广告，也不知道为什么点了几下按钮，广告就投放出去了。后来才意识到，看起来我们只是在后台创建了计划、上传了创意，但其实借由后台几个小小的按钮，我们的广告能被亿万用户看到。我们每个人的价值都被广告系统放大了。

我们这些从业者现在所拥有的技能，都是为信息流广告投手这个岗位量身定制的。

我们中的大部分人，入行之初不算懂广告，甚至现在也不是很专业。但我们的的确确能做效果广告，一天能花几十万元、上百万元。甚至一个以前做品牌广告的人，做信息流广告可能还不如一个小白，小白更容易理解这个行业的套路。

那投放广告这件事重不重要呢？

一个甲方的老板说，业内流传着一句话：**所有创业公司的 CEO 都是在给抖音集团打工**。他自己公司 95% 的支出花在了广告投放上。

公司把这么多钱花在广告投放上，你说这件事重不重要？

既然广告投放重要，我们来看投手重不重要。

投手的工作内容可分为几个部分，如图 11-19 所示。

图 11-19 投手工作内容及对应能力

日常说的最多的就是操作账户。操作账户有点儿类似于下棋。下棋就是把棋子放在棋盘上，这个动作很容易实现。难的是你要想明白为什么把它放在这个位置。我们做广告投放也是一样。

点击一个按钮，新建一个账户，这都非常简单。难的是你要思考为什么使用这个定向，为什么要在这个时候调整出价 / 关闭这条计划 / 不关闭那条计划。这涉及我们对广告系统的理解，明白它的逻辑会很有帮助。

沟通也很重要。你要跟客户、销售部门或者媒体的人沟通。彼此之间常常会有矛盾，总有一些尖锐的问题摆在你面前——到底为什么没有起量？为什么成本超了？在不断化解这些矛盾的过程中，我们的沟通能力会极大地提升。

还有一些工作内容也挺重要。比如写方案、做汇报，这都是职场必备技能。还有想素材。为什么素材重要？因为定向也好、出价也好，都是为了保证一条广告能够出现在用户面前，当用户看到这条广告之后，最终能不能转化，则在于创意。

那为什么创意能力重要？

因为创意能力是把产品介绍给用户，所以你需要了解产品跟用户。找到用户的需求点和兴趣点，进而把产品顺利推荐给他们，这就是用户洞察能力。做产品也好，运营也罢，用户洞察都是核心能力。

我们还需要学习媒体审核的要求和政策，了解国家的相关政策。

还有数据分析能力。信息流广告的数据分析没有那么难，因为媒体后台已经把数据列出来了。我们要重点分析的，无非是一些更靠后端的数据，比如留存、ROI 和付费情况。

入行之前我没发现自己有什么数据分析能力，入行之后发现这份工作能够锻炼我这方面的能力。因为客户天天催，你得努力实现 KPI 和指标。如果最终的考核指标是付费，就得看更靠前端的数据，比如注册情况、激活情况。数据分析能力是互联网行业从业者的基础能力。

乙方还有一个必备技能——能被怼。被骂的时候，不能反骂回去，还得继续对接。

所以，看起来投手只是操作账户（当然，这是硬实力），但在这背后，还需要一些软实力做支撑，如图 11-20 和图 11-21 所示。

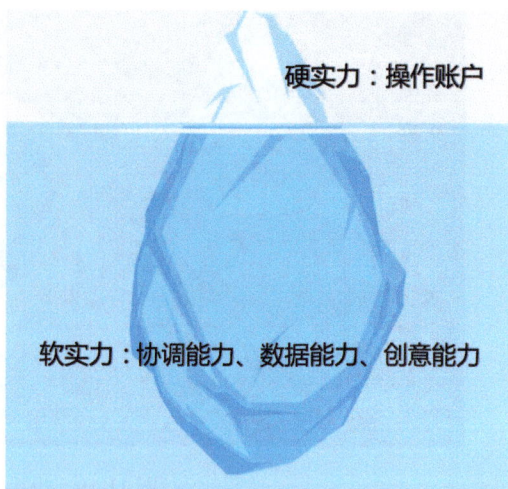

图 11-20 硬实力与软实力

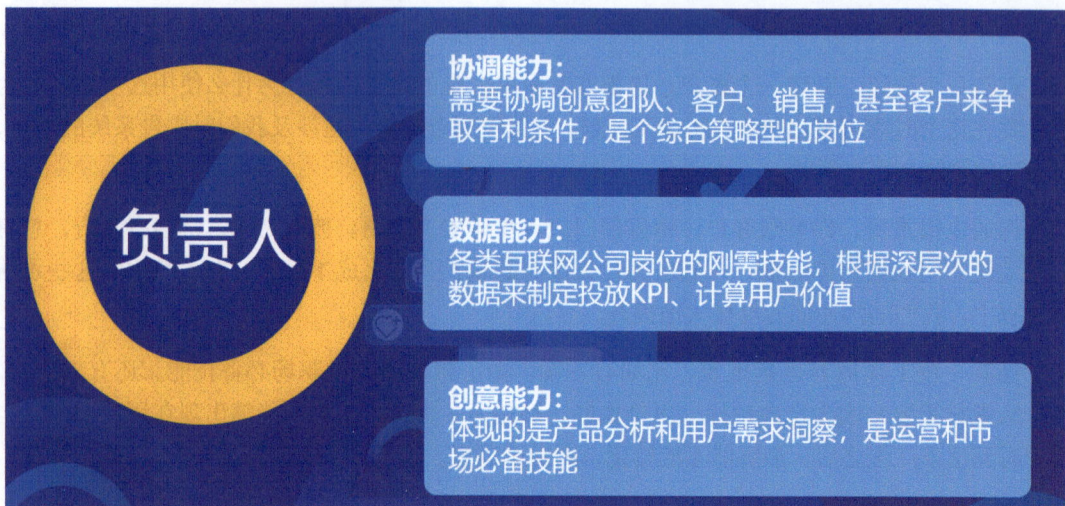

图 11-21 三大能力

我们可以把投手看成每一个最小项目的负责人，他既要有专业技能，又要有协调调度的能力。这是一个综合型、锻炼人的岗位。

11.6.2 投手的职业焦虑

广告投放是劳动密集型产业。随着广告系统越来越智能化，这个行业一定会发生改变。

这么一说不免让人有些焦虑。但我们跳出来看周遭世界，比如银行，以前我们都去银行柜台办理业务，后来越来越多的业务可以用手机自助办理；再比如公路上的收费站，也在从人工收费变成 ETC 自动收费。整个社会在朝着更智能、更自动化的方向发展。

广告投放这个行业只是社会的一个小小的分支。**没什么办法，我们只能顺势而为。**

下面具体说说这个问题，首先是未来两到三年内，投手的人数会不会减少。

虽然随着系统越来越智能，人效会提升，但信息流广告仍是朝阳行业。根据艾瑞的数据，2016~2019 年，信息流广告市场规模年增长率在 50% 以上，所以我认为未来两到三年内从业人数不会减少。

那我们的工作内容会不会发生变化？

投放信息流广告，需要选择投放目标、链接、预算、定向、投放时段……其实我们在后台做的这些操作，就是在表达需求。**有人说投手繁重的工作是广告系统不够智能导致的，是对广告系统的补充。**因为怕广告系统花超成本，所以要一直盯着，但广告系统已经足够智能了，能稳定控制成本，不用我们一直盯着，也不用创建那么多计划。

那以后投手的主要工作会是什么？

提出创意、数据分析和向媒体后台明确表达自己的投放诉求：预算、投放目标。不需要每天调来调去，只需要告诉媒体自己的真实诉求就可以。

很难说这对于投手是好事还是坏事，因为这不由我们决定。我们只能去适应，而且越早适应越好。

11.6.3　投手以后的发展和未来

接下来讲讲投手以后的发展和未来。

常见的有甲方、乙方、媒体三条路可选。

假设一个投手去了甲方，那他可以继续做账户或者管代理；如果干得好，可以当主管甚至总监，从管一个渠道到管多个渠道，从管自己到管别人。广告投放是业务岗，在公司里很重要，有的公司的投放负责人直接向 CEO 汇报。

广告投放量大的部门可以归到用户增长，用户增长负责人在公司能任至 VP（副总裁），年薪起码能有百万元，所以这个岗位的天花板比较高，可以一直干下去。

在乙方的话可以做管理，从自己做账户到做运营经理、总监，接下来是跨部门管理，除了管优化，还可以管视频、管销售。如果你想自立门户，可以去创业。如图 11-22 所示。

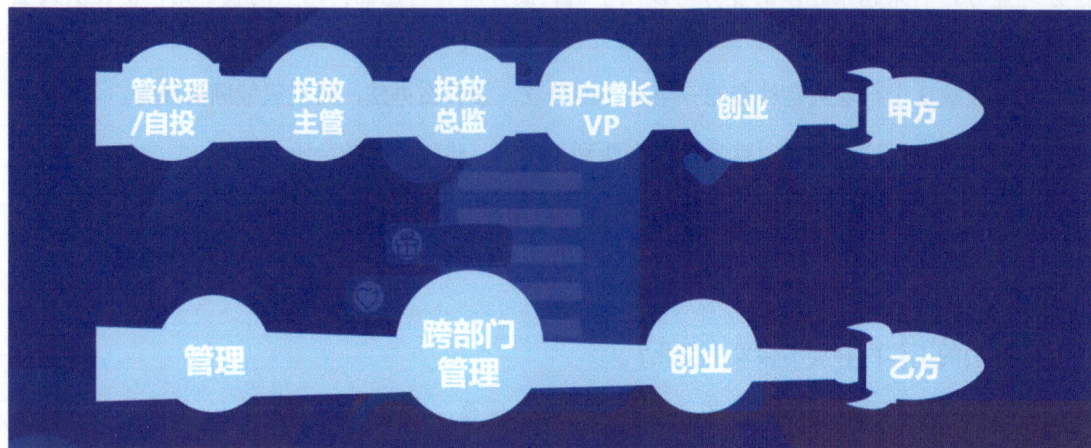

图 11-22　在甲方、乙方的发展方向

媒体则有好多运营岗位，想转岗的话，可以做产品经理、活动运营和用户运营。

投手的工作很能锻炼人，能在短时间内把新人的能力提高到基本水平：能分析用户需求，能想出创意，能分析数据，会写文案。干两年投手，算是有了一张互联网行业的通行证。

接下来我们讨论一下，甲方、乙方、媒体，去哪儿工作更好？

11.6.4　甲方、乙方、媒体，去哪儿工作更好

问这个问题，首先假设你有选择。在这种情况下，对大部分人来说，甲方是更好的归宿。

甲方是食物链的顶端，花钱的一方嘛，说话硬气。甲方人员一般能借助平台的力量，培养自己更全链路的思维方式，发展空间、整体待遇都更好。

如果在大甲方，会有更高的视角、更完备的培训体系、更优质的人脉，这些都能为你未来的发展提供更多可能性。你以后创业融资的时候，投资人会看你的履历，相比代理公司，有大甲方的工作经历肯定更加分。

一个中级的用户增长人员，在北京月薪在 20k 到 30k，年收入就是月薪乘十几个月。例如 25k 乘 12，这是基本收入，此外还有 3 个月工资作为年终奖基数。年终奖的系数基于个人年度绩效考评，一般的公司分 4 个档次 SABC。

评到 S 档，就会乘两倍的系数，也就是 3 乘 2，即年终奖发 6 个月的工资。评到 A 档，系

数可能是 1.6 或者 1.2，C 的话系数可能是 0.5 甚至 0。

甲方用户增长在公司内起桥梁的作用，会跟很多角色打交道，需要处理的问题相比乙方会更复杂。比如，可能需要技术人员第一时间帮你打个包，或者需要财务人员先帮你付款。人家为什么愿意帮你，或者说按照你的意愿更好地推进这件事，一定是因为在跟你对接的过程中感觉比较舒服，甚至能获得收益。

每一个职场人都希望能够在公司有价值、有案例、有成绩，然后升职加薪。如果你能够帮助别人，拥有好的案例和成绩，别人自然更愿意配合你。

甲方相对乙方竞争会更激烈，晋升更依赖机会，领导不走、不开新的业务线，底下的人很难升上去。而且如果从甲方离职，一般只能去同行业的公司。如果是从乙方去甲方，可选的行业会更多。如图 11-23 所示。

图 11-23　甲方

乙方人多，在行业内基数最大，如果想要升职、跳槽，工作相对好找。在乙方干得好，收入也是不错的。在北京，经理月薪能到 2 万元，总监月薪能到 3 万～4 万元，投放负责人年薪能到百万元。

乙方的生意模式就很简单：接客户、做业绩、赚钱。公司的核心资源是客户，只要能把客户业绩做好，就可以在公司内部混得好，升职、加薪、得到领导重视。公司内部的关系也比较简单。如图 11-24 所示。

媒体有"上帝视角"，能看见全行业的数据，因此工作内容策略性更强，也不用直面客户的KPI。但媒体和甲方的问题相似，晋升比较依赖机会。如图 11-25 所示。

图 11-24 乙方

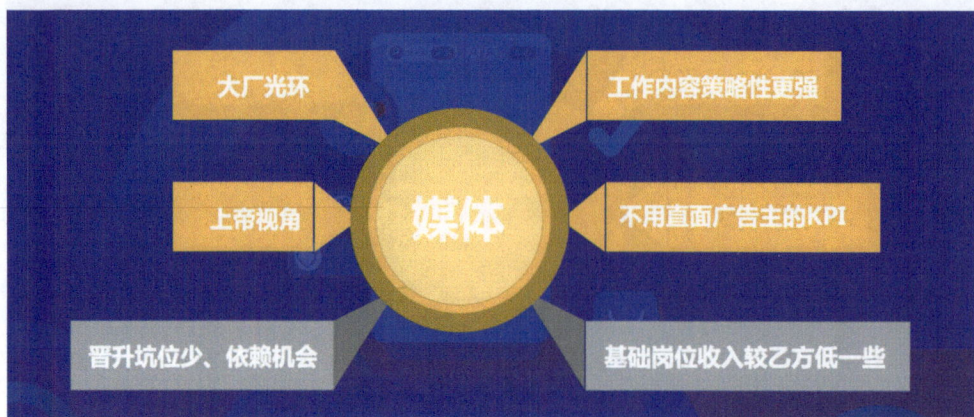

图 11-25 媒体

总的来说，在乙方，业绩好还是很赚钱、容易晋升的。但如果做得一般，收入会是全行业里最低的。

甲方和媒体虽然看起来更光鲜，但如人饮水冷暖自知，在哪儿都得"工作"，公司不养闲人。无论你以后想做什么，现在的工作业绩、工作能力，都是日后发展的根基。

随着行业的发展，投手这份工作会发生变化，**会越来越像一个广告人该干的事**。研究创意、研究数据、协调各方，而不是每天创建计划、盯着数据。

变化已经开始，让我们一起拥抱变化。

后 记

做广告投放是我人生中的一座里程碑。

做这一行之前，我频繁换工作，从最初实习开始换了近十份工作，每一份都没干到半年。那时候我想，得找个有点儿门槛的工作，这样就不用跟应届毕业生一起竞争了。

后来我终于在广告行业立足，至今已经做了 7 年。

我热爱这个行业，它改变了我，也一定会改变更多人、更多企业的命运。

写完这本书，我心里的一块大石头终于落地了。它就像是我欠这个行业的，也像是欠曾经培养、帮助过我的朋友的，现在我终于还上了。

这 7 年里，我将自己所有的热情和精力用于广告投放。这本书凝结了从业这些年来我的经验与思考，适合一线广告投放人员以及需要投放广告的老板阅读，我相信它能帮你取得更大的商业成功。

2022.9.17

宁阿姨

技术改变世界 · 阅读塑造人生

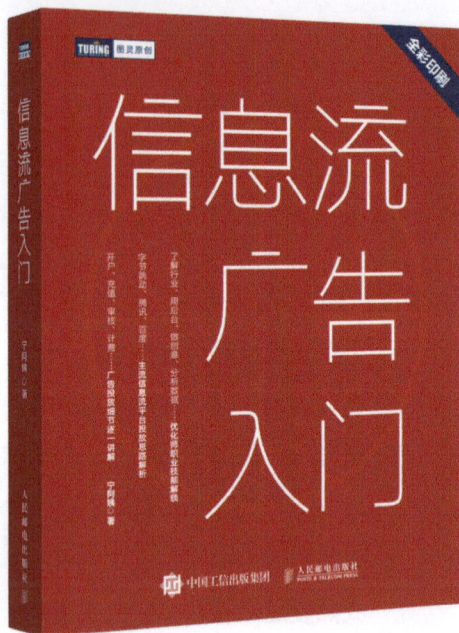

作者：宁阿姨

主要内容：

◆ 开户、充值、审核、计费……广告投放细节逐一讲解

◆ 字节跳动、腾讯、百度……主流信息流平台投放思路解析

◆ 了解行业、用后台、做创意、分析数据……优化师职业技能解锁

本书特色：

◆ 来自一线的实战经验，通俗易懂，讲解透彻

◆ 超万名信息流广告从业者都在看她写的文章

◆ 广告主、代理商、资深互联网从业者齐点赞